솔 리 드

solid 구문

신문섭 · 김효신

입문

DARAKWON

저자 소개

신문섭　혜화여자고등학교 교사
　　　　　서울대학교 사범대학 영어교육과 졸업
　　　　　EBS 교재 집필 위원

김효신　서울국제고등학교 교사
　　　　　서울대학교 사범대학 영어교육과 졸업
　　　　　EBS 교재 집필 위원

솔리드 구문 입문

지은이 신문섭, 김효신
펴낸이 정규도
펴낸곳 (주)다락원

초판 1쇄 인쇄 2025년 3월 31일
초판 1쇄 발행 2025년 4월 14일

편집 안혜원
디자인 박나래, 포레스트
영문 감수 Ted Gray

🏠다락원 경기도 파주시 문발로 211
내용 문의 (02)736-2031 내선 532
구입 문의 (02)736-2031 내선 250~252
Fax (02)732-2037
출판 등록 1977년 9월 16일 제406-2008-000007호

ISBN 978-89-277-0476-8　54740
　　　 978-89-277-0475-1　54740 (set)

http://www.darakwon.co.kr
다락원 홈페이지를 방문하시면 상세한 출판 정보와 함께 MP3 자료 등의 다양한 어학
정보를 얻으실 수 있습니다.

솔 리 드
Solid

권

___
입문

구성과 특징 Structures & Features

❶ 구문 이해를 위한 기초 문법

구문 이해를 위해 알아두어야 할 기본적인 문법 개념 및 용어를 학습할 수 있습니다.

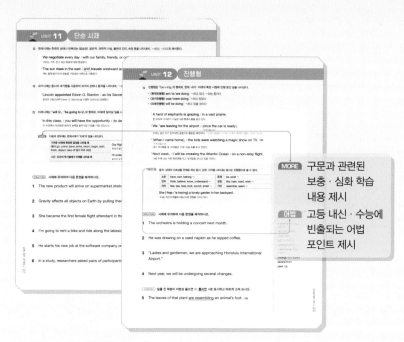

MORE 구문과 관련된 보충·심화 학습 내용 제시

어법 고등 내신·수능에 빈출되는 어법 포인트 제시

❷ 구문 학습 및 확인문제

간결하고 쉬운 설명과 대표 예문으로 문장의 구조 및 의미를 정확히 파악하는 방법을 배울 수 있습니다. 간단한 확인 문제를 통해 해당 UNIT에서 배운 구문 포인트를 적용해 보고 이해도를 확인할 수 있습니다.

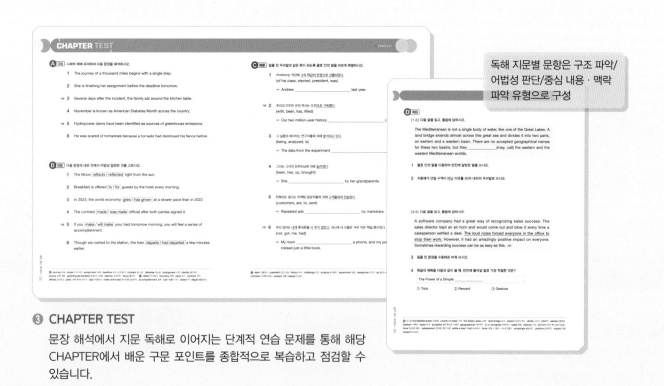

독해 지문별 문항은 구조 파악/어법성 판단/중심 내용·맥락 파악 유형으로 구성

❸ CHAPTER TEST

문장 해석에서 지문 독해로 이어지는 단계적 연습 문제를 통해 해당 CHAPTER에서 배운 구문 포인트를 종합적으로 복습하고 점검할 수 있습니다.

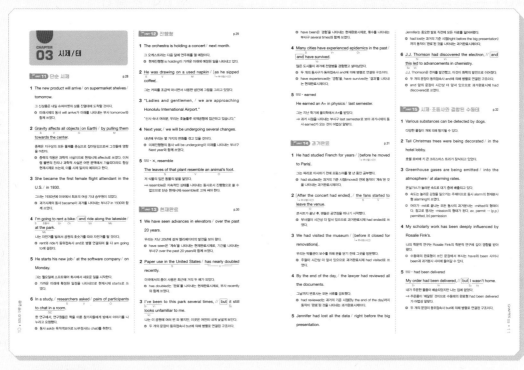

❹ 자세한 해설집

본 책의 전 문장에 대한 끊어 읽기, 문장 성분 분석, 구문 해설, 문제 풀이, 보충 설명을 상세히 제공하여
문장을 정확히 이해하도록 돕습니다.

▶ 구문 해설 　 ❹ 보충 설명 　 → 문제 풀이

이 책에 사용된 기호

S	주어	M	수식어(구)	/	끊어 읽기
V	동사	N	명사	//	주절과 종속절 간의 구별 / 등위절 간의 구별
O	목적어	S′, V′, O′ 등	종속절 또는 준동사구 내에서의 주어, 동사, 목적어 등	( )	수식어구 / 생략 (가능) 어구
IO	간접목적어	S₁, V₁, O₁ 등	중복 문장 성분	(( ))	삽입어구
DO	직접목적어	ⓥ	동사원형	< >	긴 수식어구 속 수식어구
C	보어	to-v	to부정사	[ ]	관계절
SC	주격보어	v-ing	현재분사 / 동명사	[[< >]]	종속절 속에서의 구분
OC	목적격보어	p.p.	과거분사	▭	접속사

목차 Contents

CHAPTER 01

문장 성분 / 구와 절

문장 성분이란?

문장을 구성하는 요소로, 주어, 동사, 목적어, 보어, 수식어로 나뉜다. 이 중에서 수식어는 필수 성분은 아니지만, 문장의 의미를 더 자세하고 풍부하게 만드는 역할을 한다.

This coffee place is popular. 이 커피숍은 인기가 많다.
　　　 S 　　　 V 　 C

I learned Spanish by myself. 나는 스페인어를 독학했다.
 S 　 V 　　 O 　　　 M

품사와 문장 성분의 관계

품사		문장 성분
명사		주어 (S)
동사		목적어 (O)
형용사		보어 (C)
부사		동사 (V)
		수식어 (M)

구와 절이란?

둘 이상의 단어로 이루어져 문장의 한 성분이 되는 의미 덩어리로, 문장에서 명사, 형용사, 부사 역할을 한다.

They watched a movie by the fireplace after the kids went to bed.
　　　　　　　　　　　 부사구　　　　　　　 부사절

그들은 아이들이 잠자리에 든 후 벽난로 옆에서 영화를 봤다.

☑ 주어란 동작이나 상태의 주체가 되는 말로, '〜은[는], 〜이[가]'로 해석된다. 주어로는 명사, 대명사, 명사 역할을 하는 구나 절이 온다.

1 Students need time for hobbies and personal interests.
S(명사)   V

학생들은 취미와 개인적인 관심사를 위한 시간을 필요로 한다.

2 [When a thief entered his home], / **he** remained calm. 기출
S(대명사)   V

도둑이 집에 들어왔을 때 그는 차분함을 유지했다.

3 Telling a lie often leads to more lies.
S(동명사구)   V

거짓말을 하면 더 많은 거짓말을 하게 되는 경우가 많다.

☑ 동사란 주어의 동작이나 인식, 상태를 나타내는 말로, '〜하다, 〜이다'로 해석된다.

4 Zoe **wiped** a sweaty hand on her handkerchief. 기출
S   V(동작)

Zoe는 땀에 젖은 손을 손수건에 문질러 닦았다.

5 He **became** angry / [when he **realized** the truth].
S   V(상태)   S'   V'(인식)

그는 진실을 깨달았을 때 화가 났다.

어법 문장이 성립되려면 반드시 동사가 있어야 한다.

Many people in the country [*work / working] on farms.

그 나라의 많은 사람들이 농장에서 일한다.

❯ Answers p.2

(STRUCTURE) 다음 문장에서 주어와 동사에 각각 S, V 표시를 하고, 문장을 해석하시오.

1 The Internet provides us with useful information.

2 To forgive a person takes some courage and strength.

3 They do volunteer work at the local animal shelter.

4 Many Nobel Prize winners were the students of previous winners. 기출

(GRAMMAR) 다음 문장의 네모 안에서 어법상 알맞은 것을 고르시오.

5 An old man built / building a temple in the center of his village. 기출

provide 제공하다
useful 유용한
information 정보
forgive 용서하다
courage 용기
strength 힘
volunteer work 자원봉사
local 지역의
shelter 보호소, 피난처
prize 상
winner 수상자
previous 이전의
temple 신전
village 마을

☑ 목적어란 동작의 대상이 되는 말로, '~을[를]'(직접목적어), '~에게'(간접목적어)로 해석된다. 목적어로는 명사, 대명사, 명사 역할을 하는 구나 절이 온다.

¹ A mirror reflects **everything** in front of it.
　　　　　　　　　O(부정대명사)
거울은 그것의 앞에 있는 모든 것을 반사한다.

² Some companies give **their employees** **long holidays**.
　　　　　　　　　　　IO(명사)　　　　DO(명사)
일부 기업들은 직원들에게 긴 휴가를 준다.

☑ 보어란 주어나 목적어를 보충 설명하는 말로, 주어를 보충 설명하는 주격보어와 목적어를 보충 설명하는 목적격보어가 있다. 보어로는 명사나 형용사 또는 그 역할을 하는 구나 절이 온다.

³ She became **a physicist**, // but she was **interested** in painting.
　　　　　　　SC₁(명사)　　　　　　　　　　　　SC₂(형용사)
그녀는 물리학자가 되었지만, 그림 그리기에 관심이 있었다.

⁴ My dream is / **traveling around the world with my family**.
　　　　　　　　　SC(동명사구)
내 꿈은 우리 가족과 전 세계를 여행하는 것이다.

⁵ His words made me **angry**, // and I wanted him **to apologize**.
　　　　　　　　　OC₁(형용사)　　　　　　　OC₂(to부정사구)
그의 말은 나를 화나게 했고, 나는 그가 사과하기를 원했다.

　　어법　형용사는 보어로 쓰이지만, 부사는 보어로 쓰이지 않는다.
　　　　　The doctor was [*serious / seriously] in his approach to his patients.
　　　　　그 의사는 자신의 환자들에 대한 접근 방식에 있어서 진지했다.

◔ Answers p.2

(**STRUCTURE**) 다음 문장에서 목적어와 보어를 <u>모두</u> 찾아 각각 O, C 표시를 하고, 문장을 해석하시오.

1　Art exhibitions are always a source of interest.

2　The two countries agreed to cooperate with each other.

3　Many businesses send their customers newsletters.

4　Make your meetings productive by preparing in advance.

(**GRAMMAR**) 밑줄 친 부분이 어법상 옳으면 O, <u>틀리면</u> ×로 표시하고 바르게 고쳐 쓰시오.

5　The news of my friend's failure made me <u>sadly</u>.

exhibition 전시회
source 원천
cooperate 협력하다
business 회사, 기업
customer 고객
newsletter 소식지
productive 생산적인
prepare 준비하다
in advance 사전에, 미리
failure 실패

☑ 형용사적 수식어란 (대)명사를 수식하는 말로, 대개 수식하는 말의 앞이나 뒤에 온다. 형용사 외에도 전치사구, to부정사구, 분사구 등이 형용사적 수식어로 쓰인다.

1 Natural rivers have **irregular** forms. 기출
　　　　　　　　　　M(형용사)
　자연적인 강은 불규칙한 형태를 가진다.

2 People **with this disease** / often experience extreme fatigue.
　S 　　M(전치사구) 　　　　　　V
　이 병을 앓고 있는 사람들은 종종 극도의 피로를 경험한다.

☑ 부사적 수식어란 동사, 형용사, 다른 부사, 구나 절, 문장 전체를 수식하는 말로, 대개 수식하는 말 가까이에 온다. 부사 외에도 전치사구, to부정사구 등이 부사적 수식어로 쓰인다.

3 Different species of plants respond **to the drought** **differently**. 기출
　　　　S 　　　　　　V 　　M(전치사구) 　M(부사)
　다양한 종의 식물들이 가뭄에 서로 다르게 반응한다.

4 She turned off the lights / **to save energy**.
　S 　V 　　O 　　M(to부정사구)
　그녀는 에너지를 절약하기 위해 불을 껐다.

5 *One day, a young man was walking **along a road**.
　M(명사구) 　S 　　　V 　M(전치사구)
　어느 날 한 젊은이가 도로를 따라 걷고 있었다. *명사(구)도 부사적 수식어로 쓰일 수 있으며 주로 '장소, 방향, 시간' 등을 나타냄

어법 　부정대명사 everything, something, anything, nothing은 형용사가 뒤에서 수식한다.

[When we are in a forest], / we avoid **something unfamiliar**. 기출
우리가 숲에 있을 때는 친숙하지 않은 것을 피한다.

> Answers p.2

(STRUCTURE) 다음 문장에서 수식어구를 모두 찾아 밑줄을 긋고, 문장을 해석하시오.

1 The barking dog kept everyone awake all night.

2 The animals quickly adapted to their new environment.

3 She became the first woman to receive the Copley Medal. 기출

4 He answered the questions almost perfectly during the interview.

bark (개가) 짖다
awake 깨어 있는
adapt 적응하다
environment 환경
receive 받다
almost 거의
interview 면접, 인터뷰
specific 특정한
grocery store 식료품점, 슈퍼마켓

(GRAMMAR) 밑줄 친 부분이 어법상 옳으면 ○, 틀리면 ×로 표시하고 바르게 고쳐 쓰시오.

5 Do you need <u>anything specific</u> from the grocery store?

☑ 구란 둘 이상의 단어가 모여 하나의 의미를 나타내는 말로, 「주어＋동사」가 없다. 문장에서의 역할에 따라 명사구, 형용사구, 부사구로 나뉜다.

¹**The injured athlete** ran **until the very end.**
　　　S(명사구)　　　　 V　　　 M(부사구)
　그 부상당한 운동선수는 마지막까지 달렸다.

²I have the basic tools **necessary for fishing.**
　S　V　　　 O　　　 ↑‾‾‾‾‾‾‾ M(형용사구)
　나는 낚시에 필요한 기본적인 도구를 가지고 있다.

☑ 절이란 둘 이상의 단어가 모여 하나의 의미를 나타내는 말로, 「주어＋동사」를 포함한다. 문장에서의 역할에 따라 명사절, 형용사절, 부사절로 나뉜다.

³I asked the customer / [**what she was looking for**].
　S　V　　 IO　　　　　 DO(명사절)
　나는 손님에게 무엇을 찾고 있는지를 물었다.

⁴Some plants [**which grow in water**] / can be eaten.
　　　 S　 ↑　　 M(형용사절)　　　　 V
　물에서 자라는 일부 식물은 먹을 수 있다.

⁵People may resist change / [**because it can hurt their feelings**].
　 S　　 V　　 O　　　　　　 M(부사절)
　사람들은 변화에 저항할지도 모르는데, 왜냐하면 그것이 그들의 기분을 상하게 할 수 있기 때문이다.

　어법　전치사는 구를 이끌고, 접속사는 절을 이끈다.

I met my old friends **during** the holidays.　　　I met my old friends **while** I was on holiday.
　　　　　　　　　　 구　　　　　　　　　　　　　　　　　　　　 절
나는 휴가 기간 동안 옛 친구들을 만났다.　　　　 나는 휴가를 보내는 동안 옛 친구들을 만났다.

❯ Answers p.3

STRUCTURE 밑줄 친 부분이 구와 절 중에 어느 것에 해당하는지 쓰고, 문장을 해석하시오.

1 This behavior means <u>that animals feel emotions like humans</u>.

2 The warm water floats <u>on the surface of the cold water</u>.

3 Exercises <u>difficult for young kids</u> require clear demonstrations.

4 Children <u>who spend time on the street</u> may develop social problems.

GRAMMAR 다음 문장의 네모 안에서 어법상 알맞은 것을 고르시오.

5 During / While he was in high school, he edited the school newspaper.
　　　　　　　　　　　　　　　　　　　　　　　　　　　　기출

behavior 행동
float 뜨다
surface 표면
require 필요로 하다
clear 명확한
demonstration 시연, 설명
develop (병·문제가) 생기다
social 사회적인
edit 편집하다

A 구조 다음 밑줄 친 부분의 문장 성분을 S, V, O, C로 표시하고, 문장을 해석하시오.

기출 **1** New technology <u>will have</u> a positive impact on production.

2 <u>Your desire and motivation</u> determine your success.

기출 **3** Bolling became <u>famous</u> by winning a music contest.

4 Most people consider the number seven <u>the luckiest</u>.

5 Cave paintings indicate <u>that early humans practiced rituals</u>.

6 Mrs. Klein told <u>the class</u> the good news about the school trip.

B 어법 다음 문장의 네모 안에서 어법상 알맞은 것을 고르시오.

1 Many customers appearing / appeared to welcome the price reduction.

2 The heavy rain made our situation more dangerous / dangerously .

3 It was a bit cold although / despite the sun was shining.

4 Eat / Eating processed food is one of the causes of being overweight.

5 He suggested take / taking a different route to the airport.

6 When I travel abroad, I love to try new something / something new .

A technology 기술 positive 긍정적인 impact 영향 production 생산 desire 욕망, 욕구 motivation 동기 determine 결정하다 consider 여기다, 고려하다 cave painting (선사 시대의) 동굴 벽화 indicate 나타내다 practice 행하다, 실천하다 ritual 의식 **B** reduction 인하, 감소 situation 상황 a bit 조금, 약간 processed food 가공식품 cause 원인 overweight 과체중 suggest 제안하다 route 길, 경로

C 배열) 밑줄 친 우리말과 같은 뜻이 되도록 괄호 안의 말을 바르게 배열하시오.

1 <u>그 겁먹은 아이는</u> 어머니 뒤에 <u>숨었다</u>.
(scared, the, hid, child)

→ _____ behind her mother.

2 엄마와 아빠는 <u>내게</u> 생일 선물로 <u>태블릿 PC를 사 주셨다</u>.
(a tablet PC, bought, me)

→ Mom and Dad _____ for my birthday.

3 그녀의 미소는 <u>나의 하루를 밝혀 주는 유일한 것이다</u>.
(my day, to brighten, the only thing)

→ Her smile is _____ .

4 대기는 지구를 <u>해로운 자외선으로부터</u> 보호한다.
(from, harmful, UV rays)

→ The atmosphere protects the earth _____ .

5 기술은 여러 면에서 <u>우리의 일상생활을 더 쉽게 만든다</u>.
(easier, our daily lives, makes)

→ Technology _____ in many ways.

6 여러분은 현미경을 가지고 <u>매우 작은 것들을 볼 수 있다</u>.
(small, things, can see, very)

→ You _____ with a microscope.

C scared 겁먹은 hide 숨다(-hid-hidden) brighten 밝히다 harmful 해로운 UV ray 자외선 atmosphere 대기 protect 보호하다 daily life 일상생활
microscope 현미경

독해

[1-2] 다음 글을 읽고, 물음에 답하시오.

> For birds, nests offer protection from harsh weather conditions and predators. Nests on high trees keep the animals ⓐ safe from predators on the ground, such as snakes or foxes. The height also helps ⓑ to shield the nests from flooding during heavy rainfall. In addition, ⓒ the structure of the nest plays an important role in regulating temperature.

1 밑줄 친 ⓐ~ⓒ의 문장 성분을 우리말로 쓰시오.

ⓐ _____ ⓑ _____ ⓒ _____

2 윗글의 주제를 다음과 같이 쓸 때, 빈칸에 들어갈 말로 가장 적절한 것은?

| the _____ of birds' nests |

① types ② materials ③ functions

[3-4] 다음 글을 읽고, 물음에 답하시오.

> Many people make a mistake of staying in their safe zones, and miss the opportunity to achieve greater things. They do so because / because of a fear of trying the unknown paths of life. In contrast, those who are brave enough to take the less familiar roads are able to get great returns and get major satisfaction out of their courageous moves. 기출

3 네모 안에서 어법상 알맞은 것을 고르시오.

4 빈칸에 주어진 철자로 시작하는 단어를 써서 이 글의 요지를 완성하시오.

→ You should a_____ staying in comfort zones and explore unfamiliar paths for significant achievements.

ⓓ [1-2] nest 둥지 harsh 혹독한, 가혹한 predator 포식자 height 높이 shield 보호하다; 방패 flooding 침수, 범람 heavy rainfall 폭우 in addition 게다가 structure 구조 regulate 조절하다 temperature 온도 **[3-4]** safe zone 안전 구역 miss 놓치다 opportunity 기회 achieve 성취하다 fear 두려움 unknown 미지의 path 경로, 길 in contrast 대조적으로 brave 용감한 familiar 익숙한 return 보상, 보답 major 큰, 보다 많은 satisfaction 만족 courageous 용감한 explore 탐색하다 unfamiliar 낯선 significant 중요한, 의미 있는

CHAPTER 02

동사의 종류와 문장 구조

🔹 동사의 종류

동사는 문장의 기본 구조를 결정한다. 동사는 목적어의 유무에 따라 '자동사'와 '타동사'로 나뉘고, 보어의 유무에 따라 '완전동사'와 '불완전동사'로 나뉜다.

자동사	완전자동사 (목적어 ×/보어 ×)	come, arrive, happen, exist 등
	불완전자동사 (목적어 ×/보어 ○)	be, become, seem, look 등
타동사	완전타동사 (목적어 ○/보어 ×)	have, want, write, discover 등
	수여동사 (목적어 ○/보어 ×)	give, send, buy, bring 등
	불완전타동사 (목적어 ○/보어 ○)	call, make, keep, allow 등

🔹 문장의 기본 구조

영어 문장은 동사의 종류에 따라 총 다섯 가지의 구조로 나뉘며, 「S+V」를 기본으로 하여 다른 필수 성분을 더해서 만든다.

1형식	S+V 완전자동사	My dad came home. 아빠가 집에 오셨다.
2형식	S+V+SC 불완전자동사	He looked tired. 그는 피곤해 보였다.
3형식	S+V+O 완전타동사	He had a cardboard box. 그는 종이 상자를 가지고 있었다.
4형식	S+V+IO+DO 수여동사	He bought us fried chicken! 그가 우리에게 후라이드 치킨을 사 준 것이었다!
5형식	S+V+O+OC 불완전타동사	This made us happy. 이것은 우리를 행복하게 했다.

☑ 1형식 문장은 「**S+V**」의 형태로, 'S가 V하다'로 해석한다. 형용사나 부사 등의 수식어를 덧붙여 의미를 더하는 경우가 많다.

1형식 동사	공간상의 이동과 신체 동작	come, go, arrive, leave, move, rise, fall, stand, sit, lie(눕다), walk, run 등
	상태 또는 존재	exist, differ, vary, last, stay, wait, die, react, respond, depend 등
	대상이 없는 동작	appear, disappear, happen, occur, evolve 등
	목적어가 내포된 동작	work, lie(거짓말하다), dream, succeed 등

¹ These birds **move** / to the south coast in winter.
  S   V   M   M
이 새들은 겨울에 남부 해안으로 이동한다.

² The sun **rose** / but soon **disappeared** behind a huge cloud.
  S   V₁   V₂   M
해가 떴으나 이내 거대한 구름 뒤로 사라졌다.

³ Individuals **differ** in their ways of managing their time. 기출
  S   V   M
사람들마다 자기 시간을 관리하는 방식이 다르다.

⁴ An increasing number of people / **work** from home these days.
  S   V   M   M
요즘 점점 더 많은 수의 사람들이 재택근무를 한다.

MORE 전치사 to를 수반하는 완전자동사를 알아 둔다.

> • object to: ～에 반대하다   • refer to: ～을 참고하다; ～를 가리키다; ～를 언급하다
> • contribute to: ～에 기여[공헌]하다   • apologize to: ～에게 사과하다

The scientist **contributed to** the modern atomic theory. 그 과학자는 현대 원자 이론에 기여했다.

❯ Answers p.5

STRUCTURE 다음 문장에서 주어와 동사에 각각 S, V 표시를 하고, 문장을 해석하시오.

1 Personal taste varies from person to person.

2 The car accident happened at 12th Street around 2 p.m.

3 Finally, the last guest arrived at the celebration.

4 After months of hard work, he succeeded in launching his new business.

GRAMMAR 다음 문장의 네모 안에서 어법상 알맞은 것을 고르시오.

5 For many people, "ability" refers / refers to intellectual competence.

personal 개인적인
taste 취향
vary 서로 다르다
from person to person 사람마다
happen 발생하다
finally 마침내
celebration 축하 (행사)
hard work 고된 노력
succeed 성공하다
launch 시작[착수]하다
business 사업
ability 능력
intellectual 지적인
competence 능력, 적성

☑ 2형식 문장은 「S+V+SC」의 형태로, 'S는 SC이다, S는 SC하게 V하다'로 해석한다.

2형식 동사	주어의 상태	be, remain, stay, keep 등
	주어의 상태 변화	become, get, grow, turn 등
	주어에 대한 인식, 감각	seem, appear, feel, look, smell, taste, sound 등

¹ Harry S. Truman **became** *President of the U.S.* in 1945.
　　　　 S　　　　　　 V　　　　　 SC　　　　　　　 M
Harry S. Truman은 1945년에 미국의 대통령이 되었다.

² In autumn, / the tree leaves **turn** *red* and *yellow*.
　　 M　　　　　 S　　　　　 V　 SC₁　　　 SC₂
가을이 되면 나뭇잎이 붉고 노랗게 변한다.

³ [Even when you feel lonely], / you **are** never really *alone*.
　 └→ 부사절(시간)　　　　　　 S　 V　　　　　　　 SC
여러분이 외로움을 느낄 때조차도, 여러분은 결코 진정 혼자가 아니다.

⁴ The purpose of marketing / **is** *to promote products*.
　　　　　 S　　　　　　　 V　　 SC
마케팅의 목적은 제품을 홍보하는 것이다.

[어법] 감각동사의 주격보어로 쓰인 형용사는 '~하게'로 해석한다. '~하게'라는 해석 때문에 주격보어 자리에 부사를 쓰지 않도록 주의한다.
The wool blanket feels [*soft / softly]. 양털 이불은 감촉이 부드럽게 느껴진다.

● Answers p.5

STRUCTURE 다음 문장에서 동사와 주격보어에 각각 V, SC 표시를 하고, 문장을 해석하시오.

1 In this region, many people stay healthy in old age.

2 The pain in my leg grew worse every second.

3 The soup got spicy after she added more chili peppers.

4 Humans seem unique among primates in exchanging benefits and favors. 기출

GRAMMAR 다음 문장의 네모 안에서 어법상 알맞은 것을 고르시오.

5 The garbage smelled awful / awfully when I opened the bin.

region 지역, 지방
pain 통증, 고통
every second 매 순간
spicy 매운
add 더하다, 첨가하다
chili pepper 고추
unique 특별한, 독특한
primate 영장류
exchange 교환하다
benefit 이득, 혜택
favor 호의
garbage 쓰레기
awful 지독한, 끔찍한
bin 쓰레기통

☑ 3형식 문장은 「S+V+O」의 형태로, 'S가 O를 V하다'로 해석한다. 대부분의 영어 동사들은 3형식 문장을 만든다.

1 Athletes sometimes **experience** *physical injuries*.
　　 S　　　　　　　 V　　　　　　 O
운동선수들은 때때로 신체적 부상을 겪는다.

2 The company **hired** *senior citizens* / for customer service positions.
　　　 S　　　　 V　　　　 O　　　　　　　　　　 M
그 회사는 고객 서비스직에 고령자를 고용했다.

3 He **decided** *to quit smoking* / for his health.
　　 S　　 V　　　　 O　　　　　　 M
그는 건강을 위해 담배를 끊기로 결심했다.

4 The city *****put off** *the event* / due to the bad weather.
　　　 S　　 V　　　 O　　　　 M
시는 날씨가 좋지 않아 행사를 연기했다.　 *「동사+부사[전치사]」로 이루어진 구동사도 하나의 완전타동사로서 목적어를 취할 수 있음

> **어법** 동사에 따라 목적어가 '~에(게)/와/에 대해'로 해석되는 경우도 있다. 이때 동사는 뒤에 전치사 없이 바로 목적어를 취한다는 점에 유의한다.
>
> | | | | |
> |---|---|---|---|
> | • enter: (~에) 들어가다 | • reach: (~에) 도달하다 | • attend: (~에) 참석하다 | • approach: (~에) 접근하다 |
> | • suit: (~에게) 어울리다 | • marry: (~와) 결혼하다 | • resemble: (~와) 닮다 | • discuss: (~대해) 논의하다 |
>
> She [*married / married with] a military officer.　그녀는 군 장교와 결혼했다.

○ Answers p.6

(STRUCTURE) 다음 문장에서 동사와 목적어에 각각 V, O 표시를 하고, 문장을 해석하시오.

1　In children, play has important functions during development. 기출

2　After the meal, the kids enjoyed eating the delicious cake.

3　Upon the discovery of gold, the miners began to dig deeper.

4　Humans' relationship with dogs changed the structure of both species' brains. 기출

5　The amount of friction depends on the surface materials. 기출

(GRAMMAR) 다음 문장에서 어법상 틀린 부분을 찾아 밑줄을 긋고 바르게 고쳐 쓰시오.

6　The student discussed about the issue with his professor.

---

function 기능
development 성장, 발달
meal 식사
upon ~하자마자, ~한 즉시
discovery 발견
miner 광부
dig 땅을 파다
relationship 관계
structure 구조
species (생물의) 종(種)
amount 양
friction 마찰
depend on ~에 따라 다르다
surface 표면
material 재료
issue 사안, 문제
professor 교수

☑ 4형식 문장은 「**S+V+IO+DO**」의 형태로, 'S가 IO에게 DO를 V해 주다'로 해석한다.

4형식 동사	전달 〈1군〉	give, send, tell, show, bring, lend, teach, offer 등
	노력, 정성 〈2군〉	buy, make, find, get, cook, do 등
	질문, 요청 〈3군〉	ask, request, inquire 등

¹ She gave *Black women* / *an opportunity for financial independence*. 기출
  S V   IO   DO
  그녀는 흑인 여성들에게 재정적 독립을 위한 기회를 주었다.

² I asked *my teacher* / *a question about the exam schedule*.
  S V   IO   DO
  나는 선생님에게 시험 일정에 대한 질문을 했다.

☑ 4형식 문장은 필요에 따라 「**S+V+DO+전치사+IO**」 형태의 3형식 문장으로 바꿀 수 있다. 이때 동사에 따라 쓰는 전치사가 다른데, 1군은 to, 2군은 for, 3군은 of를 쓴다.

³ He sent a thank-you letter **to** his mentor. 그는 자신의 멘토에게 감사 편지를 보냈다.
  S V   O   M

⁴ Emily bought a sweater **for** her daughter. Emily는 자신의 딸에게 스웨터를 사 주었다.
  S   V   O   M

어법 완전타동사 explain, introduce, suggest는 의미상 수여동사와 비슷하지만 간접목적어를 취하지 않는다.
He **explained** *me the rules of the game*. (×)　　He **explained** *the rules of the game to me*. (○)
　　　　　　　　　　　　　　　　　　　　　　　S   V   O   M
그는 내게 경기 규칙을 설명해 주었다.

❷ Answers p.6

(**STRUCTURE**) 다음 4형식 문장에서 괄호 안의 말이 들어갈 곳을 찾아 ✓ 표시하고, 문장을 해석하시오.

1 The architect showed a few different designs. (her client)

2 The librarian found the child. (a classic storybook)

3 Minutes later, the waitress brought him. (a pie and a drink)

4 The visitor asked when her boss would return. (the secretary)

architect 건축가
design 설계도
client 고객, 의뢰인
librarian 사서
classic 고전, 명작
waitress 여종업원
boss 상사
secretary 비서
introduce 소개하다

(**GRAMMAR**) 다음 문장의 네모 안에서 어법상 알맞은 것을 고르시오.

5 Mr. Johnson introduced me / to me his wife and daughter.

☑ 5형식 문장은 「S+V+O+OC」의 형태로, 'S가 O를 OC라고[하게] V하다'로 해석한다.

5형식 동사	목적격보어로 명사를 취하는 동사	make, call, name, elect, consider 등
	목적격보어로 형용사/분사를 취하는 동사	make, find, keep, leave, consider 등

¹Many science historians **call** *Newton* / *the greatest scientist in history*.
　　　　　 S　　　　　　　　 V　　　 O　　　　　　 OC

많은 과학 사학자들은 뉴턴을 역사상 가장 위대한 과학자라고 부른다.

²The refrigerator **keeps** *our food fresh* and *safe*.
　　 S　　　　　 V　　　 O　 OC₁　　　 OC₂

냉장고는 우리의 음식을 신선하고 안전하게 유지해 준다.

³They **left** *the lights turned on* / for security reasons.
　 S　 V　　 O　　　 OC

그들은 보안상의 이유로 불을 켠 채로 두었다.

⁴I **found** *the jazz music playing softly* at the café.
 S　 V　　　 O　　　　 OC

나는 카페에서 재즈 음악이 조용히 흘러나오고 있음을 알았다.

MORE make, tell, ask, find, consider 등의 동사는 의미에 따라 다양한 문장 구조를 만들 수 있다.

She **found** *my bag*. 〈3형식〉 그녀가 내 가방을 찾았다.
　 S　 V　　 O

She **found** *me my bag*. 〈4형식〉 그녀가 내게 가방을 찾아 주었다.
　 S　 V　 IO　 DO

She **found** *my bag heavy*. 〈5형식〉 그녀는 내 가방이 무겁다는 것을 알았다.
　 S　 V　　 O　　 OC

○ Answers p.7

(STRUCTURE) 다음 5형식 문장에서 괄호 안의 말이 들어갈 곳을 찾아 ✓ 표시하고, 문장을 해석하시오.

1 The discovery made him in Asia. (a famous astronomer)

2 These hobbies will make much more enjoyable. (your life)

3 I consider beneficial for the community. (the new policy)

4 The director's peers considered his film. (a masterpiece)

5 Do not keep your tap water while brushing your teeth. (running)

6 They elected spokesperson of the organization. (Rachel)

astronomer 천문학자
enjoyable 즐거운
beneficial 유익한, 이로운
community 지역 사회
policy 정책
director 감독
peer 동료, 친구
masterpiece 걸작
tap water 수돗물
brush 닦다
elect 선출하다
spokesperson 대변인
organization 조직, 기관

UNIT 10 완전자동사 vs. 완전타동사

☑ 철자와 의미가 유사한 완전자동사와 완전타동사를 구별하여 사용하도록 한다.

완전자동사	sit 앉다	rise 올라가다, 떠오르다	lie 눕다, 놓여 있다	fall 넘어지다, 떨어지다	wait (for) (~를) 기다리다
완전타동사	seat 앉히다	raise 올리다, 높이다	lay 놓다, (알을) 낳다	fell 넘어뜨리다	await 기다리다

¹ **Do not sit** on the grass.
  V   M
잔디밭에 앉지 마시오.

² Always **seat** *your child* in the back seat.
         V   O   M
자녀를 항상 뒷좌석에 앉히시오.

³ The moon **rises** in the east.
  S   V   M
달은 동쪽에서 떠오른다.

⁴ [If you have a question], / **raise** *your hand*.
  └→ 부사절(조건)   V   O
질문이 있으면, 손을 들어 주십시오.

⁵ Donuts **lie** on the kitchen table.
  S   V   M
도넛이 주방 테이블 위에 놓여 있다.

⁶ The dog **lays** *its head* on my lap.
  S   V   O   M
개가 내 무릎 위에 머리를 눕힌다.

⁷ The ripe fruit **falls** to the ground.
  S   V   M
익은 열매는 땅으로 떨어진다.

⁸ A strong wind **fells** *big trees*.
  S   V   O
강한 바람은 커다란 나무들을 쓰러뜨린다.

⁹ We **will wait** for your reply.
  S   V   M
저희는 귀하의 답변을 기다릴 것입니다.

¹⁰ Farmers **await** *more rains*.
   S   V   O
농부들은 더 많은 비를 기다린다.

MORE 완전자동사 lie의 과거형은 lay, fall의 과거형은 fell이므로, 문장이 나타내는 시간과 목적어의 유무를 통해 같은 형태의 완전타동사와 구별할 수 있어야 한다.

Yesterday, the patient **lay** / on the bed all day long. 〈1형식〉 어제 그 환자는 온종일 침대에 누워 있었다.
             S   V   M   M

○ Answers p.7

(STRUCTURE) 동사의 쓰임에 유의하여 다음 문장을 해석하시오.

1 You should not raise your voice in an argument.

2 The Jacksons waited for the birth of their first child.

3 A sea turtle lays hundreds of eggs in the sand.

4 She sits on the floor with her child for the game. 기출

(GRAMMAR) 밑줄 친 부분이 어법상 옳으면 ○, 틀리면 ×로 표시하고 바르게 고쳐 쓰시오.

5 Last night, tiny snowflakes <u>felled</u> from the black sky.

argument 논쟁
birth 탄생, 출생
sea turtle 바다거북
sand 모래
floor 바닥
tiny 아주 작은
snowflake 눈송이

CHAPTER 02 • 23

A 구조 다음 문장의 형식을 쓰고, 문장을 해석하시오.

1 Her voice sounded strange even to her own ears. _____형식

2 Do not leave your dog alone for more than two hours. _____형식

3 People stood in a long line in front of the box office. _____형식

기출 **4** This travel package includes trips to Lake Madison. _____형식

5 Our company offers consumers a wide range of financial services. _____형식

6 The old man got a pearl necklace for his wife on their anniversary. _____형식

B 어법 다음 문장의 네모 안에서 어법상 알맞은 것을 고르시오.

1 Take everything out and lie / lay it on the floor.

2 He resembles his father / with his father a lot in personality.

기출 **3** A man brought a bunch of grapes of / to a prince as a gift.

4 We were waiting the bus / for the bus at the bus stop near the hospital.

5 The pupil explained the teacher / to the teacher the reason for her absence.

6 Efficient equipment will make the system more effective / effectively .

A strange 이상한 box office 매표소 travel package 여행 상품 include 포함하다 offer 제공하다 consumer 소비자 a wide range of 다양한, 광범위한 financial 금융[재정]의 pearl 진주 necklace 목걸이 anniversary 기념일 **B** take out ~을 꺼내다 resemble 닮다 personality 성격, 인격 bunch 송이 pupil 학생 absence 결석 efficient 효율적인 equipment 장비 effective 효과적인

C 배열 밑줄 친 우리말과 같은 뜻이 되도록 괄호 안의 말을 바르게 배열하시오.

1 Brian은 주말 동안 <u>이웃에게 잔디 깎는 기계를 빌려주었다</u>.
(the lawn mower, his neighbor, lent)

➔ Brian _____ for the weekend.

2 회사는 <u>그 제품의 이름을 'EcoClean'이라고 지었다</u>.
("EcoClean", the product, named)

➔ The company _____ .

3 어떤 종들은 고립으로 인해 <u>고유한 형태로 진화한다</u>.
(into, unique forms, evolve)

➔ Some species _____ because of isolation.

4 <u>색상은</u> 다양한 조명 조건에서 <u>다르게 보일 수 있다</u>.
(appear, different, can, colors)

➔ _____ under various lighting conditions.

5 대학생들은 <u>그 화학자에게 무수한 질문을 했다</u>.
(the chemist, countless questions, of, asked)

➔ The college students _____ .

6 Betty는 책을 한 권 샀는데, <u>집에 왔을 때 몇 페이지가 없는 것을 발견했다</u>.
(a few pages, found, missing)

➔ Betty bought a book and _____ when she got home.

C lawn mower 잔디 깎는 기계 neighbor 이웃 product 제품 name 이름을 짓다 unique 고유한 form 형태 evolve 진화하다 isolation 고립 various 다양한 lighting 조명 condition 조건 chemist 화학자 countless 무수한 missing 없는, 빠진

D 독해

[1-2] 다음 글을 읽고, 물음에 답하시오.

> When people think about the development of cities, they often do not consider vertical transportation important. In fact, each day, more than 7 billion elevator journeys are taken in tall buildings all over the world. Efficient vertical transportation can give us the ability to build taller and taller skyscrapers. 기출

1 윗글에서 목적격보어, 간접목적어를 찾아 차례대로 쓰시오.

2 빈칸에 들어갈 알맞은 단어를 윗글에서 찾아 글의 주제를 완성하시오.

→ the importance of _____ _____ in the construction of tall buildings

[3-4] 다음 글을 읽고, 물음에 답하시오.

> There comes a time when you should ⌐raise / rise⌐ prices for your products or services. Inflation is often inevitable. And you want to stay in business. Therefore, you'll likely need to increase your prices. However, increasing the prices of your products or services isn't simple. You cannot just change the price tag and call it a day. 기출

3 네모 안에서 어법상 알맞은 것을 고르시오.

4 빈칸에 알맞은 단어를 써서 이 글의 요지를 완성하시오.

→ 상품이나 서비스의 _____ 은(는) 단순한 일이 아니다.

D **[1-2]** development 발전 consider 생각하다, 고려하다 vertical 수직의 transportation 운송 in fact 사실상 billion 10억 journey 왕복 skyscraper 초고층 빌딩, 마천루 **[3-4]** There comes a time when ~할 때가 오다 inflation 인플레이션, 물가 폭등 inevitable 피할 수 없는, 필연적인 therefore 따라서 likely 아마 increase 인상하다, 늘리다 price tag 가격표 call it a day 마무리된 것으로 치다

CHAPTER 03
시제 / 태

문장의 시제란?

시제란 동사의 형태 변화를 통해 동작이나 상태가 일어난 때, 진행·완료 여부 등을 표현하는 방법이다.

	단순형	진행형	완료형	완료진행형
현재	do	am/is/are doing	have/has done	have/has been doing
과거	did	was/were doing	had done	had been doing
미래	will do	will be doing	will have done	will have been doing

문장의 태란?

태란 동사의 형태 변화를 통해 주어가 동작을 행하는 주체인지(능동태), 당하는 대상인지(수동태)를 표현하는 방법이다.

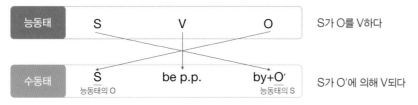

| 능동태 | S   V   O | S가 O를 V하다 |

| 수동태 | S   be p.p.   by+O' | S가 O'에 의해 V되다 |
능동태의 O   능동태의 S

The gardener **waters** the plants twice a week. 정원사는 일주일에 두 번 식물에 물을 준다.

↓

The plants **are watered** by the gardener twice a week. 식물은 정원사가 일주일에 두 번 물을 준다.

*능동태의 주어가 불분명하거나 중요하지 않을 때, 또는 일반인인 경우에는 「by+O'」를 생략하기도 한다.

☑ 현재시제는 현재의 상태나 반복되는 일(습관), 일반적·과학적 사실, 불변의 진리, 속담 등을 나타내며, '~하다, ~이다'로 해석한다.

> ¹ We **negotiate** every day / with our family, friends, or colleagues. 기출 〈반복되는 일〉
> 우리는 가족, 친구 또는 동료와 매일 협상한다.
>
> ² The sun **rises** in the east / and **travels** westward across the sky. 〈불변의 진리〉
> 해는 동쪽에서 떠서 하늘을 가로질러 서쪽으로 이동한다.

☑ 과거시제는 동사의 과거형을 사용하여 과거의 상태나 동작을 나타내며, '~했다, 였다'로 해석한다.

> ³ Lincoln **appointed** Edwin G. Stanton / as his Secretary of War / in 1862.
> 링컨은 1862년에 Edwin G. Stanton을 전쟁부 장관으로 임명했다.

☑ 미래시제는 「**will** ⓥ」, 「**be going to** ⓥ」의 형태로, 미래에 일어날 일을 나타낸다. '~할 것이다, ~일 것이다'로 해석한다.

> ⁴ In this class, / you **will have** the opportunity / (to develop musical abilities). 기출
> 이 수업에서 여러분은 음악적 능력을 발전시킬 기회를 가질 것입니다.

MORE　다음의 경우에는 현재시제가 '미래'의 일을 나타낸다.

가까운 미래에 확정된 일정을 나타낼 때 (동사 go, come, leave, arrive, return, begin, start, finish, depart, take off 등이 주로 쓰임)	Our flight **leaves** at 3 p.m. today. 우리가 탈 비행기는 오늘 오후 3시에 출발할 것이다.
시간·조건의 부사절에서 미래를 나타낼 때	I'll order drinks / [when everyone **arrives**]. 모두가 도착하면 내가 음료를 주문할게.

❯ Answers p.10

(STRUCTURE)　시제에 유의하여 다음 문장을 해석하시오.

1　The new product will arrive on supermarket shelves tomorrow.

2　Gravity affects all objects on Earth by pulling them towards the center.

3　She became the first female flight attendant in the U.S. in 1930. 기출

4　I'm going to rent a bike and ride along the lakeside at the park.

5　He starts his new job at the software company on Monday.

6　In a study, researchers asked pairs of participants to chat in a room. 기출

product 제품
shelf (상품) 진열대, 선반
gravity 중력
affect 영향을 미치다
object 물체
center 중심
female 여성의
flight attendant 기내 승무원
rent 빌리다
lakeside 호숫가
study 연구
researcher 연구원
pair (두 개로 된) 짝, 쌍
chat 이야기를 나누다

☑ 진행형은 「be v-ing」의 형태로, 현재·과거·미래의 특정 시점에 진행 중인 일을 나타낸다.
- 〈현재진행형〉 am / is / are doing: ~하고 있다, ~하는 중이다
- 〈과거진행형〉 was / were doing: ~하고 있었다
- 〈미래진행형〉 will be doing: ~하고 있을 것이다

¹ A herd of elephants **is grazing** / in a vast prairie.
한 무리의 코끼리가 드넓은 대초원에서 풀을 뜯고 있다.

² We ***are leaving** for the airport / [once the car is ready].
                                    └ 부사절(시간)
우리는 일단 차가 준비되면 공항으로 출발할 예정이다. *현재진행형은 가까운 미래에 예정된 일을 나타내기도 함

³ [When I came home], / the kids **were watching** a magic show on TV. 기출
  └ 부사절(시간)
내가 귀가했을 때, 아이들은 TV로 마술 쇼를 보고 있었다.

⁴ Next week, / I **will be crossing** the Atlantic Ocean / on a non-stop flight.
다음 주에 나는 직행 항공편을 타고 대서양을 건너고 있을 것이다.

어법 동작·상태의 지속성을 전제로 하는 동사, 감정·지각을 나타내는 동사는 진행형으로 쓸 수 없다.

소유	have, own, belong …	존재	be, exist …
인지	think, believe, know, understand …	감정	like, hate, want, wish …
지각	feel, see, hear, look, sound, smell …	기타	resemble, seem …

She [***has** / is having] a lovely garden in her backyard.
그녀는 자신의 뒤뜰에 사랑스러운 정원을 가지고 있다.

STRUCTURE 시제에 유의하여 다음 문장을 해석하시오.

◉ Answers p.10

1 The orchestra is holding a concert next month.

2 He was drawing on a used napkin as he sipped coffee.

3 "Ladies and gentlemen, we are approaching Honolulu International Airport."

4 Next year, we will be undergoing several changes.

GRAMMAR 밑줄 친 부분이 어법상 옳으면 ○, 틀리면 ✕로 표시하고 바르게 고쳐 쓰시오.

5 The leaves of that plant <u>are resembling</u> an animal's foot. 기출

orchestra 오케스트라, 관현악단
hold 열다, 개최하다
used 사용한
sip 조금씩 마시다
approach 접근하다
international 국제의, 국제적인
undergo 겪다, 경험하다
several 몇몇의
plant 식물

☑ 현재완료는 「**have[has] p.p.**」의 형태로, 과거의 일이 현재까지 영향을 미칠 때 쓴다.

의미	함께 쓰이는 부사(구)
〈경험〉 ~해 본 적이 있다	ever 언젠가 / never 한 번도 ~않다 / once 한 번 / ~ times ~번 / before 전에 / ···
〈계속〉 ~해 왔다	「for+기간」 ~ 동안 / 「over the last[past]+기간」 ~ 동안 / 「since+과거 시점」 ~부터 / all day 온종일 / so far 지금까지 / how long 얼마 동안 / ···
〈완료〉 막 ~했다, ~을 마쳤다	just 방금, 막 / now 지금 / already 이미, 벌써 / yet 아직; 벌써 / recently 최근에 / ···
〈결과〉 ~했다 (그 결과 현재 ···하다)	–

¹ I **have heard** this song *before* on the radio. 〈경험〉
나는 전에 이 곡을 라디오에서 들은 적이 있다.

² *For weeks* / she **has not posted** on social media. 〈계속〉
몇 주 동안 그녀는 소셜 미디어에 글을 올리지 않았다.

³ Noah **has** *just* **returned** from a business trip to Tokyo. 〈완료〉
Noah는 도쿄에서 출장을 마치고 막 돌아왔다.

⁴ Emma * **has gone** to Europe for a summer internship. 〈결과〉
Emma는 여름 인턴 근무를 위해 유럽으로 갔다. (그 결과 현재 이곳에 없다.)
*have gone to는 결과(~로 가버렸다)의 의미를, have been to는 경험(~에 가 본 적 있다) 또는 완료(~에 갔다 왔다)의 의미를 나타냄

어법 현재완료는 과거보다는 현재에 더 초점을 둔 시제이므로, 과거 시점을 나타내는 부사(구)인 yesterday, ago, last, 「in+과거 연도」, then, at that time, when ~ 등과는 같이 쓰지 않는다.

I **worked** at this company 3 years ago. 〈현재와 상관없는 과거의 일〉 나는 3년 전에 이 회사에서 일했다.

I **have worked** at this company since 2020. 〈현재와 연결된 과거의 일〉 나는 2020년부터 이 회사에서 일해 왔다.

○ Answers p.10

(STRUCTURE) 현재완료의 의미에 유의하여 다음 문장을 해석하시오.

1 We have seen advances in elevators over the past 20 years. 기출

2 Paper use in the United States has nearly doubled recently. 기출

3 I've been to this park several times, but it still looks unfamiliar to me.

4 Many cities have experienced epidemics in the past and have survived. 기출

advance 발전, 진보
past 지난; 과거
nearly 거의
double 두 배가 되다
recently 최근에
unfamiliar 낯선
experience 경험하다
epidemic 전염병
survive 살아남다
earn 받다[얻다]
physics 물리학
semester 학기

(GRAMMAR) 다음 문장의 네모 안에서 어법상 알맞은 것을 고르시오.

5 He | earned / has earned | an A+ in physics last semester.

UNIT 14 과거완료

과거완료는 「**had p.p.**」의 형태로, 과거의 특정 시점을 기준으로 그때까지의 경험, 계속, 완료, 결과를 나타낸다.

〈경험〉 (그때까지) ~한 적이 있었다	**〈계속〉** (그때까지) ~해 왔었다
〈완료〉 (그때) 막 ~했었다	**〈결과〉** ~했었다 (그 결과 그때 …했다)

1 I **had** never **tasted** sushi / [until I visited Japan]. 〈경험〉
나는 일본에 방문하기 전까지 초밥을 먹어 본 적이 없었다.

2 We **had lived** in that house / for a decade before moving. 〈계속〉
우리는 이사하기 전에 그 집에서 10년 동안 살았다.

3 The bus **had** already **departed** / [when he reached the stop]. 〈완료〉
그가 정류장에 도착했을 때 버스는 이미 출발한 상황이었다.

4 I **had forgotten** my wallet, // so I couldn't pay for the groceries. 〈결과〉
나는 지갑을 놓고 와서 식료품 값을 지불할 수 없었다.

과거완료는 과거에 일어난 두 가지 일 중 시간상 더 먼저 일어난 일(대과거)을 나타낼 때도 쓴다.

5 She *was* upset / [because she **had left** one of her suitcases at home].
그녀는 자신의 여행 가방 중 하나를 집에 두고 와서 속상해했다.

MORE 과거에 두 가지 일이 연달아 일어나거나, 접속사로 일의 발생 순서를 분명히 알 수 있는 경우, 먼저 일어난 일이어도 과거시제로 나타내기도 한다.

I **picked** a shirt and *tried* it on in the fitting room. 나는 셔츠를 골라서 탈의실에서 입어 보았다.

They *cleaned* the house after the party **ended**. 그들은 파티가 끝난 후에 집을 청소했다.

STRUCTURE 밑줄 친 부분에 유의하여 다음 문장을 해석하시오.

Answers p.11

1 He had studied French for years before he moved to Paris.

2 After the concert had ended, the fans started to leave the venue.

3 We had visited the museum before it closed for renovations.

4 By the end of the day, the lawyer had reviewed all the documents.

5 Jennifer had lost all the data right before the big presentation.

6 J.J. Thomson had discovered the electron, and this led to advancements in chemistry.

French 프랑스어
venue 장소
renovation 보수, 수리
lawyer 변호사
review 검토하다
document 서류, 문서
data 자료
presentation 발표
discover 발견하다
electron 전자
advancement 발전, 진보
chemistry 화학

☑ 수동태의 기본 시제는 be동사의 현재형·과거형·미래형을 써서 나타낸다. 수동태의 진행형은 「be being p.p.」로 '~되고 있다'로 해석한다.

¹ The software **is being updated** by the IT department.
그 소프트웨어는 IT 부서에 의해 업데이트되고 있다.

² The dinner **was being cooked** by chef Mike Lund.
만찬이 주방장 Mike Lund에 의해 준비되고 있었다.

☑ 수동태의 완료형은 「have[has]/had been p.p.」로, '~됐다, ~되어 왔다/~됐었다, ~되어 왔었다'로 해석한다.

³ The store **has been closed** since last month. 기출
그 가게는 지난달부터 문이 닫혀 있다.

⁴ The bridge **had been closed** / [before the storm hit the area].
그 다리는 폭풍이 그 지역을 강타하기 전에 폐쇄되었다.

☑ 조동사와 결합된 수동태는 「조동사+be p.p.」의 형태로, '~되다'라는 수동태의 기본 의미에 조동사의 의미를 더하여 해석한다.

⁵ Teeth are very fragile and **may be** easily **broken**.
치아는 매우 연약해서 쉽게 부러질 수도 있다.

◉ Answers p.11

(STRUCTURE) 밑줄 친 부분에 유의하여 다음 문장을 해석하시오.

1 Various substances <u>can be detected</u> by dogs.

2 Tall Christmas trees <u>were being decorated</u> in the hotel lobby.

3 Greenhouse gases <u>are being emitted</u> into the atmosphere at alarming rates.

4 My scholarly work <u>has been</u> deeply <u>influenced</u> by Rosalie Fink's. 기출

(GRAMMAR) 다음 문장의 네모 안에서 어법상 알맞은 것을 고르시오.

5 My order had delivered / had been delivered , but I wasn't home.

various 다양한
substance 물질
detect 탐지하다
decorate 장식하다
lobby 로비
greenhouse gas 온실가스
emit 배출하다
atmosphere 대기
alarming 놀라운
rate 속도
scholarly 학문의, 학술의
work 연구
deeply 깊이, 크게
influence 영향을 주다
order 주문품
deliver 배송하다

UNIT 16 — 4형식의 수동태

☑ 「S+V+IO+DO」 문장은 목적어가 두 개이므로, 대부분의 경우 두 개의 수동태 문장을 만들 수 있다.
간접목적어가 주어 자리로 간 수동태는 「S+be p.p.+O」의 형태로, 직접목적어는 p.p. 뒤에 그대로 둔다.

> [1] The victims of the hurricane **were given** relief goods.
>   S(능동태의 IO)   V(be p.p.)   O(능동태의 DO)
> 허리케인 피해자들은 구호물자를 받았다.

> [2] The client **was shown** the new design by the graphic artist.
>   S(능동태의 IO)   V(be p.p.)   O(능동태의 DO)
> 그 고객은 그래픽 아티스트가 준 새로운 디자인을 보았다.

☑ 직접목적어가 주어 자리로 간 수동태는 「S+be p.p.+전치사+O'」의 형태로, 간접목적어 앞에는 전치사 to, for, of를 쓴다.

전치사 to를 쓰는 동사	give, offer, bring, send, lend, show, teach, tell, sell 등
전치사 for를 쓰는 동사	make, buy, get, cook, find, choose 등 *직접목적어만 수동태의 주어가 됨
전치사 of를 쓰는 동사	ask, inquire 등

> [3] The report **was sent** *to* the manager for review.
>   S(능동태의 DO)   V(be p.p.)   to+O(능동태의 IO)
> 보고서는 검토를 위해 관리자에게 보내졌다.

> [4] The homemade jam **was made** *for* me by my grandmother.
>   S(능동태의 DO)   V(be p.p.)   for+O(능동태의 IO)
> 집에서 만든 잼은 할머니께서 나를 위해 만들어 주셨다.

STRUCTURE 밑줄 친 부분에 유의하여 다음 문장을 해석하시오.

1 New homes <u>were found for the animals</u> by the shelter.

2 The soccer team <u>was told the game plan</u> by the coach.

3 The king <u>was brought the letter from the general</u> by the messenger.

4 Tools <u>were lent to the volunteer team</u> by the community center.

shelter 보호소
general 장군
messenger (메시지를 전하는) 전령
tool 도구
volunteer 자원봉사자
community center 주민 센터

GRAMMAR 다음 문장이 어법상 옳으면 O, 틀리면 ✕로 표시하고 바르게 고쳐 쓰시오.

5 My new puppies were bought a lot of dog toys.

UNIT 17 · 5형식의 수동태

☑ 「S+V+O+OC」 문장의 수동태는 「S+be p.p.+C」의 형태로, 목적격보어는 보통 p.p. 뒤에 그대로 둔다.

1 These plants **are called** 'living stones' / due to their rocklike appearance. 기출
　　 S　　　　 V(be p.p.)　　 C(명사구)
이 식물들은 바위 같은 외양 때문에 '살아 있는 돌'이라고 불린다.

2 The room **was made** cozy / by adding soft lighting.
　　 S　　 V(be p.p.)　 C(형용사)
그 방은 부드러운 조명을 더하여 아늑해졌다.

3 The car window **was found** broken in the storm by the owner.
　　 S　　　　 V(be p.p.)　　 C(분사구)
차량 창문은 소유주에 의해 폭풍에 깨진 채로 발견되었다.

4 Participants **are not allowed** to receive outside assistance. 기출
　　 S　　　 V(be p.p.)　　　 C(to부정사)
참가자들은 외부의 도움을 받는 것이 허용되지 않습니다.

> **MORE** 5형식의 수동태 「S+be p.p.+C(명사)」는 4형식의 수동태 「S+be p.p.+O」와 형태상 비슷하지만, S=C의 관계가 성립한다는 점에서 4형식의 수동태와는 구별된다.
>
> Her story **was made** the headline by the local newspaper. 그녀의 이야기는 지역 신문에 의해 머리기사가 되었다.
> 　S└──────=──────┘C
>
> He **was offered** a full scholarship by the university. 그는 대학에서 전액 장학금을 받았다.
> S└──────≠──────┘O

◐ Answers p.12

(STRUCTURE) 밑줄 친 부분에 유의하여 다음 문장을 해석하시오.

1 The stamp producer <u>was told to add</u> more glue. 기출

2 The painting <u>was left drying</u> in the sun by the painter.

3 The new design <u>is considered worse</u> than the previous one.

4 The bright flowers <u>are called sunflowers</u> because they face the sun.

5 The patient <u>was kept monitored</u> closely by the medical staff.

6 The information <u>has been made available</u> in several languages.

7 In every country, citizens <u>are required</u> by law <u>to behave</u> in a certain way.

stamp 우표
glue 접착제
previous 이전의
sunflower 해바라기
face 향하다, 마주하다
patient 환자
monitor 관찰[감시]하다
closely 면밀히, 자세히
medical staff 의료진
information 정보
available 이용 가능한
several 몇몇의
language 언어
citizen 시민
behave 행동하다
certain 특정한

☑ 감정·상태를 나타내는 수동태 문장에서 「by+O」의 전치사 by 대신 다른 전치사를 사용하기도 한다.

be interested in: ~에 흥미[관심]가 있다	be satisfied with: ~에 만족하다
be surprised at[by]: ~에 놀라다	be scared of: ~을 두려워하다
be worried about: ~에 대해 걱정하다	be disappointed with[in, at, by]: ~에 실망하다
be filled with: ~로 가득 차다	be covered with[in, by]: ~로 덮여 있다
be crowded with: ~로 붐비다	be made of/from: ~로 만들어지다

1 The sculpture **is made of** sand. 〈재료의 성질 유지〉
그 조각품은 모래로 만들어졌다.

2 Glass **is made from** sand. 〈재료의 성질 변화〉
유리는 모래로 만들어진다.

☑ 「동사+부사[전치사]」로 이루어진 구동사는 전체를 하나의 동사처럼 취급하여 수동태로 바꾼다.

자주 쓰이는 구동사	turn down(~을 거절하다), carry out(~을 수행하다), bring up(~을 양육하다), take care of(~을 돌보다, ~에 대해 책임지다), put off(~을 미루다), pick up(~을 고르다), laugh at(~을 비웃다), put up with(~을 참다), make use of(~을 이용하다)

3 His request for a salary increase **was turned down** by the board.
그의 봉급 인상 요청은 이사회에 의해 거절되었다.

MORE know의 수동태는 뒤에 오는 전치사에 따라 의미가 달라진다.

• be known for: ~로 유명하다	• be known as: ~로서 알려져 있다	• be known to: ~에게 알려져 있다

Barbados **is known for** its beaches.
Barbados는 그 나라의 해변으로 유명하다.

The tree **is known as** the king of the desert.
그 나무는 사막의 왕으로 알려져 있다.

○ Answers p.12

(STRUCTURE) 밑줄 친 부분에 유의하여 다음 문장을 해석하시오.

1 The floor of the gym was covered with rubber mats.

2 During sleep, vital tasks are carried out in your brain. 기출

3 The scientist was well known for his cell research. 기출

4 Basic services such as education should be taken care of by the government.

floor 바닥
gym 체육관
rubber 고무
vital 매우 중요한
cell 세포
education 교육
government 정부
performance 성능

(GRAMMAR) 다음 문장의 네모 안에서 어법상 알맞은 것을 고르시오.

5 She is satisfied by / with the performance of her new car.

A 구조 시제와 태에 유의하여 다음 문장을 해석하시오.

1 The journey of a thousand miles begins with a single step.

2 She is finishing her assignment before the deadline tomorrow.

기출 **3** Several days after the incident, the family sat around the kitchen table.

4 November is known as American Diabetes Month across the country.

기출 **5** Hydropower dams have been identified as sources of greenhouse emissions.

6 He was scared of tornadoes because a tornado had destroyed his fence before.

B 어법 다음 문장의 네모 안에서 어법상 알맞은 것을 고르시오.

1 The Moon [reflects / reflected] light from the sun.

2 Breakfast is offered [to / for] guests by the hotel every morning.

3 In 2023, the world economy [grew / has grown] at a slower pace than in 2022.

4 The contract [made / was made] official after both parties signed it.

기출 **5** If you [make / will make] your bed tomorrow morning, you will feel a sense of accomplishment.

6 Though we rushed to the station, the train [departs / had departed] a few minutes earlier.

A journey 여정 single 단 하나의 assignment 과제 deadline 마감 시간[일자] incident 일, 사건 diabetes 당뇨병 hydropower 수력 identify 확인하다
source 근원, 원천 greenhouse emission 온실가스 배출 destroy 파괴하다 fence 울타리 **B** reflect 반사하다 economy 경제 pace 속도 contract 계약
official 공식적인 party (계약 등의) 당사자 sign 서명하다 make one's bed 잠자리를 정돈하다 accomplishment 성취 rush 서둘러 가다 station 역 depart 출발하다

C 배열 밑줄 친 우리말과 같은 뜻이 되도록 괄호 안의 말을 바르게 배열하시오.

1 Andrew는 작년에 <u>그의 학급의 반장으로 선출되었다</u>.
(of his class, elected, president, was)

→ Andrew _____ last year.

기출 **2** 우리의 200만 년의 역사는 <u>도전으로 가득했다</u>.
(with, been, has, filled)

→ Our two million-year history _____ challenges.

3 그 실험의 데이터는 연구자들에 의해 <u>분석되고 있다</u>.
(being, analyzed, is)

→ The data from the experiment _____ by researchers.

4 그녀는 그녀의 조부모님에 의해 <u>길러졌다</u>.
(been, has, up, brought)

→ She _____ by her grandparents.

5 반복되는 광고는 마케팅 담당자들에 의해 <u>고객들에게 전송된다</u>.
(customers, are, to, sent)

→ Repeated ads _____ by marketers.

기출 **6** 우리 엄마는 <u>내게 휴대폰을 사 주지 않았고</u>, 대신에 내 선물은 겨우 작은 책일 뿐이었다.
(not, got, me, had)

→ My mom _____ a phone, and my present was instead just a little book.

C elect 선출하다 president 반장, 회장 history 역사 challenge 도전 analyze 분석하다 experiment 실험 researcher 연구자 ad 광고(= advertisement)
marketer 마케팅 담당자 present 선물 instead 대신에

독해

[1-2] 다음 글을 읽고, 물음에 답하시오.

The Mediterranean is not a single body of water, like one of the Great Lakes. A land bridge extends almost across this great sea and divides it into two parts, an eastern and a western basin. There are no accepted geographical names for these two basins, but they _____(may, call) the eastern and the western Mediterranean worlds.

1 괄호 안의 말을 이용하여 빈칸에 알맞은 말을 쓰시오.

2 지중해가 단일 수역이 <u>아닌</u> 이유를 30자 내외의 우리말로 쓰시오.

[3-4] 다음 글을 읽고, 물음에 답하시오.

A software company had a great way of recognizing sales success. The sales director kept an air horn and would come out and blow it every time a salesperson settled a deal. <u>The loud noise forced everyone in the office to stop their work.</u> However, it had an amazingly positive impact on everyone. Sometimes rewarding success can be as easy as this. 기출

3 밑줄 친 문장을 수동태로 바꿔 쓰시오.

4 윗글의 제목을 다음과 같이 쓸 때, 빈칸에 들어갈 말로 가장 적절한 것은?

The Power of a Simple _____

① Trick   ② Reward   ③ Gesture

[1-2] the Mediterranean 지중해 a body of water 수역 the Great Lakes 5대호 land bridge 육교 extend 걸쳐져 있다 divide 나누다, 분할하다 eastern 동쪽의 western 서쪽의 basin 유역 accepted 일반적으로 인정된 geographical 지리적인 **[3-4]** recognize 인정하다 sales 판매 director 이사 air horn 에어 혼(나팔의 일종) blow (입으로) 불다 salesperson 판매원, 영업 직원 settle a deal 거래를 성사하다 force (어쩔 수 없이) ~하게 만들다 amazingly 놀랍게도 positive 긍정적인 impact 영향 reward 보상하다

CHAPTER
04

조동사

🔘 조동사의 역할

조동사는 동사 앞에 쓰여 동사에 특정한 의미를 더해 준다.

She runs fast. 그녀는 빨리 달린다.

She can run fast. 그녀는 빨리 달릴 수 있다.

🔘 조동사의 특징

• 조동사 뒤에는 동사원형이 온다.

  She can runs fast. (×)

• 부정문은 「조동사+not+동사원형」, 의문문은 「조동사+주어+동사원형 ~?」의 형태이다.

  She cannot run fast. 〈부정문〉 그녀는 빨리 달릴 수 없다.

  Can she run fast? 〈의문문〉 그녀는 빨리 달릴 수 있니?

• 주어의 수와 인칭에 영향을 받지 않는다.

  She cans run fast. (×)

• 두 개 이상의 조동사를 연속하여 쓸 수 없다.

  She will can run fast. (×) → **She will be able to** run fast. (○) 그녀는 빨리 달릴 수 있을 것이다.

• 하나의 조동사에 다양한 뜻이 있다.

  The rumor can be true. 〈가능성〉 그 소문은 사실일 수도 있다.

  You can leave now. 〈허가〉 당신은 지금 출발해도 됩니다.

☑ 조동사 can/could는 동사에 '능력, 가능성, 허가' 등의 의미를 더해 준다.
능력·가능을 나타내는 can은 보통 be able to로 바꿔 쓸 수 있다.

능력·가능	~할 수 있다(= be able to)	요청	〈의문문〉 ~해주시겠어요? (= will/would)
허가	~해도 된다(= may)	가능성·추측	~일 수도 있다
금지	~해서는 안 된다(cannot[can't])	강한 부정적 추측	~일 리가 없다(cannot[can't])

¹ You **can** define ability / in terms of a particular skill. 기출 〈가능〉
= are able to
여러분은 특정한 기술의 관점에서 능력을 정의할 수 있다.

² Margaret **cannot** be here, / [because she is currently in hospital]. 〈강한 부정적 추측〉
Margaret이 이곳에 있을 리 없는데, 왜냐하면 그녀는 현재 입원 중이기 때문이다.

☑ 조동사 may/might는 동사에 '추측, 허가' 등의 의미를 더해 준다.

약한 추측	~일지도 모른다, ~일 수도 있다	허가	~해도 된다 (= can/could)

³ You **might** feel a bit sad / [while getting rid of a useless item]. 기출 〈약한 추측〉
여러분은 쓸모없는 물건을 치우면서 조금 슬퍼할 수도 있다.

⁴ You **may** stay here / [if there is an unexpected change in your plans]. 〈허가〉
만일 당신의 계획에 예기치 않은 변동이 생겼다면 이곳에 머무르셔도 됩니다.

어법 주절의 동사가 과거시제일 때 종속절에 쓰인 조동사는 보통 과거형(could, might, would 등)으로 나타낸다.
I *realized* / [that he **cannot** come]. (×) → I *realized* / [that he **could not** come]. (○)
나는 그가 올 수 없다는 것을 깨달았다.

◐ Answers p.15

(STRUCTURE) 조동사에 유의하여 다음 문장을 해석하시오.

1 You can bring your dog to this pet-friendly hotel!

2 Your body may not completely absorb the majority of supplements. 기출

3 Once inside, you may take off your shoes and make yourself at home.

4 Excuse me, but could you please lower your voice a bit?

(GRAMMAR) 다음 문장의 네모 안에서 어법상 알맞은 것을 고르시오.

5 She thought that most of the class will / would draw Thanksgiving tables. 기출

pet-friendly 반려동물 친화적인
completely 완전히
absorb 흡수하다
the majority of 대다수의
supplement 보충제
once 일단 ~하면
take off ~을 벗다
make oneself at home
편하게 있다
lower 낮추다, 내리다
a bit 조금, 약간
Thanksgiving 추수감사절

☑ 조동사 must는 동사에 '의무, 강한 추측' 등의 의미를 더해 준다. 의무·필요를 나타내는 must는 보통 have[has] to로 바꿔 쓸 수 있다.

의무·필요 강한 금지	~해야 한다(= have[has] to) ~해서는 안 된다(must not[mustn't]) *cf.* don't have to: ~할 필요가 없다	강한 추측	~임에 틀림없다(↔ cannot[can't])

¹ The stage director **must** direct the audience's eyes / to a particular spot or actor. 기출 〈의무·필요〉
    = has to
무대 감독은 관객의 시선을 특정한 장소나 배우로 향하게 해야 한다.

² They **must** be disappointed / with the result of their efforts. 〈강한 추측〉
그들은 자신들이 한 노력의 결과에 실망한 것이 틀림없다.

☑ 조동사 should는 동사에 '의무, 타당한 추측' 등의 의미를 더해 주며, ought to로 바꿔 쓸 수 있다.

의무·충고 금지	~해야 한다, ~하는 것이 좋다(= ought to) ~하면 안 된다, ~하지 않는 것이 좋다 (should not[shouldn't] = ought not to)	타당한 추측	~일 것이다(= ought to)

³ Internet users **should** have proper online etiquette. 기출 〈의무〉
         = ought to
인터넷 사용자들은 적절한 온라인상의 예절을 가져야 한다.

⁴ The flight **should** arrive on time / according to the airline's schedule. 〈타당한 추측〉
        = ought to
운항 시간표에 따르면 그 항공편은 정각에 도착할 것이다.

MORE 과거·미래의 의무를 나타낼 때는 have to를 이용하여 각각 had to, will have to로 쓴다.
    We **had to** leave early. 우리는 일찍 출발해야 했다.   We **will have to** leave early. 우리는 일찍 출발해야 할 것이다.

○ Answers p.15

(STRUCTURE) 조동사에 유의하여 다음 문장을 해석하시오.

1 "You must be an angel!" cried Amy. 기출

2 Chemists have to write chemical equations all the time. 기출

3 Patients must not consume food or drinks before their surgery.

4 We don't have to wait in line because we made reservations.

5 Every parent ought to be a positive role model for their children.

cry 큰 소리로 말하다, 외치다
chemist 화학자
chemical 화학의
equation 방정식
all the time 늘, 항상
patient 환자
consume 먹다, 섭취하다
surgery 수술
reservation 예약
positive 긍정적인
role model 역할 모델, 모범

☑ 조동사 used to, would는 현재는 더 이상 그렇지 않은 과거의 습관, 반복된 행동을 나타내며 '~하곤 했다'로 해석한다.

¹ I *used to have a shelf (lined with salty crackers and chips). 기출

나는 짭짤한 크래커와 칩이 줄지어 놓여 있는 선반을 갖고 있었다. *과거의 '상태'를 나타낼 때는 used to만 쓸 수 있으며, '~이었다'로 해석

² He **would** climb the old tree in his backyard / every summer.

그는 매년 여름에 자신의 집 뒷마당에 있는 오래된 나무에 올라가곤 했다.

☑ 조동사 had better는 강한 권고·경고를 나타내며 '~하는 것이 좋다'로 해석한다.

³ You **had better** take care of the wound / as soon as possible.

너는 가능한 한 빨리 그 상처를 돌보는 것이 좋다.

⁴ We **had better not** eat too much / before going on a roller coaster.

우리는 롤러코스터를 타러 가기 전에 너무 많이 먹지 않는 것이 좋겠다.

어법 조동사 used to와 비슷한 형태의 다른 표현을 구별하여 알아두도록 한다.

be used to-v	~하는 데 사용되다	Deerskin **was used to make** those drums. 기출 사슴 가죽이 그 북들을 만드는 데 사용되었다.
be used to v-ing/명사	~(하는 것)에 익숙하다	I am **used to speaking** in public and **giving** presentations. 나는 대중 앞에서 말하고 발표하는 것에 익숙하다.

○ Answers p.16

(STRUCTURE) 조동사에 유의하여 다음 문장을 해석하시오.

1 She used to indulge in sweets after a long day.

2 You had better slow down and drive more carefully.

3 The old man would sit on the roof of his house every morning. 기출

4 You had better not share your passwords with anyone for security reasons.

indulge in ~을 마음껏 하다,
~에 빠지다
sweet 단것
slow down 속도를 늦추다
carefully 조심히, 주의 깊게
roof 지붕
share 공유하다
password 비밀번호
security 보안, 안전
subtitle 자막
translate 번역하다
dialogue 대화
viewer 시청자, 관객

(GRAMMAR) 다음 문장의 네모 안에서 어법상 알맞은 것을 고르시오.

5 Subtitles used / are used to translate the dialogue for the viewer. 기출

☑ 조동사가 have p.p.와 같이 쓰이면 과거의 일에 대한 추측이나 후회·유감을 나타낸다.

must have p.p.: ~했음이 틀림없다 〈과거의 일에 대한 강한 추측〉
cannot have p.p.: ~했을 리가 없다 〈과거의 일에 대한 강한 부정적 추측〉
could have p.p.: ~했을 수도 있다 〈과거의 일에 대한 추측〉
may/might have p.p.: ~했을지도 모른다 〈과거의 일에 대한 불확실한 추측〉
should have p.p.: ~했어야 했다 (그런데 하지 않았다) 〈과거의 일에 대한 후회·유감〉

¹ He **must have seen** the look on my face. 기출

그는 내 얼굴 표정을 봤음이 틀림없다.

² She **cannot have accepted** the terms of the contract voluntarily.

그녀가 자발적으로 그 계약의 조건을 수락했을 리가 없다.

³ The accident **could have been prevented** / with proper safety measures.

그 사고는 적절한 안전 조치가 이뤄졌다면 예방될 수도 있었다.

⁴ We **may have lost** / some of our ancient ancestors' survival skills. 기출

우리는 고대 조상들의 생존 기술 중 일부를 잃어버렸을지도 모른다.

⁵ The player **should have passed** the ball / to his teammate.

그 선수는 공을 자기 팀 동료에게 패스했어야 했다.

어법 　조동사 뒤에 오는 동사의 적절한 형태는 문맥을 통해 파악하도록 한다.

It's too early in the morning. He cannot [go / *have gone] to work yet.

너무 이른 아침이다. 그가 벌써 출근했을 리가 없다.

❯ Answers p.16

(STRUCTURE) 「조동사 + have p.p.」 구문에 유의하여 다음 문장을 해석하시오.

1 Mr. Jones should have saved some money for retirement.

2 They might have succeeded with a little help from the outside.

3 She cannot have finished reading the entire book in just one hour.

4 The phone case must have fallen off my lap and onto the floor. 기출

save 모으다, 저축하다
retirement 퇴직, 은퇴
entire 전부의, 전체의
lap 무릎

(GRAMMAR) 다음 문장의 네모 안에서 어법상 알맞은 것을 고르시오.

5 Jack could | sit / have sat | anywhere else, but he sat next to me.

A 구조 다음 문장에서 조동사를 포함한 동사 부분을 모두 찾아 밑줄을 긋고, 문장을 해석하시오.

기출 **1** A lack of sleep may cause mood problems.

기출 **2** You shouldn't touch a guide dog without the owner's permission.

3 That guy must be telling a lie to cheat all of us.

기출 **4** Can you go next door and tell that same story to the man there?

5 She would always bring me a souvenir from her business trips.

6 The rich man could have purchased the mansion last year.

B 어법 다음 문장의 네모 안에서 어법상 또는 문맥상 알맞은 것을 고르시오.

1 You may / must play computer games after all your homework is done.

2 There used / was used to be a big aquarium in her neighborhood.

3 Children must not / don't have to play near the construction site for safety reasons.

4 Technological advancements may pose / have posed risks to everyone in the future.

기출 **5** His mother explained that he can / could use the slide instead of a swing.

6 We should take / have taken action when the problem first emerged.

A lack 부족, 결핍 cause 일으키다, 야기하다 mood 기분, 감정 guide dog 안내견 permission 허락, 승인 cheat 속이다, 기만하다 souvenir 기념품 business trip 출장 purchase 구매하다 mansion 대저택 **B** aquarium 수족관 neighborhood 동네, 인근 construction site 공사장 technological (과학) 기술의 advancement 발전, 진보 pose (위협·문제 등을) 불러일으키다 risk 위험 slide 미끄럼틀 swing 그네 take action 조치를 취하다 emerge 생겨나다, 나타나다

C 배열 밑줄 친 우리말과 같은 뜻이 되도록 괄호 안의 말을 바르게 배열하시오.

기출 **1** 그 호텔은 나의 방문 기록을 저장했음이 틀림없다.
(stored, have, a record, must)

→ The hotel _____ of my visits.

2 미래에는 인공지능이 사람의 감정을 이해할 수 있을지도 모른다.
(be, may, able, understand, to)

→ In the future, AI _____ human emotions.

3 여러분은 다른 사람들에 대한 험담에 가담하지 않는 것이 좋다.
(not, had, engage in, better)

→ You _____ gossip about others.

4 지원자들은 이력서에 허위 정보를 제공해서는 안 된다.
(to, provide, not, ought)

→ Applicants _____ false information on their résumés.

5 그들이 벌써 공항에 도착했을 리가 없다. 그들의 항공편은 지연되었다.
(at the airport, have, cannot, arrived)

→ They _____ yet. Their flight was delayed.

6 그 연구원은 학회에서 자신의 연구 결과를 발표해야 할 것이다.
(her findings, present, have to, will)

→ The researcher _____ at the conference.

C store 저장하다 record 기록 engage in ~에 가담[관여]하다 gossip 험담, 소문 applicant 지원자 false 허위의, 거짓된 résumé 이력서 flight 항공편 delay 지연시키다 findings (조사·연구 등의) 결과 present 발표하다 conference 학회, 회의

독해

[1-2] 다음 글을 읽고, 물음에 답하시오.

Once, a farmer lost his precious watch while working in his barn. It might appear / have appeared to be an ordinary watch to others in the village, but it brought a lot of happy childhood memories to him. It was one of the most important things to him. After searching for it for a long time, the old farmer became exhausted and gave up all hope of finding it. 기출

1 네모 안에서 어법상 알맞은 것을 고르시오.

2 윗글에 드러난 농부의 심경으로 가장 적절한 것은?

① relieved   ② desperate   ③ indifferent

[3-4] 다음 글을 읽고, 물음에 답하시오.

The amount of plastic waste in our landfills has collected over time. It makes land space for waste disposal very limited. Aggressive recycling may be one of the solutions for managing our limited resources. As much as 75% of plastic waste in our landfills <u>could have and should have been recycled</u>.

3 밑줄 친 부분을 우리말로 해석하시오.

4 빈칸에 들어갈 알맞은 단어를 윗글에서 찾아 글의 제목을 완성하시오.

→ Let's Reduce Plastic Waste Through _____

[1-2] precious 귀중한 barn 헛간 ordinary 평범한 village 마을 childhood 어린 시절 exhausted 지친 give up ~을 포기하다 **[3-4]** amount 양 waste 쓰레기 landfill 쓰레기 매립지 collect 쌓이다 disposal 처리, 처분 limited 제한된 aggressive 적극적인; 공격적인 resource 자원

CHAPTER
05

명사 역할을 하는 준동사

준동사란?

• 동사가 명사, 형용사, 부사의 역할을 할 수 있도록 동사의 형태를 바꾼 것을 말한다.

종류		형태	역할
to부정사		to-v	명사, 형용사, 부사
동명사		v-ing	명사
분사	현재분사	v-ing	형용사, 부사, 진행형(be v-ing)을 만들 때 사용
	과거분사	v-ed	형용사, 부사, 완료형(have p.p.)과 수동태(be p.p.)를 만들 때 사용

• 준동사는 동사에서 나온 것이므로 동사의 성질을 가지고 있다.
동사처럼 (의미상) 주어와 부정형, 시제, 태를 가지며, 뒤에 목적어, 보어, 수식어가 올 수 있다. 뒤에 딸린 어구가 있는 경우 to부정사구, 동명사구, 분사구라고 한다.

She decided **not to answer** **the question** **immediately**.
　　　　　to부정사의 부정형　　　　O'　　　M'

그녀는 그 문제에 즉시 대답하지 않기로 결정했다.

명사 역할을 하는 준동사

to부정사와 동명사는 명사처럼 문장에서 주어, 목적어, 보어의 역할을 한다.

To love someone is / **to understand each other**.
　　　S　　　　　　V　　　　SC

누군가를 사랑하는 것은 서로를 이해하는 것이다.

Caring for others means **offering help** / [when they need it].
　　　S　　　　　　V　　　　O

다른 사람을 보살핀다는 것은 도움이 필요할 때 제공해 주는 것을 의미한다.

☑ to부정사와 동명사는 문장의 주어 자리에 올 수 있고, '~하는 것은, ~하기는'으로 해석한다.

1 To learn new things takes time and effort.
         S   V
새로운 것들을 배우는 것은 시간과 노력이 든다.

2 *Not to be late is important in the workplace.
        S   V
직장에서는 늦지 않는 것이 중요하다. *to부정사의 부정형: not[never] to-v

3 Taking pictures is not allowed inside the factory. 기출
     S   V
사진을 찍는 것은 공장 안에서 허용되지 않습니다.

4 *Not doing homework can hinder your understanding of the subject.
         S   V
숙제를 하지 않는 것은 그 과목에 대한 여러분의 이해를 가로막을 수 있다. *동명사의 부정형: not[never] v-ing

어법 to부정사나 동명사가 문장의 주어이면 동사는 반드시 단수형으로 쓴다.

Staring at computer screens for hours / often [result / *results] in eye strain.
몇 시간 동안 컴퓨터 화면을 응시하는 것은 자주 눈의 피로를 야기한다.

● Answers p.18

(STRUCTURE) 다음 문장에서 주어에 밑줄을 긋고, 문장을 해석하시오.

1 To build a bridge requires the labor of many people.

2 Learning new skills opens up various career opportunities.

3 Not to apologize for mistakes can damage relationships.

4 Not taking risks is the riskiest approach in business.

5 To establish trust in relationships involves open communication.

6 Overcoming your instinct against uncomfortable things is essential. 기출

(GRAMMAR) 다음 문장의 네모 안에서 어법상 알맞은 것을 고르시오.

7 To share ideas freely [promote / promotes] harmony on a team.

bridge 다리
labor 노동
skill 기술
career 직업, 경력
opportunity 기회
apologize 사과하다
mistake 잘못, 실수
damage 손상시키다
relationship 관계
take risks 위험을 감수하다
risky 위험한
approach 접근법
establish 구축[확립]하다
involve 필요로 하다
overcome 극복하다
instinct 본능
uncomfortable 불편한
essential 필수적인
promote 촉진하다
harmony 화합, 조화

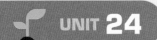

☑ to부정사와 동명사는 동사의 목적어 자리에 올 수 있다. 동사에 따라 to부정사만을 목적어로 취하거나 동명사만을 목적어로 취한다.

to부정사만을 목적어로 취하는 동사: (…할 것을) ~하다	want(원하다), hope[wish](바라다), expect(기대하다), decide(결정하다), plan(계획하다), choose(선택하다), promise(약속하다), agree(동의하다), refuse(거절하다), need(필요로 하다), learn(배우다), manage(간신히 해내다), fail(~하지 못하다) 등
동명사만을 목적어로 취하는 동사: (…하는 것을 / …한 것을) ~하다	enjoy(즐기다), mind(꺼리다), avoid(피하다), admit(인정하다), deny(부인하다), put off(미루다), finish(끝내다), stop[quit](그만두다), give up(포기하다), practice(연습하다), consider(고려하다), suggest(제안하다) 등

¹ The god Moinee *decided* **to create humans**. 기출
    <u>   </u>
   S   V   O
Moinee 신은 인간을 창조하기로 결정했다.

² You should *avoid* **telling your readers / more than they need**.
  S   V   O
여러분은 독자들에게 필요 이상으로 이야기하는 것을 피해야 한다. *목적어로 쓰인 to부정사는 주로 '미래'의 일을, 동명사는 '현재·과거'의 일을 나타냄

☑ 동명사는 전치사의 목적어로도 쓰일 수 있다. to부정사는 전치사의 목적어로 쓰이지 않는다.

³ The team succeeded / *in* **winning the championship against their rival**.
   S   V   전   O'
그 팀은 라이벌을 상대로 우승을 차지하는 데 성공했다.

MORE 동사 stop은 동명사만을 목적어로 취한다. stop 뒤에 오는 to부정사는 목적어가 아니라 '~하기 위해'라는 의미의 부사적 용법으로 쓰인 것이다.

I *stopped* making excuses.
S   V   O
나는 변명하는 것을 멈췄다.

The traveler *stopped* to rest.
   S   V   M
그 여행자는 쉬기 위해 멈춰 섰다.

> Answers p.19

(STRUCTURE) 다음 문장에서 동사 혹은 전치사의 목적어에 밑줄을 긋고, 문장을 해석하시오.

1 Tourists can enjoy riding horse-drawn carriages.

2 The king promised not to control the church's operations.

3 Good coaches plan to teach those lessons systematically. 기출

4 Being overweight may result from not eating healthy food.

tourist 관광객
horse-drawn 말이 끄는
carriage 마차
control 통제하다
operation 운영
systematically 체계적으로
overweight 과체중의
result from ~에서 기인하다
social 사회적인
respect 존중하다
opinion 의견

(GRAMMAR) 다음 문장의 네모 안에서 어법상 알맞은 것을 고르시오.

5 As social animals, we practice [to respect / respecting] each other's opinions.

☑ 동사 love, like, prefer, hate, start, begin, continue 등은 to부정사와 동명사를 모두 목적어로 쓸 수 있다. 이때 목적어의 형태에 따른 의미 차이는 거의 없다.

> ¹ Curiosity *begins* to decrease[decreasing] / as early as four years old. 기출
>   S   V   O   M
> 호기심은 네 살이라는 이른 시기에 줄어들기 시작한다.

☑ 동사 remember, forget, regret, try 또한 to부정사와 동명사를 모두 목적어로 쓸 수 있지만, 어느 것을 쓰는지에 따라 의미가 달라진다.

• remember to-v: (앞으로) ~할 것을 기억하다	• forget to-v: (앞으로) ~할 것을 잊다
• remember v-ing: (과거에) ~한 것을 기억하다	• forget v-ing: (과거에) ~한 것을 잊다
• regret to-v: (앞으로) ~하게 되어 유감이다	• try to-v: ~하려고 노력하다
• regret v-ing: (과거에) ~한 것을 후회하다	• try v-ing: (시험 삼아) ~해 보다

² *Remember* to speak a kind word / to someone (feeling down). 기출
     V   O
의기소침해 있는 사람에게 친절한 말을 하는 것을 명심하시오.

³ I still *remember* visiting the National Gallery in London.
  S   V   O
나는 런던의 국립 미술관을 관람한 것을 아직도 기억한다.

⁴ I *regret* to inform [that we have ceased doing business].
 S   V   O
저희가 영업을 중단했다는 것을 알려드리게 되어 유감입니다.

⁵ She *regretted* quitting her job three years ago.
  S   V   O
그녀는 3년 전에 일을 그만둔 것을 후회했다.

❯ Answers p.19

(**STRUCTURE**) 다음 문장에서 목적어를 <u>모두</u> 찾아 밑줄을 긋고, 문장을 해석하시오.

1 You should not forget to reserve your room in advance.

2 He forgot buying the shirt, so he bought another of the same shirt.

3 They tried to reach the mountaintop before nightfall.

4 The traffic is moving slowly. I'll try taking a different route.

reserve 예약하다
in advance 미리, 사전에
mountaintop 산 정상
nightfall 해질녘
traffic 차량들, 교통
route 길, 경로
reusable 재사용할 수 있는

(**GRAMMAR**) 다음 문장의 네모 안에서 어법상 알맞은 것을 고르시오.

5 I always remember to take / taking my reusable bag when I go shopping.

☑ to부정사구가 주어일 때는 보통 주어 자리에 it(가주어)을 쓰고 to부정사구(진주어)는 문장 뒤로 보낸다.
그 결과 「It+V ~ to-v」의 형태가 되며, 뒤로 보낸 to부정사구를 주어로 하여 해석한다.

¹ **It** is sometimes difficult / **to communicate our needs.** 기출
　S(가주어)　　　　　　　　　　　　　　　　S'(진주어)
우리의 필요를 전달하는 것은 때때로 어렵다.

☑ 5형식 문장에서 to부정사구가 목적어일 때는 목적어 자리에 it(가목적어)을 쓰고 to부정사구(진목적어)는 문장 뒤로 보낸다.
그 결과 「S+V+it+OC+to-v」의 형태가 되며, 뒤로 보낸 to부정사구를 목적어로 하여 해석한다.

² Escalators make **it** possible / **to ride up stairs without effort.**
　S　　　　V　OC　　　　　　　　　　　O'(진목적어)
　　　　　　　　→ O(가목적어)
에스컬레이터는 힘들이지 않고 계단을 오르는 것을 가능하게 만든다.

☑ to부정사의 의미상 주어는 to부정사 앞에 보통 「for+목적격」의 형태로 쓰고, '(의미상 주어)가 ~하다'로 해석한다.
단, 사람의 성격·태도를 나타내는 형용사 뒤에 올 경우 「of+목적격」의 형태로 쓴다.
　↳ kind, nice, wise, thoughtful, clever, foolish, stupid, polite, rude 등

³ It was not safe / *for him* to drive in the storm. 　그가 폭풍 속에서 운전하는 것은 안전하지 않았다.
　S(가주어)　　　　의미상 주어　　S'(진주어)

⁴ It is wise / *of you* to refuse to accept their offer. 　그들의 제안을 받아들이는 것을 거절하다니 너는 현명하다.
　S(가주어)　　　의미상 주어　　　S'(진주어)

MORE　동명사의 의미상 주어는 소유격 또는 목적격으로 나타낸다.
You see in your head / the image of *him[his]* dropping the ball. 기출
　　　　　　　　　　　　　　　　　　　의미상 주어　　　O'(동명사구)
여러분은 머릿속에서 그가 그 공을 떨어뜨리는 이미지를 본다.

⟶ Answers p.20

STRUCTURE　밑줄 친 부분에 유의하여 다음 문장을 해석하시오.

1 In silence, it was much easier to hear the sound. 기출

2 I make it a rule to walk my dog for an hour every day.

3 Do you mind my using your laptop to check my emails?

4 If you get angry, it is impossible for you to win the argument. 기출

GRAMMAR　다음 문장의 네모 안에서 어법상 알맞은 것을 고르시오.

5 It was thoughtful for / of her to drop by our place.

silence 고요, 침묵
walk 산책시키다
laptop 노트북 컴퓨터
argument 논쟁
thoughtful 사려 깊은
drop by ~에 들르다
place 집

☑ to부정사와 동명사는 문장의 주격보어 자리에 올 수 있고, '(주어는) ~하는 것이다'로 해석한다.

¹ My goal was to achieve financial independence.
  S   V   SC

나의 목표는 재정적 독립을 이루는 것이었다.

² My sister's favorite activity is reading mystery novels.
  S   V   SC

우리 언니가 가장 좋아하는 활동은 추리 소설을 읽는 것이다.

³ Her plan is not to work overtime this week.
  S   V   SC

그녀의 계획은 이번 주에 초과 근무를 하지 않는 것이다.

⁴ The surprising news was his moving to the rival company.
  S   V   SC

놀라운 소식은 그가 경쟁 회사로 이직한다는 것이었다.

> **MORE** 「S+be v-ing」 구조의 문장에서 S=v-ing의 관계가 성립한다면 v-ing는 주격보어로 쓰인 '동명사'이다. S≠v-ing이면 v-ing는 동사의 진행형을 구성하는 '현재분사'이다.
>
> **His job is driving a tour bus around the city.** 그의 직업은 도시에서 관광버스를 운전하는 것이다.
>   S   V   SC(동명사구)
>
> **He is driving a tour bus / around the city.** 그는 도시 곳곳으로 관광버스를 운전하고 있다.
>   S   V(be+현재분사)   O

◆ Answers p.20

(STRUCTURE) 다음 문장에서 주격보어에 밑줄을 긋고, 문장을 해석하시오.

1 The best thing in life is to travel and explore new places.

2 The first step in starting a business is researching the market.

3 The company's strategy is not to invest in high-risk projects.

4 One of the most rewarding experiences is being a volunteer.

5 His greatest ambition was to become a prominent surgeon.

6 The key to happiness is maintaining a positive attitude.

7 My biggest regret was not learning a second language.

explore 탐험하다
step 단계
research 조사하다
market 시장
strategy 전략
invest 투자하다
high-risk 위험성이 큰
rewarding 보람 있는
volunteer 자원봉사자
ambition 야망
prominent 저명한, 유명한
surgeon 외과 의사
key 비결, 열쇠
maintain 유지하다
attitude 태도, 자세
second language
제2외국어

☑ 「의문사+to-v」는 명사처럼 문장에서 주어, 목적어, 보어로 쓰이며, 의문사에 따라 다음과 같이 해석한다.

- who(m) to-v: 누가[누구를] ~할지
- what to-v: 무엇을 ~할지
- which to-v: 어느 것을 ~할지
- when to-v: 언제 ~할지
- where to-v: 어디서 ~할지
- how to-v: 어떻게 ~할지, ~하는 방법

*why to-v는 쓰이지 않음 **what과 which는 명사 앞에 와서 형용사처럼 쓰이기도 함

¹ <u>What to eat for breakfast</u> / <u>is</u> <u>a daily question</u> for many.
　　　　S　　　　　　　　　　V　　SC

아침으로 무엇을 먹어야 할지는 많은 이들이 매일 하는 질문이다.

² <u>My biggest problem</u> <u>is</u> / <u>where to store all that data</u>.
　　　S　　　　　　　V　　　　SC

나의 가장 큰 문제는 그 모든 자료를 어디에 보관해야 하는가이다.

³ <u>He</u> <u>knew</u> <u>how to make things out of glass</u>. 기출
　S　　V　　　　　　　O

그는 유리로 어떻게 물건을 만들어야 할지를 알고 있었다.

⁴ <u>Would you tell</u> <u>me</u> / <u>who to ask for a recommendation</u>?
　　　　V　　　　IO　　　　　DO

제게 누구에게 추천서를 부탁해야 하는가를 알려 주시겠어요?

어법 전치사의 목적어로 to부정사는 쓸 수 없지만, 「의문사+to-v」는 쓸 수 있다.

Frost dates give you an idea / *of* <u>when to start planting crops</u>.
　　　　　　　　　　　　　전　　　　　O'

서리가 내리는 날짜는 당신에게 작물을 언제 심기 시작해야 할지를 알려 준다.

● Answers p.20

(STRUCTURE) 다음 밑줄 친 부분의 문장 성분을 S, O, C로 표시하고, 문장을 해석하시오.

1 She could not determine <u>when to leave for the airport</u>.

2 To tourists, the hardest decision will be <u>where to visit first</u>.

3 <u>Which career to choose</u> is often decided by chance.

4 They discussed <u>whom to appoint as the new team leader</u>.

5 <u>What to pack for the trip</u> depends on the destination and duration.

(GRAMMAR) 밑줄 친 부분이 어법상 옳으면 ○, 틀리면 ✕로 표시하고 바르게 고쳐 쓰시오.

6 We are often given advice on <u>how to do our jobs</u>. 기출

---

determine 결정하다
leave for ~로 출발하다, 떠나다
hard 어려운
decision 결정
by chance 우연히
discuss 논의하다
appoint 정하다, 임명하다
destination 목적지
duration (지속되는) 기간
advice 조언

A 구조) 다음 밑줄 친 부분의 문장 성분을 S, O, C로 표시하고, 문장을 해석하시오.

1 The average global temperature continues <u>rising</u> each year.

2 <u>Not to listen carefully</u> may lead to misunderstandings.

3 How do you choose <u>what to wear</u> every day?

4 The performer's basic task is <u>understanding the meaning of the music</u>.

기출 **5** <u>To wake up to the morning light</u> is important.

6 The guide suggested <u>bringing extra clothing</u> for unexpected weather.

B 어법) 다음 문장의 네모 안에서 어법상 알맞은 것을 고르시오.

1 Don't forget to bring / bringing your passport with you tomorrow.

기출 **2** He managed to save / saving his valuables from the fire.

기출 **3** Taking notes during class supports / support your learning in several ways.

4 It was polite of / for the child to apologize after bumping into someone.

5 You should stop to blame / blaming others for your mistakes.

6 It is easy to get / getting lost in a big city without a GPS device.

A average 평균의 global 지구의 temperature 기온 carefully 주의 깊게 lead to ～로 이어지다 misunderstanding 오해 performer 연주자, 공연자 task 일, 과업 guide (여행) 가이드, 안내인 suggest 권하다, 추천하다 extra 여분의, 추가의 unexpected 예상치 못한 **B** passport 여권 save (생명·재산 등을) 구하다 valuable 귀중품 take notes 필기[메모]하다 support 돕다, 지원하다 bump into ～와 부딪히다 blame 탓하다, 비난하다 get lost 길을 잃다 device 장치, 기기

C 배열 밑줄 친 우리말과 같은 뜻이 되도록 괄호 안의 말을 바르게 배열하시오.

1 <u>중요한 일을 하는 것을</u> 마지막 순간까지 <u>미루지</u> 마라.
(doing, put off, important tasks)

→ Don't _____ until the last minute.

2 <u>당신이</u> 제 고민을 <u>들어 주셔서</u> 감사합니다.
(your, listening, for)

→ I thank you _____ to my concerns.

3 나는 <u>내 오래된 기타를 판 것을 후회하며</u>, 지금은 그것과 같은 기타를 찾을 수 없다.
(my old guitar, selling, regret)

→ I _____ and now I can't find one like it.

기출 **4** <u>여러분이 열린 마음이 되는 것이</u> 더 현명하고 더 좋다.
(for, to be, you, openminded)

→ It's smarter and better _____.

5 많은 기업이 <u>그들의 가격을 올리는 것이 필요하다고</u> 생각한다.
(necessary, to increase, it, their prices)

→ Many businesses find _____.

6 겨울이 오기 전에, 새들은 보통 <u>언제 떠나야 할지와 어디로 날아가야 할지를</u> 안다.
(when, to fly, and, to leave, where)

→ Before the winter comes, birds generally know _____.

C minute 순간, (시간 단위의) 분 concern 고민, 걱정; 관심 open-minded 마음이 열린 necessary 필요한 increase 올리다, 인상하다 generally 보통, 일반적으로

독해

[1-2] 다음 글을 읽고, 물음에 답하시오.

> In today's world, it is impossible to run away from distractions. Distractions are everywhere, but if you want to achieve your goals, <u>you must learn how to tackle distractions</u>. You cannot eliminate distractions, but you can learn to live with them without letting them affect your performance. 기출

1 밑줄 친 부분을 우리말로 해석하시오.

2 윗글의 주제를 다음과 같이 쓸 때, 빈칸에 들어갈 말로 가장 적절한 것은?

| the necessity of _____ distractions to reach your goals |

① managing　　　　② removing　　　　③ looking for

[3-4] 다음 글을 읽고, 물음에 답하시오.

> Scientists are trying to develop AI which can set objectives, plan for them, and gather the knowledge needed to realize them. It then evaluates the results and corrects the problems. If we create this kind of AI, it will make [it / that] possible for humans and AI to live in harmony. They will cooperate with each other to create a new future.

3 네모 안에서 어법상 알맞은 것을 고르시오.

4 빈칸에 들어갈 알맞은 단어를 윗글에서 찾아 글의 요약문을 완성하시오.

→ Developing advanced AI will enable harmonious cooperation between _____ and _____.

ⓓ [1-2] distraction 주의 산만 (요소)　achieve 이루다, 성취하다　tackle 대처하다　eliminate 제거하다　affect 영향을 미치다　performance 수행, 성과
[3-4] develop 개발하다　objective 목표　gather 모으다　knowledge 지식　realize 실현하다　evaluate 평가하다　correct 바로잡다　create 만들어 내다
live in harmony 사이좋게 지내다　cooperate 협력하다

CHAPTER
06
형용사 역할을 하는 준동사

명사를 수식하는 준동사

to부정사와 분사는 형용사처럼 명사를 수식할 수 있다.

This week, / you have another chance (**to sign up for classes**).
to부정사구

이번 주에는 여러분이 수강 신청을 할 수 있는 또 한 번의 기회가 있습니다.

It is really hard / to capture a **moving** object in the air.
현재분사

공중에서 움직이는 물체를 붙잡는 것은 정말 어렵다.

Chewing gives mammals / the energy (**needed to be active**). 기출
과거분사구

씹는 것은 포유류에게 활동적인 데 필요한 에너지를 준다.

보어 역할을 하는 준동사

to부정사와 분사는 형용사처럼 문장에서 보어 역할을 한다.

All students are **to submit the assignment by tomorrow**.
SC(to부정사구)

모든 학생들은 내일까지 과제물을 제출해야 한다.

Janet is in the hospital. I want her **to get better soon**.
OC(to부정사구)

Janet은 병원에 있다. 나는 그녀가 빨리 낫기를 바란다.

The view from the mountaintop was **amazing**.
SC(현재분사)

산꼭대기에서 보는 경치는 정말 멋졌다.

The villagers found the bridge **destroyed during the floods**.
OC(과거분사구)

마을 사람들은 홍수 기간 동안 다리가 파괴된 것을 발견했다.

☑ to부정사(구)는 형용사처럼 쓰여 명사(N)를 뒤에서 수식할 수 있다. 「N+to-v」의 형태이며 '~할/하는 N'으로 해석한다.

¹ Intelligence is the ability (**to adapt to the environment**). 기출

지능은 환경에 적응하는 능력이다.

² The best way (for you **to be successful**) / is to stay positive.
　　　　　　S　　　　　　　　의미상 주어　　　　　　V

여러분이 성공하는 최선의 방법은 긍정적인 태도를 유지하는 것이다.

³ There is a possibility (**not to reach an agreement / within the deadline**).

마감 시한 내에 합의에 도달하지 못 할 가능성이 있다.

☑ 명사를 수식하는 to부정사 뒤에 전치사가 오는 경우도 있다. 즉 「N+to-v+전치사」의 형태일 때, 수식을 받는 명사는 전치사의 목적어이다.

⁴ I have a few wonderful friends (**to depend on**).
　　　　　　　　　　　　　　　　　(← depend on a few wonderful friends)

나는 의지할 수 있는 몇 명의 멋진 친구들이 있다.

MORE 자주 쓰이는 「N+to-v+전치사」 표현은 다음과 같다.

• a house to live in 살 집	• someone to live with 같이 사는 사람	• someone to talk to 이야기할 사람
• something to talk about 말할 것	• a pen to write with 쓸 펜	• a piece of paper to write on 쓸 종이
• a chair to sit on 앉을 의자	• someone to depend on 의지할 사람	• someone to play with 같이 놀 사람

● Answers p.23

STRUCTURE 다음 문장에서 밑줄 친 말을 수식하는 어구를 찾아 (　)로 묶고, 문장을 해석하시오.

1 They have <u>a plan</u> to travel to Bangkok for business.

2 When you go hiking, <u>the first thing</u> to check is the weather.

3 Everyone has <u>their own unique problems</u> to deal with.

4 <u>A way</u> to succeed in your field is to create a difference. 기출

5 There are <u>several issues</u> to talk about during the meeting today.

plan 계획
for business 사업차
unique 고유한
deal with (문제·과제 등을) 처리하다
succeed 성공하다
field 분야
create 만들어 내다
difference 차이
issue 사안, 문제
comfortable 편안한

GRAMMAR 다음 문장의 네모 안에서 어법상 알맞은 것을 고르시오.

6 I'm looking for a comfortable chair to | sit / sit on | for hours.

☑ 분사(구)는 형용사처럼 쓰여 명사를 앞이나 뒤에서 수식할 수 있다.
현재분사는 능동 · 진행의 의미를 나타내어 '~하는 / 하고 있는'으로 해석한다.

¹ At times, it can be hard to calm a **crying** baby.

때때로 우는 아기를 진정시키는 것은 어려울 수 있다.

² The rich man was the only person *(**living in the house**). 기출

그 부자는 그 집에 사는 유일한 사람이었다. *분사가 단독으로 쓰이면 명사 앞에, 다른 어구를 동반하여 쓰이면 명사 뒤에 옴

☑ 과거분사는 수동 · 완료의 의미를 나타내어 '~된 / 한 (상태의)'으로 해석한다.

³ The skilled mechanic repaired the badly **damaged** car.

숙련된 정비사는 심하게 손상된 자동차를 수리했다.

⁴ We have many courses (**designed for your optimal learning**).

저희는 여러분이 최적의 학습을 하도록 설계된 많은 강좌를 갖고 있습니다.

> **어법** 수식 받는 명사와 분사의 관계가 '능동'일 때는 현재분사를, '수동'일 때는 과거분사를 사용해야 한다.
> The graph above shows the amount of money [spending / *spent] on books.
> 위 그래프는 서적에 쓰인 금액을 보여 준다.

● Answers p.24

(STRUCTURE) 다음 문장에서 밑줄 친 말을 수식하는 어구를 <u>모두</u> 찾아 ( )로 묶고, 문장을 해석하시오.

1 Falling <u>snowflakes</u> covered the rooftops and streets entirely.

2 Making manufactured <u>goods</u> involves several different processes. 기출

3 <u>A woman</u> named Rhonda attended the University of California at Berkeley. 기출

4 <u>Scientists</u> studying marine life express concern about increasing <u>sea temperatures</u>.

5 She admired <u>the handicrafts</u> lying on the shelves at the shop.

snowflake 눈송이
rooftop 옥상, 지붕
entirely 온통
manufacture 제조하다
goods 제품, 물품
involve 수반[포함]하다
process 과정
attend (~에) 다니다
marine 해양의
concern 우려, 걱정
temperature 온도
admire 감탄하다
handicraft 수공예품
shelf (상품) 진열대, 선반
item 항목
gender 성별

(GRAMMAR) 밑줄 친 부분이 어법상 옳으면 ○, <u>틀리면</u> ×로 표시하고 바르게 고쳐 쓰시오.

6 The items <u>including</u> in the records were age and gender.

☑ 감정을 나타내는 분사는 형용사처럼 쓰여 명사를 수식하기도 하고 보어로 쓰일 수도 있다. 수식 받는 명사나 주어, 목적어가 감정을 일으키는
주체일 때는 **현재분사**(~하게 하는)를, 감정을 느끼는 대상일 때는 **과거분사**(~한/하는)를 쓴다.

interesting 흥미로운	– interested 흥미를 느끼는	frightening 무서운	– frightened 무서워하는, 겁먹은
exciting 신나는	– excited 신이 난	disappointing 실망스러운	– disappointed 실망한
pleasing 즐거움을 주는	– pleased 즐거워하는	frustrating 좌절감을 주는	– frustrated 좌절한
satisfying 만족감을 주는	– satisfied 만족한	confusing 혼란시키는	– confused 혼란스러워하는
surprising 놀라게 하는	– surprised 놀란	embarrassing 당황스럽게 하는	– embarrassed 당황한
amazing 놀라운	– amazed 놀란	boring 지루하게 하는	– bored 지루한
shocking 충격적인	– shocked 충격받은	tiring 피곤하게 하는	– tired 피곤해하는

¹ Through gossip, we share **interesting** details with our friends. 기출

가십을 통해, 우리는 친구들과 흥미로운 세부 사항을 공유한다.

² I am **interested** / in joining the flea market as a seller.
　S　V　　SC　　　　　　　　　　M
나는 벼룩시장에 판매자로 참여하는 데 관심이 있다.

³ The dog (**frightened** by the loud thunder) / ran under the bed.
　　S　　　　　　　　　　　　　　　　　V　　　M
큰 천둥소리에 겁먹은 개가 침대 밑으로 뛰어 들어갔다.

⁴ The story about the haunted mansion made the night **frightening**.
　　　　　　S　　　　　　　　　　　　V　　O　　　OC
귀신이 나오는 저택에 대한 이야기가 그 밤을 무섭게 만들었다.

❏ Answers p.24

(STRUCTURE) 분사의 종류에 유의하여 다음 문장을 해석하시오.

1 Sometimes, you will be disappointed in the process of achieving your
goals. 기출

2 The experimenter didn't expect to get these surprising results.

3 The trailer for the upcoming movie made the online community excited.

4 Satisfied customers can become unpaid ambassadors for your business. 기출

(GRAMMAR) 다음 문장의 네모 안에서 어법상 알맞은 것을 고르시오.

5 His confession was shocking / shocked to the entire family.

in the process of ~하는
과정에서
achieve 이루다, 달성하다
goal 목표
experimenter 실험자
expect 예상하다
trailer (영화·TV 프로의)
예고편
upcoming 곧 나올[공개될]
customer 고객
unpaid 무급의
ambassador 대사, 특사
confession 고백
entire 온, 전체의

UNIT 32 · 주어를 보충 설명하는 to부정사와 분사

☑ to부정사(구)는 판단이나 입증을 나타내는 2형식 동사의 주격보어로 쓰이기도 한다.
- seem[appear]+to-v: ~인 것 같다, ~인 것처럼 보이다
- prove[turn out]+to-v: ~인 것으로 드러나다

¹ All the high-tech devices *seem* **to deny the need for paper**. 기출
                  S   V   SC
모든 첨단 기술 기기는 종이에 대한 필요를 부인하는 것처럼 보인다.

² The new drug *proved* **to be highly effective**.
      S   V   SC
그 새로운 약은 매우 효과적인 것으로 드러났다.

☑ 분사(구)는 상태의 지속을 나타내는 2형식 동사의 주격보어로 쓰이기도 한다.
- remain[keep, stay, stand, lie]+v-ing/p.p.: (어떤 상태로) 있다

³ The injured marathoner *kept* **running** / **towards the finish line**.
        S   V   SC
그 다친 마라토너는 결승선을 향해 계속 달렸다.

⁴ Please *remain* **seated** / [until the airplane comes to a complete stop].
       V   SC   ↳ 부사절(시간)
비행기가 완전히 멈춰 설 때까지 자리에 앉아 계시기 바랍니다.

> **MORE**   to부정사(구)는 be동사의 주격보어로 쓰여 예정(~할 예정이다), 의무(~해야 한다), 가능(~할 수 있다), 운명(~할 운명이다), 의도(~하고자 한다)의 뜻을 나타낼 수 있다.
>
> The award ceremony *is* **to take place on the 28th of April**. 〈예정〉 수상식은 4월 28일에 개최될 예정이다.
>
> All members *are* **to follow the instructions of our staff**. 〈의무〉 모든 회원들은 우리 직원의 지시를 따라야 합니다.

○ Answers p.24

(**STRUCTURE**) 밑줄 친 부분에 유의하여 다음 문장을 해석하시오.

1 These statements appear <u>to be very personal</u> on the surface. 기출

2 The meaning of a poem often lies <u>hidden in its metaphors</u>.

3 This bird species can stay <u>flying in the air for hours</u>.

4 The two variables may seem <u>to have some association</u>. 기출

(**GRAMMAR**) 밑줄 친 부분이 어법상 옳으면 ○, 틀리면 ✕로 표시하고 바르게 고쳐 쓰시오.

5 His theory turned out <u>to be</u> controversial among educators.

statement 진술, 말
personal 개인적인
on the surface 표면적으로, 겉보기에는
poem (한 편의) 시
metaphor 은유
species (생물의) 종(種)
variable 변수
association 연관(성)
theory 이론
controversial 논란이 많은
educator 교육자

☑ to부정사는 5형식 동사의 목적격보어로 쓰여 목적어의 동작, 상태를 나타낼 수 있다.
「S+V+O+to-v」의 형태이며, 목적어(O)와 to부정사는 주어-술어 관계로 보고 'O가 ~하기를[하도록]'로 해석한다.

to부정사를 목적격보어로 취하는 동사	
〈바람〉 want(원하다), expect(기대[예상]하다)	〈요청〉 ask(요청[부탁]하다), require(요구하다)
〈충고〉 tell(말하다), advise(조언하다)	〈설득〉 persuade(설득하다), encourage(격려하다)
〈명령〉 order(명령하다), force(강요하다)	〈기타〉 get(~하게 하다, 설득하다), allow(허용하다), cause(야기하다), enable(할 수 있게 하다) 등

¹ Technology can *enable* businesses **to produce more goods**. 기출
   S   V   O   OC
  기술은 기업들이 더 많은 제품을 생산하는 것을 가능하게 할 수 있다.

☑ 사역동사와 지각동사의 목적격보어 자리에는 원형부정사가 온다.
- 〈사역동사〉 make/have/let+O+ⓥ: O가 ~하게 만들다/시키다/허용하다
- 〈지각동사〉 see, watch/hear/feel/notice+O+ⓥ: O가 ~하는 것을 보다/듣다/느끼다/알아채다

² I'll *let* you know / [as soon as the date is set]. 기출
  S V O OC   ↳ 부사절(시간)
  날짜가 정해지자마자 네게 알려 줄게.

³ She *heard* the man **say a few gentle words to him**. 기출
  S   V   O   OC
  그녀는 그 남자가 그에게 친절한 몇 마디의 말을 건네는 것을 들었다.

MORE   동사 help의 목적격보어 자리에는 원형부정사와 to부정사 둘 다 올 수 있다.
Recycling *helps* us **(to) reduce the need for raw materials**.   재활용은 우리가 원자재에 대한 필요를 줄이는 데 도움이 된다.
 S   V   O   OC

❯ Answers p.25

STRUCTURE 다음 문장에서 목적격보어에 밑줄을 긋고, 문장을 해석하시오.

1 The power failure caused the refrigerator to stop working.

2 People were smiling, and it made him feel a little better. 기출

3 The old man would watch people go through the temple doors. 기출

4 Samuel persuaded his parents to let him get a puppy.

GRAMMAR 밑줄 친 부분이 어법상 옳으면 ○, 틀리면 ✕로 표시하고 바르게 고쳐 쓰시오.

5 The new program helps students <u>develop</u> their full potential.

power failure 정전
refrigerator 냉장고
temple 사원
develop 발현시키다
full 최대한의, 완전한
potential 잠재력

UNIT 34 목적어를 보충 설명하는 분사

☑ 분사는 5형식 동사의 목적격보어로 쓰여 목적어의 동작, 상태를 나타낼 수 있다. 목적어와 목적격보어가 능동 관계이거나 진행을 나타낼 때는 현재분사를 쓰며, 「S+V+O+v-ing」의 형태가 된다.

¹ He *saw the young uniformed soldier **standing next to him**. 기출
　 S　　V　　　　　O　　　　　　　　　　　OC
그는 그 제복을 입은 젊은 군인이 자신의 옆에 서 있는 것을 보았다. *현재분사를 목적격보어로 쓰는 동사: 지각동사, have, get, keep, find, leave 등

² They *found* the drone **flying over the facility**.
　 S　　V　　　O　　　　OC
그들은 드론이 그 시설 위에서 날고 있는 것을 발견했다.

☑ 목적어와 목적격보어가 수동 관계이거나 완료를 나타낼 때는 과거분사를 쓰며, 「S+V+O+p.p.」의 형태가 된다.

³ She *heard her own name **called / over the public address system**. *과거분사를 목적격보어로 쓰는 동사:
　 S　　V　　　O　　　　　　　OC　　　　　　　　　　　　지각동사, 사역동사(make, have), get,
그녀는 장내 방송으로 자신의 이름이 불리는 것을 들었다.　　　　　　　　　keep, find, leave 등

⁴ The merchant *had* his son **educated at home / until the age of twelve**.
　　　 S　　　V　　O　　　　　　OC
그 상인은 자기 아들이 12세가 될 때까지 가정에서 교육받도록 했다.

⁵ We had better *get* the leaking pipes **repaired by a plumber**.
　 S　　　V　　　　O　　　　　　OC
우리는 물이 새는 파이프를 배관공에 의해 수리되게 하는 것이 좋겠다.

○ Answers p.25

(STRUCTURE) 다음 문장에서 목적격보어에 밑줄을 긋고, 문장을 해석하시오.

1 Don't keep the engine running when it's not necessary.

2 I called my husband, but I heard his phone ringing in the room. 기출

3 Manufacturers must make their products sold at the market.

4 The little boy felt his jacket soaked with rain.

5 Karen left the radio playing loudly while she was out.

(GRAMMAR) 밑줄 친 부분이 어법상 옳으면 ○, 틀리면 ✕로 표시하고 바르게 고쳐 쓰시오.

6 The research team had the original plan revising.

run 가동하다
necessary 필요한
husband 남편
ring (전화가) 울리다
manufacturer 제조사, 제조자
soak 푹 젖게 하다
research 연구
original 원래의
revise 수정[변경]하다

A 구조 다음 문장에서 to부정사구 또는 분사(구)에 밑줄을 긋고, 문장을 해석하시오.

1 When we feel bored, we seek solutions to our boredom.

2 They're searching for a roommate to live with in their apartment.

기출 **3** Please do not bring any food containing nuts to class parties.

4 The hunter noticed a huge animal hiding just out of sight.

5 If we are to win this game, we must play good defense.

기출 **6** Customers have a means to compare products and experiences with others.

B 어법 다음 문장의 네모 안에서 어법상 알맞은 것을 고르시오.

1 The trip to Cairo was a disappointing / disappointed experience for me.

2 The responsibilities protect / to protect human rights are a nation's primary duty.

3 Those vehicles stood parking / parked here for several days.

기출 **4** Labels on food are like the table of contents finding / found in books.

5 The technician left the machine ran / running after the test.

6 Henry Ford made his workers adopt / adopted the speed of the assembly line.

A boredom 지루함, 권태 contain ~이 들어 있다 nut 견과 hunter 사냥꾼 huge 거대한 hide 숨다 out of sight 보이지 않는 곳에 defense 방어 means 수단, 방법 compare 비교하다 product 제품 **B** responsibility 책임 protect 보호하다 right 권리 nation 국가 primary 주요한, 기본적인 duty 의무 vehicle 차량 park 주차하다 label 라벨, 상표 table of contents 목차 technician 기술자 machine 기계 run 작동하다 adopt 채택하다 assembly line 조립 라인

C 배열 밑줄 친 우리말과 같은 뜻이 되도록 괄호 안의 말을 바르게 배열하시오.

기출 **1** 표준 영어로 쓰인 시는 '주류'라고 불렸다.

(the poems, in standard English, written)

→ _____ were called "majors."

2 저희는 홈페이지를 다시 디자인하고 업데이트했습니다.

(redesigned, and, our homepage, updated)

→ We had _____.

3 조련사는 펭귄들이 수영장으로 미끄러져 들어가는 것을 지켜보았다.

(slide, the penguins, into the pool, watched)

→ The animal trainer _____.

기출 **4** 기술을 개발하려는 우리의 노력이 의미 있는 결과를 보여 왔다.

(develop, our efforts, technologies, to)

→ _____ have shown meaningful results.

5 그 프로젝트는 귀중한 시간의 낭비라는 것이 드러났다.

(a waste, turned out, be, to)

→ The project _____ of valuable time.

기출 **6** 연구자들은 대학생들에게 그들의 일상적인 활동에 대해 일기를 쓰도록 요청했다.

(journal, undergraduate students, to, asked)

→ Researchers _____ about their daily activities.

C poem (한 편의) 시 standard 표준의 redesign 다시 디자인하다 slide 미끄러지다 develop 개발하다 effort 노력 technology 기술 meaningful 의미 있는
waste 낭비 valuable 귀중한 journal 일기를 쓰다 undergraduate student 대학생 daily 일상의, 매일의 activity 활동

D 독해

[1-2] 다음 글을 읽고, 물음에 답하시오.

Bethany saw everything come together perfectly while planning and preparing for the fundraiser. People were generous with their donations of auction items, money, and time. <u>When it was all over, there was enough money to buy the necessary equipment for the school hockey team.</u> Gina, Tom, and many other friends warmed her heart with caring support.

1 밑줄 친 문장에서 to부정사구를 찾아 ( )로 묶으시오.

2 윗글에 드러난 Bethany의 심경으로 가장 적절한 것은?

① delighted   ② embarrassed   ③ disappointed

[3-4] 다음 글을 읽고, 물음에 답하시오.

Curiosity makes us view a tough problem as an interesting challenge to take on. A stressful meeting with our boss becomes an opportunity to learn. A nervous first date becomes an exciting / excited night out with a new person. In general, curiosity motivates us to view stressful situations as challenges rather than threats. 기출

3 네모 안에서 어법상 알맞은 것을 고르시오.

4 빈칸에 들어갈 알맞은 단어를 윗글에서 찾아 글의 요지를 완성하시오.

→ _____ helps us transform difficult experiences into valuable challenges.

D [1-2] fundraiser 모금 행사 generous 관대한, 후한 donation 기부 auction 경매 necessary 필요한 equipment 장비 warm 따뜻하게 하다 caring 배려 깊은 support 후원, 지원 [3-4] curiosity 호기심 view 여기다, 보다 tough 어려운, 힘든 challenge 도전 take on ~을 맡다 stressful 스트레스를 주는 boss 상사 opportunity 기회 nervous 긴장되는 in general 일반적으로 motivate 동기를 부여하다 threat 위협

CHAPTER
07
부사 역할을 하는 준동사

① 부사 역할을 하는 to부정사

to부정사는 부사처럼 쓰여 동사, 형용사, 다른 부사, 문장 전체를 수식할 수 있다.

I am writing this letter / **to request permission for a field trip.** 기출
　　　　　　　　　　　　　　　　동사 수식

저는 현장 학습을 위한 허가를 요청하기 위해 이 편지를 씁니다.

The information is not <u>sufficient</u> **to make any conclusion.**
　　　　　　　　　　　↑_____|　　형용사 수식

그 정보는 어떤 결론을 내리기에 충분하지 않다.

② 부사 역할을 하는 분사구문

• 분사구문이란 「접속사+S'+V'」 형태의 부사절을 분사를 이용해 간략하게 만든 구문으로, 문장 내에서 부사구 역할을 한다.
• 분사구문을 만드는 법은 다음과 같다.

<u>When</u> <u>we</u> <u>traveled</u> to New York, we watched a few musicals.
　①　　②　　③

→ **Traveling** to New York, we watched a few musicals.

뉴욕을 여행하면서, 우리는 몇 편의 뮤지컬을 관람했다.

① 부사절의 접속사 생략
② 부사절의 주어 생략 (주절의 주어와 같은 경우)
③ 부사절의 동사를 현재분사(v-ing)로 전환 (주절의 시제와 같은 경우)

☑ to부정사(구)가 부사처럼 쓰이면 다양한 의미를 나타낼 수 있다. 그중 목적(~하기 위해서/하도록)을 나타내는 경우가 가장 많으며, 목적의 의미를 분명히 하기 위해 to 앞에 in order나 so as를 추가하기도 한다.

¹ Today we went shopping / (to buy some gifts for our children).

오늘 우리는 우리 아이들에게 줄 선물을 사기 위해 쇼핑하러 갔다.

² He made excuses / *(so as not to take responsibility).

그는 책임을 지지 않으려고 변명을 늘어놓았다. *in order[so as]+not[never] to-v: ~하지 않기 위해서, ~하지 않도록

☑ to부정사(구)는 결과(그 결과 ~하다/해버리다)를 나타내기도 한다.

live to-v	(살아서 ~가 되다) ~까지 살다	grow up to-v	자라서 ~하다
wake up to-v	깨어 보니 ~하다	only to-v	결국 ~하다
		never to-v	결국 ~하지 못하다

³ I woke up / (to find the cat sleeping on me).

나는 잠에서 깨어나 고양이가 내 위에서 자고 있다는 것을 알아차렸다.

⁴ They drove as quickly as they could, / (only to miss their flight).

그들은 가능한 한 빨리 차를 몰았지만, 결국 항공편을 놓치고 말았다.

MORE 목적을 나타내는 to부정사(구)는 문장 맨 앞에 위치할 수도 있는데, 이를 문장의 주어 역할을 하는 to부정사(구)로 착각하지 않도록 주의한다.

(To put her baby to sleep), / she gently patted his back. 아기를 재우기 위해 그녀는 아기의 등을 부드럽게 쓰다듬었다.
　　　부사 역할　　　　　　S　　　　V

To put a baby to sleep can sometimes be a challenge. 아기를 재우는 것은 때때로 어려운 일이 될 수 있다.
　　S/명사 역할　　　　　└──── V ────┘

● Answers p.28

(STRUCTURE) 다음 문장에서 부사 역할을 하는 to부정사구를 찾아 ( )로 묶고, 문장을 해석하시오.

1 A spectator several rows in front stands up to get a better view. 기출

2 She lived to be 97 years old and enjoyed a rich life.

3 In order not to disturb my roommate, I turned the TV off.

4 All living things need certain essential things so as to survive.

5 I asked several times about my refund, never to receive a response.

spectator 관중
row 줄, 열
in front 앞쪽에
view 시야
rich 풍요로운
disturb 방해하다
certain 특정한
essential 필수적인
survive 생존하다, 살아남다
refund 환불
response 답변, 응답

UNIT 36 부사 역할을 하는 to부정사 II

☑ to부정사(구)는 감정의 원인(~해서)이나 판단의 근거(~하다니, ~하는 것을 보니)를 나타내기도 한다.

감정을 나타내는 단어	판단을 나타내는 단어
happy, glad, pleased, delighted, proud, surprised, sad, angry, upset, sorry, disappointed 등	kind, considerate, lucky, polite, rude, clever, wise, stupid, foolish, careless 등

¹ Visitors were *disappointed* / (**to find the museum closed**).
방문객들은 박물관이 닫힌 것을 발견하고는 실망했다.

² He *must be *clever* / (**to come up with such a novel solution**). *판단의 근거를 나타내는 to부정사는 추측·가능성을
그런 참신한 해결책을 생각해 내다니 그는 영리한 사람임에 틀림없다.   나타내는 조동사와 주로 함께 사용됨

☑ to부정사(구)는 형용사를 뒤에서 수식할 수 있다. 「형용사+to-v」 형태이며 '~하기에 …한'으로 해석한다.
 → good, bad, easy, hard[difficult], safe, dangerous, convenient, comfortable, impossible 등

³ The concept is very difficult (for first-graders to grasp).
                                       의미상 주어
그 개념은 1학년 학생들이 이해하기가 매우 어렵다.

⁴ A USB is convenient (**to transfer data between different computers**).
USB는 서로 다른 컴퓨터 간에 데이터를 옮기기에 편리하다.

❯ Answers p.28

(STRUCTURE) 다음 문장에서 부사 역할을 하는 to부정사구를 찾아 (   )로 묶고, 문장을 해석하시오.

1 The toys are safe to give to young children.

2 Paul is a bit foolish to pay that much for a pillow.

3 We are happy to replace your faulty toaster with a new one. 기출

4 She must be a skilled leader to manage such a large team efficiently.

5 We are delighted to invite you to our annual Fall Dinner. 기출

(GRAMMAR) 다음 문장의 네모 안에서 어법상 알맞은 것을 고르시오.

6 Tiny pieces of plastic are impossible for sea animals | avoiding / to avoid |.

a bit 조금, 약간
pillow 베개
replace 교체하다
faulty 하자[결함]가 있는
toaster 토스터, 빵 굽는 기구
skilled 숙련된
manage 관리하다
efficiently 효율적으로
annual 연례의, 매년의
tiny 아주 작은
piece 조각
impossible 불가능한
avoid 피하다

☑ to부정사(구)는 too, enough와 함께 쓰여 정도·결과를 나타내기도 한다.

- too+형용사/부사+to-v: ~하기에 너무 …한/하게, 너무 …해서 ~할 수 없는
- 형용사/부사+enough to-v: ~할 만큼 충분히 …한/하게, 충분히 …해서 ~할 수 있는

¹ It is **too late** / **to prevent** the delay from happening. 기출
지연이 발생하는 것을 막기에는 너무 늦었다.

² The police didn't respond **quickly enough** / **to catch** the burglar.
경찰은 그 도둑을 붙잡을 만큼 충분히 재빠르게 대응하지 못했다.

☑ 관용적으로 쓰여 문장 전체를 수식하는 to부정사구는 다음과 같다.

to begin with: 우선	to tell the truth: 사실대로 말하자면
to be honest[frank] (with you): 솔직히 말하면	to be sure: 확실히
to make matters worse: 설상가상으로	so to speak: 말하자면
strange to say: 이상한 말이지만	needless to say: 말할 필요도 없이

³ **To make matters worse,** / it began to thunder fiercely.
설상가상으로, 천둥이 맹렬하게 치기 시작했다.

어법 「형용사/부사+enough to-v」와 「enough+명사+to-v」의 어순에 유의한다.

Wild animals need to find [food enough / *enough food] to survive the winter.
야생 동물은 겨울을 보내기에 충분한 먹이를 구하는 것이 필요하다.

❍ Answers p.29

(STRUCTURE) 밑줄 친 부분에 유의하여 다음 문장을 해석하시오.

1 <u>To tell the truth,</u> I've never paid much attention to ballet.

2 You should submit your application <u>early enough to meet the deadline.</u>

3 The length of the rope is <u>too short to reach the top of the tree.</u>

4 <u>Needless to say,</u> English has become the universal language of the world.

pay attention to ~에 관심을 가지다, ~에 주목하다
ballet 발레
submit 제출하다
application 지원서, 신청서
length 길이
rope 밧줄, 로프
reach 닿다, 미치다
universal 보편적인
successfully 성공적으로
raise (자금·사람 등을) 모으다
remodel 개조하다

(GRAMMAR) 다음 문장의 네모 안에서 어법상 알맞은 것을 고르시오.

5 We successfully raised enough money / money enough to remodel the library building. 기출

UNIT 38 분사구문의 의미

☑ 분사구문은 문장의 앞이나 중간, 또는 뒤에 와서 문장에 다양한 의미를 더해 주는 부사구 역할을 한다.
주절과의 관계에 따라 다음의 의미 중 가장 자연스러운 것으로 해석한다.

동시동작: ~하면서/~하는 동안	연속동작: ~하고 나서 …하다 / ~하여 (그 결과) …하다
시간: ~할 때/~한 후에	이유·원인: ~하므로, ~해서
조건: 만약 ~하면	양보: 비록 ~일지라도

¹ The young soldier sat there, / **holding the old man's hand.** 기출
　　　　　　　　　　　　　동시동작(= as he held the old man's hand)
그 젊은 군인은 노인의 손을 잡고서 그곳에 앉아 있었다.

² The hurricane hit the coastal town, / **leaving the area in chaos.**
　　　　　　　　　　　　　연속동작(= and it left the area in chaos)
허리케인이 해안 마을을 강타하여 그 지역을 혼란에 빠지게 했다.

³ **Feeling sick from the flu,** / she stayed in bed all day.
이유(= Because she felt sick from the flu)
독감으로 몸이 안 좋아서 그녀는 하루 종일 침대에 누워 있었다.

⁴ **Leaving early in the morning,** / you can avoid the crowded subway.
조건(= If you leave early in the morning)
아침 일찍 출발하면 당신은 혼잡한 지하철을 피할 수 있다.

⁵ **Living near the national park,** / my family has never been there.
양보(= Though my family lives near the national park)
국립 공원 근처에 살지만, 우리 가족은 그곳에 가 본 적이 없다.

◉ Answers p.29

(STRUCTURE) 다음 문장에서 분사구문을 찾아 (　)로 묶고, 문장을 해석하시오.

1 Arriving at the hotel, they unpacked their suitcases. 기출

2 Having no reason to wait any longer, I decided to open the box.

3 Erda lay on the grass, watching sunlight fall through the leaves. 기출

4 Winning the gold medal, he cried tears of happiness.

5 Feeling overwhelmed by the work, she still completed it on time.

6 Following the instructions, you can install the bathroom towel hooks easily.

unpack (짐을) 풀다
suitcase 여행 가방
reason 이유
grass 풀밭, 잔디
tear 눈물
overwhelmed 압도된
still 그럼에도 불구하고
complete 완료하다
instructions 설명, 사용 설명서
install 설치하다
towel hook 수건걸이

☑ 「Having p.p. ~」형태의 분사구문은 주절보다 시간상 앞선 일임을 나타낸다.

[1] **Having worked as a teacher**, / he sees the benefits of education.
= Because he **worked** as a teacher
교사로 근무했으므로, 그는 교육의 이점을 안다.

[2] **Having watched the movie before**, / I already knew the ending.
= Because I **had watched** the movie before
전에 그 영화를 본 적이 있기 때문에, 나는 이미 결말을 알고 있었다.

☑ 「(Being) p.p.」형태의 분사구문은 주어와 분사의 관계가 수동임을 나타낸다. 분사구문에서 Being은 자주 생략된다.

[3] **Injured in the accident**, / two passengers were taken to the hospital.
= As they **were injured** in ~ / = **Being injured** in ~
두 명의 승객이 사고로 다쳐서, 병원으로 이송되었다.

[4] **Locked in the iron cage**, / the princess was screaming "help."
= As she **was locked** in ~ / = **Being locked** in ~
쇠 우리에 갇혀서, 그 공주는 "도와주세요"라고 소리치고 있었다.

MORE 분사구문의 부정은 분사 앞에 not이나 never를 넣어 나타낸다.
Not knowing what to do, / she just stood there. 어찌할 바를 몰라, 그녀는 그저 그곳에 서 있었다.
= Because she did not know what to do

◗ Answers p.29

(STRUCTURE) 다음 문장에서 분사구문을 찾아 ( )로 묶고, 문장을 해석하시오.

1 Having discovered the error, she corrected it immediately.

2 Not having a ladder, we had to stand on a chair.

3 Fragile items, handled carefully, can be delivered without issues.

4 Never having ridden a bike, the boy struggled with balance.

5 Having grown up in the countryside, I am used to a slower pace of life.

discover 발견하다
error 오류
correct 바로잡다
immediately 즉시
ladder 사다리
fragile 깨지기 쉬운
handle 다루다, 취급하다
issue 문제
struggle 애쓰다
balance 균형
countryside 시골
be used to+(동)명사 ~에 익숙하다
regularly 정기적으로
latest 최신의

(GRAMMAR) 다음 문장의 네모 안에서 어법상 알맞은 것을 고르시오.

6 Updating / Updated regularly, the website provides the latest information to users.

UNIT 40 | with + O′ + 분사

☑ 「with + O′ + 분사」 형태의 분사구문은 주절과 동시에 벌어지고 있는 상황을 나타낸다.
O′와 분사의 관계가 능동이면 현재분사를 쓰고, 'O′가 ～한 채로/～하면서/～해서'로 해석한다.

> ¹ **With the rain pouring**, / we decided to stay indoors.
> └─능동 관계─┘
> 비가 마구 쏟아져서 우리는 실내에 머물기로 결정했다.

> ² She was sitting on the bench / **with her puppies playing around her.**
> └─능동 관계─┘
> 강아지들이 주위에서 놀고 있는 가운데, 그녀는 벤치에 앉아 있었다.

☑ O′와 분사의 관계가 수동이면 과거분사를 쓰고, 'O′가 ～된 채로/～되면서/～되어서'로 해석한다.

> ³ He posed for the photo / **with his shoulders lifted up.**
> └─수동 관계─┘
> 그는 어깨를 추켜올린 채로 사진을 찍기 위해 포즈를 취했다.

> ⁴ **With her apron tied around her waist**, / my mom prepared the meal.
> └─수동 관계─┘
> 우리 엄마는 앞치마를 허리에 두른 채 식사를 준비하셨다.

⊙ Answers p.30

(STRUCTURE) 다음 문장의 밑줄 친 부분을 해석하시오.

1 <u>With the sun setting</u>, the sky turned a soft purple.

2 <u>With the door locked</u>, no one could enter the room.

3 She dozed off on the couch <u>with a book resting on her lap</u>.

4 <u>With the crowd cheering loudly</u>, the runner completed the race.

5 <u>With the guests given menus</u>, the waiters began serving drinks.

6 <u>With the wind blowing</u>, the leaves scattered across the ground.

(GRAMMAR) 다음 문장의 네모 안에서 어법상 알맞은 것을 고르시오.

7 With its head | raising / raised | up, a large crocodile was waiting for prey.

set (해·달이) 지다
turn (～한 상태로) 변하다
purple 자주색
lock 잠그다
doze off (깜빡) 잠이 들다
couch 소파, 긴 의자
rest 얹혀 있다, 위치하다
lap 무릎
crowd 사람들, 군중
cheer 응원하다
serve 제공하다
scatter 흩어지다
crocodile 악어
prey 먹이, 사냥감

A **구조** 다음 문장에서 to부정사구 혹은 분사구문을 찾아 ( )로 묶고, 문장을 해석하시오.

1 To get things done, we must focus and stay on task.

2 Reaching the top of the mountain, they waited for the sunrise.

3 He showed up for a few games this season, only to be injured again.

기출 **4** Having heard about the reward, the children began looking for the missing watch.

기출 **5** The poor man was excited to be able to bring a gift for the prince.

6 To be honest with you, I feel uncomfortable about this situation.

B **어법** 다음 문장의 네모 안에서 어법상 알맞은 것을 고르시오.

1 Having never / Never having been there, he could not find his way.

2 The tortoise passed the rabbit, cross / crossing the finish line first.

3 Written / Having written many novels, she was regarded as a distinguished novelist.

4 She wrote down his address not so as / so as not to forget it.

5 A man was walking with his daughter seating / seated on his shoulders.

6 The water in the reservoir is enough clean / clean enough to support a variety of wildlife.

A focus 집중하다 task 과업 reach 도착하다 sunrise 일출 show up 모습을 보이다, 나타나다 injure 부상을 입히다 reward 보상 missing 분실한, 사라진 uncomfortable 불편한 **B** tortoise 거북이 pass 지나가다 rabbit 토끼 finish line 결승선 regard 여기다, 간주하다 distinguished 유명한, 뛰어난 novelist 소설가 address 주소 reservoir 저수지 support 존재하게 하다 a variety of 다양한 wildlife 야생 동물

C 배열 밑줄 친 우리말과 같은 뜻이 되도록 괄호 안의 말을 바르게 배열하시오.

1 밤하늘에 별이 나타나면서, 야행성 야생 동물이 깨어나기 시작한다.
(appearing, with, stars)

→ _____ in the night sky, nocturnal wildlife begins to wake up.

2 Logan은 너무 피곤해서 프로젝트에 관한 일을 계속할 수 없었다.
(too, continue, tired, to)

→ Logan was _____ working on the project.

3 그녀는 자라서 명문 대학의 교수가 되었다.
(a professor, become, to, grew up)

→ She _____ at a prestigious university.

4 당신의 자리를 필요한 사람에게 양보하다니 당신은 사려 깊군요.
(to, considerate, offer, are)

→ You _____ your seat to someone in need.

5 내 아들은 자신의 직업에 관한 결정을 내릴 만큼 충분히 나이가 들었다.
(make, enough, old, to)

→ My son is _____ a decision about his career.

6 초대 명단에 포함되어 있지 않아서, 그녀는 대단히 실망했다.
(included, the invitation list, not, in)

→ _____, she was very disappointed.

C appear 나타나다 nocturnal 야행성의 professor 교수 prestigious 명망 있는, 일류의 considerate 사려 깊은 in need 도움이 필요한, 어려움에 처한 son 아들 decision 결정 career 직업, 경력 include 포함하다 invitation 초대

독해

[1-2] 다음 글을 읽고, 물음에 답하시오.

> Domestication reduced the sizes of animals' brains: 16 percent for horses, 34 percent for pigs, and 10 to 30 percent for dogs. Why did this happen? Once humans started to take care of them, <u>they no longer needed various brain functions in order to survive in the wild.</u> As a result, domesticated animals lost the parts of the brain related to those capacities. 기출
>
> *domestication: 가축화

1 밑줄 친 문장에서 to부정사구를 찾아 ( )로 묶으시오.

2 윗글의 내용을 다음과 같이 요약할 때, 빈칸에 들어갈 말로 가장 적절한 것은?

> Human care made some brain functions of domesticated animals _____.

① efficient   ② complicated   ③ unnecessary

[3-4] 다음 글을 읽고, 물음에 답하시오.

> It is an ongoing quest to build machines that truly resemble humans. These machines aim to learn and think like us. For example, even with our eyes `covering / covered`, we can still play the guitar effectively. On the other hand, an AI system might not perform as well in the same situation. However, recent findings open the possibility of constructing machines more _____ to humans.

3 네모 안에서 어법상 알맞은 것을 고르시오.

4 윗글의 빈칸에 들어갈 말로 가장 적절한 것은?

① similar   ② helpful   ③ attractive

ⓓ [1-2] reduce 줄이다 once 일단 ~하자 take care of ~을 돌보다 various 다양한 function 기능 as a result 그 결과 domesticated animal 가축 related to ~와 관련된 capacity 능력, 재능 [3-4] ongoing 진행 중인 quest 탐구, 추구 truly 진정으로 resemble 닮다 aim 목표로 하다 for example 예를 들어 effectively 효과적으로 on the other hand 반면에 perform 연주하다 situation 상황 however 하지만 finding 연구 결과 possibility 가능성 construct 만들다, 구성하다

명사절

명사절이란?

- 명사처럼 쓰여 문장에서 주어, 목적어, 보어 등의 역할을 하는 절을 말한다.

- 접속사 that, whether[if], 의문사 등이 명사절을 이끌어 「**접속사 / 의문사+S′+V′**」의 형태가 된다.

What happened yesterday remains a mystery. 〈주어〉

어제 무슨 일이 일어났는지는 아직도 수수께끼로 남아 있다.

I asked David **how he trained for the marathon.** 〈목적어〉

나는 David에게 마라톤 훈련을 어떻게 하는지 물었다.

The issue is **who will take on the leadership role.** 〈보어〉

쟁점은 누가 지도자 역할을 맡느냐이다.

주의해야 할 명사절의 용법

- to부정사구·동명사구와 같은 명사구 주어와 마찬가지로, 명사절 주어도 단수 취급하므로 뒤에 단수 동사가 온다.

That she passed the audition *proves* her talent.

그녀가 오디션에 합격했다는 것은 그녀의 재능을 증명한다.

- 명사절이 문장의 주어로 쓰인 경우, 명사절의 동사와 문장 전체의 동사를 구별해야 한다.

That the flight *was delayed* / *was* frustrating to the passengers.

비행기가 지연되었다는 것은 승객들에게 좌절감을 주었다.

☑ 「that+S'+V' ~」 형태의 명사절은 문장에서 주어, 목적어, 보어 자리에 올 수 있고, 'S'가 V'라는[하다는] 것'으로 해석한다.

¹ **That the Earth is round** / **was recognized** by Greek thinkers.
  S   V

지구가 둥글다는 것은 그리스 사상가들에 의해 인식되었다.

² **The evidence shows** / **that both crows and chimps can make tools.** 기출
   S   V   O

증거는 까마귀와 침팬지 둘 다 도구를 만들 수 있다는 것을 보여 준다.

³ **The problem was** / **that the stamp didn't stick to the envelope.** 기출
   S   V   SC

문제는 우표가 봉투에 붙지 않는다는 것이었다.

☑ that절이 주어일 때는 보통 주어 자리에 it(가주어)을 쓰고 that절(진주어)은 문장 뒤로 보낸다.
그 결과 「It+V ~ that절」의 형태가 되며, 뒤로 보낸 that절을 주어로 하여 해석한다.

⁴ **It is true** / **that recycling is helpful for the environment.**
   S(가주어)   S'(진주어)

재활용이 환경에 도움이 된다는 것은 사실이다.

⁵ **It is well known** / **that coffee beans grow in tropical climates.**
   S(가주어)   S'(진주어)

커피 원두가 열대 기후에서 자란다는 것은 잘 알려져 있다.

MORE 목적어 역할을 하는 that절에서 접속사 that은 흔히 생략된다.

I think / **Mozart is the best classical composer.**
 S   V   O

나는 모차르트가 최고의 클래식 작곡가라고 생각한다.

◉ Answers p.32

(STRUCTURE) 다음 밑줄 친 부분의 문장 성분을 S, O, C로 표시하고, 문장을 해석하시오.

1 One obstacle is <u>that such a trip would take years</u>. 기출

2 <u>That the event was canceled</u> disappointed many local residents.

3 In our daily lives, we can show our children <u>that we respect others</u>. 기출

4 It is impossible <u>that two people have the same fingerprints</u>.

(GRAMMAR) 밑줄 친 부분이 어법상 옳으면 ○, 틀리면 ×로 표시하고 바르게 고쳐 쓰시오.

5 Global warming means <u>our planet is becoming increasingly hotter</u>.

obstacle 장애물
take (시간이) 걸리다
cancel 취소하다
disappoint 실망시키다
local 지역의
resident 주민
daily life 일상생활
respect 존중하다
impossible 불가능한
fingerprint 지문
global warming 지구 온난화
planet 행성
increasingly 점점 더

☑ 5형식 문장에서 that절이 목적어일 때는 목적어 자리에 it(가목적어)을 쓰고 that절(진목적어)은 문장 뒤로 보낸다.
그 결과 「S+V+it+OC+that절」의 형태가 되며, 뒤로 보낸 that절을 목적어로 하여 해석한다.

O(가목적어)

¹ The gentleman kept **it** a secret / **that he had donated the money**.
　　　S　　　　　V　　　OC　　　　　　　　O′(진목적어)

그 신사는 자신이 돈을 기부했다는 것을 비밀로 했다.

O(가목적어)

² The teacher made **it** clear / **that the homework would be due this Friday**.
　　　S　　　V　　OC　　　　　　　　O′(진목적어)

선생님은 숙제가 이번 주 금요일까지라는 것을 분명히 말씀하셨다.

☑ that절은 앞에 나온 명사에 대한 보충 설명을 제공하기도 한다. 이때 명사와 that절은 동격을 이루며, 동격의 that절은 동격절이라고도 한다.

³ *The fact **that he lied** / makes me even angrier.　*동격절과 자주 함께 쓰이는 명사: fact(사실), rumor(소문), news(소식),
　　S　　=　　　　　V　　　　　　　　　　　　belief(믿음), thought(생각), idea(아이디어), feeling(느낌) 등

그가 거짓말을 했다는 사실이 나를 훨씬 더 화나게 만든다.

⁴ People have a common belief / **that they are better than average**. 기출
　　　　　　O　　=　　　　

사람들은 자신이 평균보다 더 낫다는 공통된 믿음을 갖고 있다.

○ Answers p.33

(STRUCTURE) 다음 문장에서 that절을 찾아 밑줄을 긋고, 문장을 해석하시오.

1 She thought it obvious that her father was upset.

2 I'm glad to hear the news that you won the game.

3 The knowledge that you have a choice makes you more confident.

4 You might take it for granted that you have access to clean water.

5 The thought that he could fail the exam made him anxious.

6 The idea that plants communicate is gaining attention among biologists.

(GRAMMAR) 다음 문장의 네모 안에서 어법상 알맞은 것을 고르시오.

7 Keep | it / that | in mind that safety is our top priority.

obvious 분명한
knowledge 알고 있음, 지식
confident 자신감 있는
take ~ for granted ~을 당연하게 여기다
have access to ~을 이용하다, ~에 접근하다
plant 식물
communicate 의사소통하다
gain attention 주목을 받다
biologist 생물학자
keep ~ in mind ~을 명심하다
safety 안전
top priority 최우선 사항

☑ 「whether+S'+V' ~」 형태의 명사절은 문장에서 주어, 목적어, 보어 자리에 올 수 있고, 'S'가 V'하는지(아닌지)'로 해석한다.

¹ Whether she will succeed *or not / depends on her determination.
      S   V   O

그녀가 성공할지 못할지는 그녀의 결의에 달려 있다. *whether절은 흔히 or not을 수반함

² The old man could not tell / whether or not I was his son. 기출
    S   V   O

그 노인은 내가 자기 아들인지 아닌지를 구별할 수 없었다.

³ The interviewer asked me / *whether[if] I had ever worked abroad.
     S   V   IO   DO

면접관은 내게 외국에서 일해 본 적이 있는지 물었다. *whether절이 동사의 목적어일 때 접속사 whether 대신 if를 쓸 수 있음

⁴ The important question is / whether the disaster can be prevented.
       S   V   SC

중요한 문제는 그 재난이 방지될 수 있는지이다.

☑ whether절이 주어일 때는 보통 주어 자리에 it(가주어)을 쓰고 whether절(진주어)은 문장 뒤로 보낸다.
그 결과 「It+V ~ whether절」의 형태가 되며, 뒤로 보낸 whether절을 주어로 하여 해석한다.

⁵ It is very important / *whether[if] you can focus on your tasks.
S(가주어)   S'(진주어)

여러분이 여러분의 과제에 집중할 수 있는가는 매우 중요하다. *whether절이 진주어일 때 접속사 whether 대신 if를 쓸 수 있음

어법 「if+S'+V'」 형태의 명사절은 주로 목적어로만 쓰이며, 문장 맨 앞의 주어, 보어, 전치사의 목적어로는 잘 쓰이지 않는다.

We argued *over* if we should hire more staff. (✗) 우리는 직원을 더 채용해야 하는지에 대해 논쟁했다.
                 → whether

➲ Answers p.33

(STRUCTURE) 다음 밑줄 친 부분의 문장 성분을 S, O, C로 표시하고, 문장을 해석하시오.

1 Whether you can adapt to changes is a key factor for success.

2 You can decide for yourself if you are going to participate.

3 It was not known whether the mansion was sold or not.

4 One thing to consider is whether the data is reliable.

(GRAMMAR) 다음 문장의 네모 안에서 어법상 알맞은 것을 고르시오.

5 You should know the likelihood of if / whether a buyer will repurchase your product. 기출

adapt to ~에 적응하다
factor 요인
for oneself 스스로
participate 참가하다
mansion 대저택
consider 고려하다
reliable 믿을 수 있는
likelihood 가능성
repurchase 재구매하다
product 제품

☑ 의문사가 이끄는 명사절은 문장에서 주어, 목적어, 보어 자리에 올 수 있고, 각 의문사의 의미에 따라 해석한다.

- who/what/which   + V′   : 누가/무엇이/어느 것이 V′하는지 〈의문사가 절 내에서 주어 역할을 하는 경우〉
- who(m)/what/which   + S′+ V′ : S′가 누구를/무엇을/어느 것을 V′하는지
- when/where/how/why + S′+ V′ : 언제/어디서/어떻게/왜 S′가 V′하는지

    ¹**Who wins first prize** / is determined by the jury.
              S   V
    누가 1등을 할지는 심사위원에 의해 결정된다.

    ²The great mystery is / **why the ancient civilization disappeared.**
             S   V   SC
    커다란 불가사의는 왜 그 고대 문명이 사라졌느냐이다.

☑ 의문사 how가 '얼마나'라는 뜻으로 쓰이면 의문사절은 다음과 같은 형태가 된다.

- how+형용사/부사+S′+V′: S′가 얼마나 ～하는지 / S′가 얼마나 ～하게 V′하는지
- how+many/much+N (+ S′)+V′: 얼마나 많은 N이 V′하는지 / 얼마나 많은 N을 S′가 V′하는지

    ³**How many friends you make** / depends on your effort.
                 S   V   O
    여러분이 얼마나 많은 친구들을 사귀느냐는 여러분의 노력에 달려 있다.

> **MORE**   whose/what/which는 형용사처럼 쓰여 바로 뒤의 명사를 수식할 수 있고, '누구의/무슨/어느'로 해석한다.
>
>   I don't remember / **whose name he mentioned.**
>   S   V   O
>   나는 그가 누구의 이름을 언급했는지 기억이 나지 않는다.

● Answers p.34

(STRUCTURE) 다음 밑줄 친 부분의 문장 성분을 S, O, C로 표시하고, 문장을 해석하시오.

1 How much you sleep affects your immune system.

2 My question is how she managed to do it so secretly.

3 I'll figure out how much money we need to raise by next week.

4 Can you tell me what ingredients you need for this recipe?

affect 영향을 미치다
immune system 면역 체계
manage to *do*
(간신히) ～해내다
secretly 은밀하게
figure out ～을 계산하다
raise (자금·사람 등을) 모으다
ingredient 재료
recipe 조리법
discuss 논의하다
achieve 성취하다

(GRAMMAR) 다음 문장의 네모 안에서 어법상 알맞은 것을 고르시오.

5 Team members must discuss what can they / they can achieve as a team.

CHAPTER TEST

A 구조 다음 문장에서 명사절에 밑줄을 긋고, 밑줄 친 부분의 문장 성분을 S, O, C로 표시하시오.

1 Some people think they don't need a driver's license.

2 It's uncertain whether the package will arrive by tomorrow.

3 It is evident that the suspect did not commit the crime.

기출 **4** The reality is that most people don't have enough education.

기출 **5** Babies remember, in a systematic way, how often sounds occur.

기출 **6** We sometimes solve problems without awareness of what we are doing.

B 어법 다음 문장의 네모 안에서 어법상 알맞은 것을 고르시오.

1 That you have many friends is / are clearly a great advantage.

기출 **2** No one but yourself can choose how you live / do you live .

3 There is sufficient evidence that / which she is guilty.

4 If / Whether or not the car will be ready depends on the mechanic.

5 Joe took it / that for granted that he would find the perfect job.

기출 **6** We have to make fast assumptions about if / whether it is safe or not.

Ⓐ driver's license 운전면허증 uncertain 불확실한 package 택배 evident 분명한 suspect 용의자 commit 저지르다 crime 범죄 reality 현실 education 교육 systematic 체계적인 occur 일어나다, 발생하다 awareness 의식 Ⓑ clearly 분명히 advantage 장점, 이점 but ~을 제외하고 sufficient 충분한 evidence 증거 guilty 유죄의 depend on ~에 달려 있다 mechanic 정비사 assumption 추정, 가정

C 배열 밑줄 친 우리말과 같은 뜻이 되도록 괄호 안의 말을 바르게 배열하시오.

1 나는 <u>무엇이</u> 컴퓨터에서 <u>고장을 일으킨 것인지</u> 모르겠다.
(the malfunction, caused, what)

→ I don't know _____ in the computer.

2 기자는 <u>그 정치인에게</u> 그가 그 프로젝트를 <u>지지하는지를</u> 물었다.
(supported, if, the politician, he)

→ The reporter asked _____ the project.

3 우리 할머니는 매일 한 시간씩 <u>걷는 것을</u> 규칙으로 삼으신다.
(walks, it, a rule, she, that)

→ My grandma makes _____ an hour every day.

기출 **4** <u>그 새로운 산책로가 필요한지</u> 재고해 주시기 바랍니다.
(the new trail, whether, necessary, is)

→ Please reconsider _____.

기출 **5** 우리는 <u>음악에 대한 우리의 열정이 얼마나 큰지를</u> 여러분에게 보여 줄 것입니다.
(for music, big, is, our passion, how)

→ We'll show you _____.

6 <u>우리가</u> 가정에서 음식물 쓰레기를 <u>줄이는 것이 중요하다.</u>
(is, important, reduce, it, we, that)

→ _____ food waste in our home.

C malfunction 고장 support 지지하다 politician 정치인 reporter 기자 trail 산책로, 오솔길 necessary 필요한 reconsider 재고하다 passion 열정 reduce 줄이다
food waste 음식물 쓰레기

독해

[1-2] 다음 글을 읽고, 물음에 답하시오.

(1) A new study reveals how penguins lost the ability to fly. They evolved from their flying ancestors into the swimmers and divers we know today. The researchers found that penguins responded to ancient climate shifts and as a result, they made their bodies uniquely fit to the coldest conditions on Earth. (2) Which genes helped these adaptations has been identified by the study.

1 밑줄 친 문장에서 의문사절을 찾아 [   ]로 묶으시오.

2 빈칸에 알맞은 단어를 써서 이 글의 요지를 완성하시오.

→ 펭귄은 _____(으)로 인해 현재의 모습으로 진화하였다.

[3-4] 다음 글을 읽고, 물음에 답하시오.

Emoticons are widely used in social media. There is an important question about if / whether they help users to understand emotions. Emoticons are much more ambiguous relative to face-to-face cues. For this reason, they may be interpreted very differently by different users. Nonetheless, research indicates that they are useful tools in online communication.

3 네모 안에서 어법상 알맞은 것을 고르시오.

4 빈칸에 들어갈 알맞은 단어를 윗글에서 찾아 글의 요지를 완성하시오.

→ Despite their ambiguity, emoticons are _____ for conveying emotions online.

Ⓓ [1-2] reveal 밝히다 evolve 진화하다 ancestor 조상 ancient 고대의 shift 변동 uniquely 특별하게 fit 적합한 condition 조건 gene 유전자 adaptation 적응 identify 확인하다 [3-4] widely 널리 much 훨씬 ambiguous 모호한 relative to ~에 비해 face-to-face 대면의 cue 단서 interpret 해석하다 nonetheless 그럼에도 불구하고 indicate 나타내다

CHAPTER 09

관계절

관계절이란?

관계사(관계대명사, 관계부사)가 이끄는 절이며, 주로 앞의 명사(선행사)를 꾸며 주는 형용사 역할을 한다. 「선행사＋관계절」은 하나의 의미 덩어리로서, 문장 내에서 주어, 목적어, 보어 역할을 한다.

- 관계대명사: 「접속사＋대명사」 역할을 하며, 선행사의 종류와 관계대명사절 내의 역할(격)에 따라 구별하여 사용

We are looking for *students*. **+ They** can help with the experiments.

↓

We are looking for *students* [**who** can help with the experiments].
　　　　　　　　　　　선행사

우리는 그 실험을 도울 수 있는 학생들을 찾고 있다.

격 ＼ 선행사	사람	사람 이외 (동식물, 사물, 개념 등)	모두
주격	who	which	that
목적격	who(m)	which	that
소유격	whose	whose	–

- 관계부사: 「접속사＋부사」 역할을 하며, 선행사의 종류에 따라 구별하여 사용

I know *the place*. **+** We can enjoy a quiet dinner **there**.

↓

I know *the place* [**where** we can enjoy a quiet dinner].
　　　선행사　　　　　　　　관계부사절

나는 우리가 조용한 저녁 식사를 즐길 수 있는 곳을 알고 있다.

선행사	때 (time, day 등)	장소 (place 등)	이유 (reason(s))	방법 (way)
관계부사	when	where	why	how
	that			

☑ 주격 관계대명사는 관계대명사절 내에서 '주어' 역할을 하며, 선행사가 사람이면 who/that을, 사람이 아니면 which/that을 쓴다.

- who, which, that+V′: V′하는[인] (선행사)

¹ She interviewed *twelve adults* [**who** *were successful in their work]. 기출
그녀는 자신의 일에서 성공적인 열두 명의 성인을 인터뷰했다.   *주격 관계대명사절의 동사는 선행사의 인칭과 수에 일치

² *The box* [**which** says "Handle with Care"] / contains delicate items.
'취급 주의'라고 쓰여 있는 상자에는 부서지기 쉬운 물품이 들어 있다.

³ Recognize *the employees* [**that** take the time (to help a teammate)].
팀 동료를 도우려고 시간을 들이는 직원들을 인정해 주어라.

☑ 「주격 관계대명사+be동사」는 생략할 수 있으며, 이 경우 선행사 바로 뒤에 「형용사/v-ing/p.p.」가 이어진다.

⁴ *The book* [(**which was**) written by the famous author] / became a bestseller.
그 유명한 작가가 쓴 책은 베스트셀러가 되었다.

어법 문장의 주어를 관계대명사절이 수식할 때 「S+관계대명사절+V ~」의 구조가 된다. 이 경우, 문장의 동사는 주어인 선행사의 수에 일치시켜야 한다.

The movie which was released last year [*is / are] now available on OTT platforms.
작년에 개봉한 그 영화는 이제 OTT 플랫폼에서 볼 수 있다.

○ Answers p.36

(STRUCTURE) 다음 문장에서 관계절을 찾아 [ ]로 묶고, 문장을 해석하시오.

1 He needed someone who could look after the temple. 기출

2 Imagine a pendulum which swings back and forth. 기출

3 The song that played on the radio brought back my old memories.

4 The computer is a powerful device which facilitates various tasks.

(GRAMMAR) 다음 문장의 네모 안에서 어법상 알맞은 것을 고르시오.

5 A person who eats fried foods every day | has / have | a bad diet. 기출

look after ~을 돌보다
temple 사원, 신전
pendulum 시계추
swing 흔들리다
back and forth 앞뒤로
bring back ~을 기억나게 하다
memory 추억, 기억
powerful 강력한
device 장치, 기기
facilitate 용이하게 하다
various 다양한
task 작업, 업무
diet 식습관, 식단

UNIT 46 목적격 관계대명사

☑ 목적격 관계대명사는 관계대명사절 내에서 '목적어' 역할을 하며, 선행사가 사람이면 whom/who/that을, 사람이 아니면 which/that을 쓴다.

- who(m), which, that+S'+V': S'가 V'하는 (선행사)

¹ Ms. Scarlett is / *the accountant* [**who(m)** we hired last month].
  SC/선행사

Scarlett 씨는 우리가 지난달에 고용한 회계사이다.

² He started studying / for *the exam* [**which** he will take next month].
  O'/선행사

그는 다음 달에 치를 시험공부를 시작했다.

³ The company offers *several options* [**that** customers find attractive]. 기출
  O'/선행사

그 회사는 고객들이 매력적이라고 생각하는 여러 선택 사항을 제공한다.

☑ 목적격 관계대명사는 생략할 수 있으며, 이 경우 선행사 뒤에 목적격 관계대명사절의 「S'+V'」가 바로 이어진다.

⁴ *The job interview* [(**which[that]**) I had last week] / went well.
  S/선행사   V

내가 지난주에 봤던 구직 면접은 잘 진행되었다.

❯ Answers p.37

(STRUCTURE) 다음 문장에서 관계절을 찾아 [ ]로 묶고, 문장을 해석하시오.

1 The email which I received was from my old friend.

2 The friends who we make at school are not always with us in adulthood.

3 The man we elected as our representative has strong leadership skills.

4 A complementary good is a product that we consume with another product. 기출

5 The song he is playing on the guitar is one of my favorites.

adulthood 성인기
elect 선출하다
representative 대표
complementary good
보완재(어떤 재화를 보완하는 재화)
product 제품
consume 소비하다
favorite 가장 좋아하는 것
greet 인사하다
officer 장교
recognize 알아보다, 인식하다
at once 즉시, 당장

(GRAMMAR) 다음 문장의 네모 안에서 어법상 알맞은 것을 고르시오.

6 Nora greeted the officer whom / which she recognized at once.

☑ 목적격 관계대명사는 관계대명사절 내에서 '전치사의 목적어' 역할을 할 수도 있다. 이때 전치사는 관계대명사절의 끝이나 관계대명사 바로 앞에 온다.

- who(m), which, that＋S'＋V'＋전치사: S'가 V'하는 (선행사) ← 이 경우에만 목적격 관계대명사 생략 가능
- 전치사＋whom, which＋S'＋V': S'가 V'하는 (선행사)

> ¹ Gun violence is / one of *the problems* [(which) we must deal **with**].
> 　　　　　　　　　　　　　　　O'/선행사
> 총기 폭력은 우리가 다루어야만 하는 문제 중 하나이다.

> ² Take the faulty toaster / to *the dealer* [**from whom** you bought it]. 기출
> 　　　　　　　　　　　　　　　O'/선행사
> 결함이 있는 토스터를 고객님이 그것을 구매한 판매인에게 가져가세요.

☑ 소유격 관계대명사는 관계대명사절 내에서 '소유격' 역할을 하며, 바로 뒤에는 소유하는 대상이 되는 명사(N)가 온다. 선행사의 종류에 관계없이 whose를 쓴다.

- whose＋N＋V': (선행사)의 N이 V'하는　　　　　　　　• whose＋N＋S'＋V': S'가 (선행사)의 N을 V'하는

> ³ Derek is / *a local businessman* [**whose** career is successful].
> 　　　　　　　　　SC/선행사
> Derek은 경력이 성공적인 지역 사업가이다.

> ⁴ *The company* [**whose** products I trust] / is launching a new line.
> 　　 S/선행사　　　　　　　　　　　　　　　　　V
> 내가 신뢰하는 제품을 만드는 회사에서 새로운 라인을 출시할 예정이다.

> **어법** 전치사 뒤에 목적격 관계대명사 who나 that은 쓸 수 없다.
> There are many ways in [that / *which] you can volunteer.
> 여러분이 자원봉사를 할 수 있는 방법은 여러 가지가 있다.

● Answers p.37

(STRUCTURE) 다음 문장에서 관계절을 찾아 [ ]로 묶고, 문장을 해석하시오.

1 Look at the building whose front door is painted red.

2 No species can detect everything in the environment in which it lives. 기출

3 The artist whose work I admire is hosting an exhibition.

(GRAMMAR) 다음 문장의 네모 안에서 어법상 알맞은 것을 고르시오.

4 I trust the few people to | who / whom | I am very close. 기출

front door 정문, 현관
species (생물의) 종(種)
detect 탐지하다
environment 환경
admire 높이 평가하다, 감탄하다
host 열다, 개최하다
exhibition 전시회
trust 신뢰하다
close 가까운

UNIT 48 · 명사절을 이끄는 관계대명사 what

☑ 관계대명사 what은 선행사 the thing(s)을 포함하며, what이 이끄는 절은 명사절로 문장 내에서 주어, 목적어, 보어 역할을 한다.

• what+V′: V′하는 것(들)
• what+S′+V′: S′가 V′하는 것(들)

¹ [**What** is interesting about the book] / is its unique perspective.
    S   V

이 책에서 흥미로운 것은 독특한 관점이다.

² He showed us / [**what** he had found in the garage].
  S   V   IO   DO

그는 차고에서 발견한 것을 우리에게 보여 주었다.

³ Your support is / [**what** encourages me to keep going].
  S   V   SC

당신의 지지는 제가 계속하도록 용기를 북돋워 주는 것입니다.

⁴ My client and I reflected / on [**what** we had covered that day]. 기출
                            전   O′

나의 고객과 나는 우리가 그날 다루었던 것을 되돌아보았다.

어법 관계대명사 which, that과 관계대명사 what을 구별해야 한다.

관계대명사 which, that	앞에 선행사가 있음	I can't believe *the story* [**which** I just saw on the news]. 나는 방금 뉴스에서 본 이야기를 믿을 수가 없다.
관계대명사 what	앞에 선행사가 따로 없음	I can't believe [**what** I just saw on the news]. 나는 방금 뉴스에서 본 것을 믿을 수가 없다.

● Answers p.38

STRUCTURE 다음 문장에서 관계절을 찾아 [ ]로 묶고, 문장을 해석하시오.

1 What I enjoy most is taking long walks in nature.

2 I appreciate what you did for me during the difficult time.

3 What is seen in our dreams is usually the reflection of our daily life.

4 Life is about doing what you are supposed to do. 기출

GRAMMAR 다음 문장의 네모 안에서 어법상 알맞은 것을 고르시오.

5 Pesticide is | what / that | can protect crops from damaging insects.

---

take a walk 산책하다

nature 자연

appreciate 감사하다, 고맙게 생각하다

reflection 반영(물)

daily life 일상생활

be supposed to *do* ~해야 한다

pesticide 살충제

protect A from B A를 B로부터 보호하다

crop 농작물

damaging 해로운

insect 곤충

☑ 관계부사 when, where, why가 이끄는 절은 각각 때, 장소, 이유를 나타내는 선행사를 뒤에서 수식한다.

- 선행사+when/where/why+S′+V′: S′가 V′하는 때/장소/이유

¹ This is *the village* [**where** Thomas Edison was born]. 이곳은 Thomas Edison이 태어난 마을이다.
　　　　　SC/선행사

☑ 선행사가 time, place, reason과 같은 일반적인 명사인 경우 관계부사를 that으로 바꿔 쓸 수 있으며, 선행사나 관계부사 둘 중 하나를 생략할 수도 있다.

² One of *the reasons* [**that** we sleep] / is to process information.
　　　　　O′/선행사　　　　　　　　V
우리가 잠을 자는 이유 중 하나는 정보를 처리하기 위함이다.

³ December 25th is / *(the day)* [**when** Christmas is celebrated in many countries].
　　　　　　　　　　　SC/선행사
12월 25일은 많은 나라에서 크리스마스가 기념되는 날이다.

☑ 관계부사 how는 방법을 나타내는 선행사 the way와 함께 쓸 수 없고, how 혹은 the way로만 쓴다.

- how+S′+V′: S′가 V′하는 방법
- the way+S′+V′: S′가 V′하는 방법

⁴ There are *many ways* [we help protect the environment]. 우리가 환경을 보호하는 것을 돕는 많은 방법이 있다.
　　　　　S/선행사

[어법] 관계부사와 관계대명사의 쓰임을 구별하는 문제가 빈출된다. 뒤에 이어지는 절이 완전하면 관계부사, 불완전하면 관계대명사가 와야 한다.
Why did Sunday become the day [*when / which] people go to church? 왜 일요일은 사람들이 교회에 가는 날이 되었을까?

(STRUCTURE) 다음 문장에서 관계절을 찾아 [　]로 묶고, 문장을 해석하시오.

● Answers p.38

1 The airline thrived at a time when the others were losing money. 기출

2 The town square is the place that community events are held.

3 A factor of teens' academic success is how they respond to challenges. 기출

4 Lack of sleep is one reason students have trouble learning.

(GRAMMAR) 다음 문장의 네모 안에서 어법상 알맞은 것을 고르시오.

5 He smiled at the row of seats which / where finalists had gathered. 기출

airline 항공사
thrive 번창하다, 잘되다
square 광장
community 지역 사회
factor 요인
academic 학업의
challenge 난제, 과제
lack 부족
have trouble v-ing ~하는 데 어려움을 겪다
row 줄, 열
finalist 결선 진출자
gather 모이다

☑ 콤마(,) 뒤에 이어지는 관계절은 선행사를 보충 설명하며, 문맥에 따라 and, but 등의 의미로 앞에서부터 차례대로 해석한다.

- **선행사, 관계대명사 ~**: 그리고/그런데 (선행사)는 ~하다
- **선행사, 관계부사 ~**: 그리고/그런데 그때/그곳에서 ~하다

¹ Ethan met *a beautiful girl*, / [**who** later became his wife].
    O / 선행사   = and she
Ethan은 한 아름다운 소녀를 만났는데, 그녀는 후에 그의 아내가 되었다.

² My daughter drew *a dove*, / [**whose** wings were covered with gold].
    O / 선행사   = and its
내 딸이 비둘기를 그렸는데, 그것의 날개는 금으로 덮여 있었다.

³ There is *a local zoo*, / [**where** you can see many exotic animals].
    S / 선행사   = and there
지역 동물원이 있는데, 그곳에서 여러분은 많은 이국적인 동물들을 볼 수 있다.

☑ 관계대명사 which는 앞에 나온 어구나 절 전체를 선행사로 취하여 그것을 보충 설명할 수 있다.

⁴ *He knew only one language*, / [**which** was quite unusual for scientists of his time]. 기출
    선행사   = and it
그는 오직 한 언어만 알았는데, 그것은 그가 살던 시대의 과학자들에게는 매우 드문 일이었다.

> **어법** 콤마 뒤에 관계대명사 that과 what, 관계부사 why와 how는 나올 수 없다.
> The bridge, **that** is still used today, was built 200 years ago. (×)
>   → which
> 그 다리는 오늘날에도 여전히 사용되고 있는데, 그것은 200년 전에 지어졌다.

○ Answers p.38

(STRUCTURE) 다음 문장에서 관계절을 찾아 [ ]로 묶고, 문장을 해석하시오.

1 Mrs. Brown, whom I respect very much, praised my efforts.

2 Becker went to Princeton University, where he majored in economics. 기출

3 My grandfather was born in the late 1930s, when World War II began.

4 All science involves uncertainty, which is uncomfortable to the general public.

respect 존경하다
praise 칭찬하다
effort 노력
major in ~을 전공하다
economics 경제학
involve 수반[포함]하다
uncertainty 불확실성
uncomfortable 불편한
general 일반적인
public 대중
innovation 혁신

(GRAMMAR) 다음 문장의 네모 안에서 어법상 알맞은 것을 고르시오.

5 New ideas, which / that people used for innovations, were shared between societies. 기출

A 구조 다음 문장에서 관계절을 <u>모두</u> 찾아 [   ]로 묶고, 문장을 해석하시오.

1 There's an expert I would like to interview for our research.

2 She was raised by an aunt, who showed much affection for her.

3 At the time we arrived there, a very thick fog started rolling in.

기출 **4** There are products for which the law of demand does not apply.

5 Bacteria may be the reason why some people suffer from severe acne.

6 The time at which we eat may be as crucial as what we eat.

B 어법 다음 문장의 네모 안에서 어법상 알맞은 것을 고르시오.

기출 **1** Students who study in a noisy environment often | learns / learn | inefficiently.

2 The castle, | which / whose | walls are made of stone, is well preserved.

3 Hibernation occurs during the winter | when / which | there is little food to eat.

4 Biases are likely to make us see | that / what | we want to see.

5 The manager was late for work this morning, | that / which | is often the case.

기출 **6** Friction works in the opposite direction in | which / that | the object is moving.

A expert 전문가 raise 기르다, 양육하다 affection 애정 thick 짙은 roll in (서서히) 끼다, 굴러 들어오다 law 법칙 demand 수요 apply for ~에 적용되다 suffer from (병을) 앓다 acne 여드름 crucial 매우 중요한, 결정적인 **B** inefficiently 비효율적으로 castle 성 preserve 보존하다 hibernation 동면, 겨울잠 bias 편견, 편향 be likely to *do* ~할 가능성이 있다, ~할 것 같다 manager (회사의) 부장, 관리자 often the case 흔히 있는 일인 friction 마찰 opposite 반대쪽의 direction 방향

C 배열 밑줄 친 우리말과 같은 뜻이 되도록 괄호 안의 말을 바르게 배열하시오.

1 선생님이 설명하신 것은 처음에는 이해하기 어려웠다.

(explained, what, the teacher)

→ _____ was difficult to understand at first.

2 우리는 고대 유물들로 가득 찬 박물관을 방문했다.

(with ancient artifacts, the museum, filled)

→ We visited _____.

기출 **3** 문화는 사람들이 갈등에 대응하는 방식에 영향을 미친다.

(to conflict, the way, respond, people)

→ Culture affects _____.

4 회계사는 그들의 전문 직업이 특별한 기술을 필요로 하는 사람들이다.

(professions, require, special skills, whose)

→ Accountants are people _____.

기출 **5** Coleman은 시카고로 이주했고, 그곳에서 그녀는 식당에서 일했다.

(worked, at a restaurant, where, she)

→ Coleman moved to Chicago, _____.

6 Harry가 바로 그녀가 찾고 있는 사람이었다.

(she, whom, for, was looking)

→ Harry was the one _____.

C explain 설명하다 at first 처음에는 ancient 고대의 artifact 유물 conflict 갈등, 분쟁 profession 전문 직업, 전문직 require 필요로 하다, 요구하다 accountant 회계사

독해

[1-2] 다음 글을 읽고, 물음에 답하시오.

(1) <u>Conditioning is a fundamental way in which animals learn from their experiences and adapt their behavior.</u> Animals can also learn from each other through a process known as social learning. (2) <u>Conditioning involves the animal making connections between events or stimuli that occur together in their environment.</u> Social learning involves observing and imitating the behavior of others.

1 밑줄 친 문장에서 관계절을 찾아 [ ]로 묶으시오.

2 윗글의 내용과 일치하도록 다음 빈칸에 알맞은 말을 쓰시오.

→ 동물의 사회적 학습은 ＿＿＿＿＿＿＿과(와) ＿＿＿＿＿＿＿을(를) 통해 이루어진다.

[3-4] 다음 글을 읽고, 물음에 답하시오.

Renewable sources of energy have increasingly been encouraged for environmental reasons. However, they come with their own consequences, that / which require consideration. Hydropower dams, for example, have an impact on aquatic ecosystems and, more recently, have been identified as significant sources of greenhouse gas emissions. 기출   *aquatic: 수생의, 물속에 사는

3 네모 안에서 어법상 알맞은 것을 고르시오.

4 윗글의 주제를 다음과 같이 쓸 때, 빈칸에 들어갈 말로 가장 적절한 것은?

＿＿＿＿＿＿＿＿ of renewable sources of energy

① endless potential   ② negative aspects   ③ technological challenges

ⓓ [1-2] conditioning 조건화 fundamental 근본적인 adapt 적응시키다 process 과정 connection 연관성 stimulus 자극(*pl.* stimuli) observe 관찰하다 imitate 모방하다 **[3-4]** renewable 재생 가능한 increasingly 점점 더 encourage 장려하다 consequence 결과 consideration 고려 hydropower 수력 발전 ecosystem 생태계 identify 확인하다 significant 커다란, 중요한 greenhouse gas 온실가스 emission 배출

CHAPTER 10
부사절

부사절이란?

- 「접속사+S′+V′ ～」의 형태로 문장에서 부사 역할을 하는 절이다.

- 주절의 앞이나 뒤에 와서 문장에 시간, 이유, 조건, 목적, 결과, 양보, 대조 등의 의미를 더해 준다.

$$\boxed{\text{접속사+S′+V′ ～}} \, , \quad \boxed{\text{S+V …}} \quad \langle \text{부사절이 앞에 올 때 콤마(,)를 씀} \rangle$$

　　　부사절　　　　　　주절

$$\boxed{\text{S+V …}} \quad \boxed{\text{접속사+S′+V′ ～}} \quad \langle \text{부사절이 뒤에 올 때 콤마(,)를 쓰지 않음} \rangle$$

　주절　　　　　　부사절

〈부사절을 이끄는 접속사〉

시간	when, while, as, before, after, since, until[till] 등
이유·원인	because, as, since 등
조건	if, unless 등
목적	so (that), in order that 등
결과	so (that), so ～ that … 등
양보, 대조	although, (even) though, (even) if, while, whereas 등
방법	as, as if[though] 등

Before we had dinner, we took a look around the shops. 〈시간〉

우리는 저녁을 먹기 전에 상점들을 둘러보았다.

"I will go with you **because you're too little**," said Grandmother. 기출 〈이유〉

"네가 너무 어리니까, 내가 너와 함께 가마."라고 할머니께서 말씀하셨다.

시간의 부사절은 주절의 내용이 언제 일어나는지를 나타낸다.

when	~할 때	while	~하는 동안 *cf.* during+명사(구)
as	~할 때, ~하면서	before	~하기 전에
after	~한 후에	since	~한 이후로
until[till]	~할 때까지	as soon as	~하자마자

¹ [**When** Amy saw her], / the woman sparkled with jewels and gold. 기출
　　　　 S′　V′　　　　　　　　　 S　　　 V
Amy가 그녀를 보았을 때, 그 여성은 보석과 금으로 반짝거렸다.

² [**While** the movie was playing], / he fell asleep on the couch.
　　　　 S′　　　 V′　　　　　 S　 V
영화가 상영되는 동안, 그는 소파에서 잠이 들었다.

³ His face showed happiness / [**as** he offered his small gift]. 기출
　 S　　 V　　　　　　　　　　 S′　 V′
그가 작은 선물을 건넬 때, 그의 얼굴에는 행복함이 묻어났다.

⁴ I'll let you know / [**as soon as** the date *is set]. 기출
　 S　 V　　　　　　　　　　　 S′　 V′
날짜가 정해지자마자 당신에게 알려드릴게요.　*시간의 부사절에서는 현재시제로 미래를 나타냄

어법 　 before, after, until, since는 접속사뿐만 아니라 전치사로도 사용된다. 접속사 뒤에는 「S′+V′」를 갖춘 절이, 전치사 뒤에는 명사(구)가 옴에 유의한다.
They played outside **until it got dark**. 〈부사절〉 그들은 어두워질 때까지 밖에서 놀았다.
They played outside **until dinner time**. 〈부사구〉 그들은 저녁 시간까지 밖에서 놀았다.

❯ Answers p.41

(STRUCTURE) 다음 문장에서 부사절을 찾아 [　]로 묶고, 문장을 해석하시오.

1 Some food travels a long distance after it leaves the farm.

2 Since she was hired, Alice has had no salary increase.

3 You should check the condition before you buy used items.

4 When there is biodiversity, the effects of a sudden change are not so dramatic. 기출

travel 이동하다
distance 거리
farm 농장
hire 고용하다
salary 봉급
increase 인상, 증가
condition 상태
used item 중고품
biodiversity 생물 다양성
effect 영향
sudden 갑작스러운
dramatic 극적인
ancient times 고대
create 만들어 내다
myth 신화

(GRAMMAR) 밑줄 친 부분이 어법상 옳으면 ○, 틀리면 ✕로 표시하고 바르게 고쳐 쓰시오.

5 <u>Since ancient times</u>, humans have created myths about the night sky.

UNIT 52 · 이유·조건의 부사절

☑ 이유·원인의 부사절은 주절의 내용에 대한 이유·원인을 나타낸다.

because/as/since	~ 때문에, ~이므로 *cf.* because of+명사(구)	that	~해서, ~하다니

^{1} Changes are not easy / [**because** old habits are hard to break].
　　 S 　　　　 V 　　　　　　　　　　 S' 　　 V'
오래된 습관은 고치기 어렵기 때문에 변화는 쉽지 않다.

^{2} I am sorry / [**that** I made you wait so long].
　 S V 　　　　　　 S' 　 V'
당신을 너무 오래 기다리게 해서 죄송합니다.

☑ 조건의 부사절은 주절의 내용이 일어날 수 있는 조건, 혹은 주절의 내용이 참이 되기 위한 조건을 나타낸다.

if	만약 ~라면	unless	만약 ~가 아니라면(= if ~ not), ~하지 않는 한	as long as	~하는 한, ~이기만 하면

^{3} Participants will get snacks / [**if** they *answer the questions correctly].
　　 S 　　　　　 V 　　　　　　　　 S' 　 V'
만약 참가자들이 질문에 정확하게 대답하면, 그들은 간식을 받을 것이다.　*조건의 부사절에서는 현재시제로 미래를 나타냄

^{4} [**As long as** you keep your promise], / there will be no problem.
　　　　　　 S' 　 V' 　　　　　　　 V 　　 S
네가 네 약속을 지키는 한, 아무 문제도 없을 거야.

> **어법** because는 접속사이므로 뒤에 「S'+V'」를 갖춘 절이 오고, because of는 구 전치사이므로 뒤에 명사(구)가 온다.
> **Because he was sick,** he could not study well. 〈부사절〉 그는 아파서 공부를 제대로 할 수 없었다.
> **Because of his sickness,** he could not study well. 〈부사구〉 그는 병 때문에 공부를 제대로 할 수 없었다.

❖ Answers p.41

(STRUCTURE) 다음 문장에서 부사절을 찾아 [ ]로 묶고, 문장을 해석하시오.

1 His family was relieved that his surgery went well.

2 The site is gaining popularity as it provides useful information.

3 A paper is useless unless it is understood by its intended audience. 기출

4 Since she had something to say, she asked James to come closer. 기출

relieved 안도한
surgery 수술
gain 얻다, 받다
popularity 인기
provide 제공하다
useful 유용한
information 정보
useless 쓸모없는
intended 대상으로 삼은, 의도된
audience 독자, 시청자
close 가까이
pick 고르다

(GRAMMAR) 다음 문장의 네모 안에서 어법상 알맞은 것을 고르시오.

5 I can't pick just one | because / because of | I love all of your designs.

☑ 접속사 so (that)은 목적이나 결과를 나타내는 부사절을 이끈다.

- ~ so (that)+S′+can/may/will ⓥ: …하기 위해서, ~하도록 〈목적〉
  = in order that

- ~ , so (that)+S′+V′: 그래서, 그 결과 … 〈결과〉

¹Scientists share their mistakes / [**so that** everyone can learn from them]. 기출
  S   V   S′   V′
과학자들은 모든 이가 그들의 실수로부터 배울 수 있도록 그것들을 공유한다.

²The birds return around March, / [**so** April is a good time to see them].
  S   V   S′   V′
그 새들은 3월경에 돌아오며, 그래서 4월은 그것들을 보기에 좋은 시기이다.

☑ so, such와 함께 쓰인 that절도 결과를 나타내는 부사절을 이끈다.

- so+형용사/부사+that …: 매우 ~해서 …하다
- such (a[an])(+형용사)+N+that …: 매우 ~한 N이라서 …하다

³The rejection was **so** painful / [**that** he did not ask for anything]. 기출
  S   V   S′   V′
거절이 너무 고통스러워서 그는 어떤 것도 부탁하지 않았다.

⁴It was **such** an amazing view / [**that** I couldn't stop taking pictures].
  S V   S′   V′
그것은 매우 놀라운 광경이어서 나는 사진 찍는 것을 멈출 수 없었다.

● Answers p.42

STRUCTURE 밑줄 친 접속사에 유의하여 다음 문장을 해석하시오.

1 Rosie studied very hard, <u>so that</u> she was able to win a scholarship.

2 Sloths move <u>so</u> slowly <u>that</u> they only travel 30 meters a day.

3 The store often offers discounts <u>in order that</u> more customers will visit.

4 The novel has <u>such</u> depth <u>that</u> it keeps readers thinking for days.

GRAMMAR 밑줄 친 부분이 어법상 옳으면 ○, 틀리면 ×로 표시하고 바르게 고쳐 쓰시오.

5 She brought sandwiches <u>so we could have a snack on the way</u>.

scholarship 장학금
sloth 나무늘보
travel 이동하다
offer 제공하다
discount 할인
customer 손님, 고객
novel 소설
depth 깊이
snack 간식
on the way 가는 길에

☑ 양보·대조의 부사절은 주절의 내용과 반대되거나 일치하지 않는 내용을 나타낸다.

although	~에도 불구하고, (비록) ~이지만 cf. despite[in spite of]+명사(구)	(even) though	~에도 불구하고, (비록) ~이지만
(even) if	설사 ~라고 하더라도	while/whereas	~인 반면에, ~이기는 하지만

¹ [**Although** he was awake], / the merchant pretended to be in a deep sleep. 기출
    S'   V'   S   V
그 상인은 비록 깨어 있었지만, 깊이 잠들어 있는 척했다.

² Some species would continue to exist / [**even if** humans ceased to exist].
    S   V   S'   V'
인간이 설사 존재하는 것을 멈춘다고 하더라도, 일부 종은 계속 존재할 것이다.

³ France spent more on health care, / [**while** Turkey spent less on it]. 기출
    S   V   S'   V'
프랑스는 의료에 더 많이 지출한 반면에, 튀르키예는 그것에 더 적게 지출했다.

☑ 방법의 부사절은 주절의 내용이 어떻게 일어나는지를 나타내며, 접속사 **as**(~처럼, ~이듯이, ~대로)가 이끄는 부사절이 대표적이다.

⁴ [**As** we all know well], / climate change threatens a healthy environment.
       S'   V'   S   V
우리 모두가 잘 알고 있듯이, 기후 변화는 건강한 환경을 위협한다.

> **어법**   「접속사+S'+be」 형태의 부사절에서 부사절의 주어(S')가 주절의 주어(S)와 같은 경우 「S'+be」는 흔히 생략된다.
>
> [**Even though doubted by many**], / the solution proved effective.
>   = Even though it was doubted ~
> 많은 사람들에게서 의심을 받았지만, 그 해결책은 효과적인 것으로 입증되었다.

◐ Answers p.42

(STRUCTURE) 다음 문장에서 부사절을 찾아 [   ]로 묶고, 문장을 해석하시오.

1 We will perform even if there is only a small audience.

2 The tropics are hot and wet whereas deserts are hot but dry.

3 The new system is effective, as the data shows.

4 Mom hasn't bought a dishwasher, though she said she would.

perform 공연[연주]하다
audience 관객, 청중
the tropics 열대 지방
wet 습한
desert 사막
effective 효과적인
dishwasher 식기세척기
vase 꽃병
valuable 소중한, 가치 있는

(GRAMMAR) 밑줄 친 부분이 어법상 옳으면 ○, <u>틀리면</u> ✕로 표시하고 바르게 고쳐 쓰시오.

5 <u>Although broken</u>, the vase was still valuable to her.

A 구조 다음 문장에서 부사절을 찾아 [ ]로 묶고, 문장을 해석하시오.

기출 **1** Since he couldn't draw well, he decided to hire an artist.

2 When under threat, animals may become aggressive.

기출 **3** If you can't pick it up, we offer a delivery service.

기출 **4** The nurse brought a chair so that the soldier could sit.

5 She felt disappointed that her friend couldn't make it to the party.

기출 **6** Even though babies have poor eyesight, they prefer to look at faces.

B 어법 다음 문장의 네모 안에서 어법상 또는 문맥상 알맞은 것을 고르시오.

1 There has been a lot of noise although / since the construction began.

2 Animals breathe in oxygen, unless / whereas plants produce oxygen.

3 Fry the onion over low heat that / so that it can be cooked without burning.

4 Although / Despite he tried his best, Jamie didn't get into the finals.

5 While / During I was away from home, I missed home-cooked meals.

6 The customer got angry because / because of the delivery date was delayed again.

A threat 위협 aggressive 공격적인 pick up (주문하거나 맡긴 것을) 가져가다, 찾아오다 delivery 배달, 배송 soldier 군인 make it to ~에 참석하다 eyesight 시력
B construction 공사, 건설 breath in ~을 들이마시다 oxygen 산소 onion 양파 burn (불에) 타다 try one's best 최선을 다하다 get into the finals 결승전에 진출하다 miss 그리워하다 home-cooked meal 집밥 delay 지연시키다

› Answers p.42

C 배열 밑줄 친 우리말과 같은 뜻이 되도록 괄호 안의 말을 바르게 배열하시오.

기출 **1** 밖에 <u>햇살이 내리쬐지 않더라도</u> 여러분은 자외선 차단제를 발라야 한다.
(it's, if, not sunny, even)

→ You should wear sunblock _____ outside.

2 <u>경기가 시작하자마자</u>, 우리 팀이 득점했다.
(as, started, the game, as, soon)

→ _____, our team scored a goal.

3 <u>법이 허용하는 한</u>, 기업들은 여러분의 개인 정보를 보유할 것이다.
(long, law, as, permits, as)

→ Companies will retain your personal information _____.

기출 **4** 학급이 <u>너무 호응을 잘해서</u> Klein 선생님은 Douglas에 대해 거의 잊고 있었다.
(that, responsive, so)

→ The class was _____ Mrs. Klein had almost forgotten about Douglas.

5 그녀는 매일 연습했고, <u>그 결과 그 피아노 곡을 완전히 익힐 수 있었다.</u>
(that, could master, she, so)

→ She practiced every day, _____ the piano piece.

6 그 회사는 <u>너무나 큰 손실을</u> 겪어서 그 무엇도 그것을 채울 수 없었다.
(loss, that, a, huge, such)

→ The firm suffered _____ nothing could fill it.

C sunblock 자외선 차단제 score a goal 득점하다 law 법 permit 허용하다 retain 보유하다 personal 개인의 responsive 호응을 잘하는 almost 거의 master 완전히 익히다 piece (음악) 한 곡 loss 손실 huge 큰, 엄청난 firm 회사 suffer 겪다 fill 채우다

독해

[1-2] 다음 글을 읽고, 물음에 답하시오.

> This morning I was lying down on the grass, and slowly the sun rose from the east. (1) <u>As the sun poured down, I felt the earth gradually warming up.</u> Tree leaves were breathing out warm moisture. I got up and went to a nearby pond. (2) <u>I watched the fish in the pond swimming together until they disappeared into the deeper water.</u>

1 밑줄 친 문장에서 부사절을 찾아 [ ]로 묶으시오.

2 윗글의 분위기로 가장 적절한 것은?

① scary   ② peaceful   ③ festive

[3-4] 다음 글을 읽고, 물음에 답하시오.

> Our school choir has been invited to compete in the Young Choir Competition in London. Though / Since we wish to participate, we don't have the funds to travel to London. So we are kindly asking you to support us by coming to our fundraising concert. Thank you in advance for your kind support and help. 기출

3 네모 안에서 문맥상 알맞은 것을 고르시오.

4 윗글의 목적으로 가장 적절한 것은?

① 합창 대회 일정을 공지하려고
② 기금 마련 아이디어를 공모하려고
③ 음악회 참석을 통한 후원을 요청하려고

D [1-2] grass 풀밭, 잔디 pour down 쏟아져 내리다 earth 대지, 땅 gradually 점차, 서서히 warm up 따뜻해지다 breathe out ~을 내뿜다, 숨을 내쉬다 moisture 수분, 습기 nearby 근처에 있는 disappear 사라지다 [3-4] choir 합창단 compete 경연[경쟁]하다 competition 대회, 경쟁 participate 참가하다 fund 자금 kindly 정중하게 support 후원하다; 후원 fundraising 기금 모금의 in advance 미리

CHAPTER

11

가정법

직설법과 가정법

- 직설법이란 있는 그대로의 사실이나 실현 가능성이 상당히 있는 일을 말할 때 쓰는 동사의 형태이다. 직설법에서 if절은 현재시제로 나타낸다.

  If he **knows** the answer, he **will share** it with us.

  그가 답을 알면 우리와 공유할 것이다.

- 가정법이란 사실이 아니거나 실현 가능성이 희박한 일을 가정·상상·소망할 때 쓰는 동사의 형태이다. 가정법에서 if절은 과거시제(가정법 과거)나 과거완료시제(가정법 과거완료)로 나타낸다.

  If he **knew** the answer, he **would share** it with us.

  만약 그가 답을 알면 우리와 공유할 텐데. (← 그는 답을 몰라서 우리와 공유하지 못한다.)

가정법의 종류와 의미

- 가정법은 주로 접속사 if와 함께 쓰여 if절[조건절]과 주절로 구성되며, 각각의 절에 어떤 시제를 사용하는지에 따라 크게 '가정법 과거'와 '가정법 과거완료'로 나뉜다.

- 직설법과 달리 가정법은 시제와 그것이 가리키는 때가 일치하지 않는다. 가정법 과거는 '현재·미래'의 일을, 가정법 과거완료는 '과거'의 일을 나타낸다.

  If the weather **were** nicer, we **would go** hiking. 〈가정법 과거〉

  만약 날씨가 더 좋다면, 우리는 하이킹을 하러 갈 텐데.

  If the weather **had been** nicer, we **would have gone** hiking. 〈가정법 과거완료〉

  만약 날씨가 더 좋았다면, 우리는 하이킹을 하러 갔을 텐데.

- 가정법은 접속사 if 외에도 S+wish, as if[though] 등의 표현과 함께 쓰이기도 한다.

☑ 가정법 과거는 현재 사실과 반대되거나 현재·미래에 실현 가능성이 거의 없는 일을 가정할 때 쓴다. if절의 시제가 과거이지만, 해석은 '현재나 미래'로 한다.

> If+S'+동사의 과거형 ~, + S+would/could/might ⓥ … : 만약 ~라면, …할 텐데[것이다]

¹ If she **had** a little more help, / she **could get** through this crisis.
만약 그녀가 도움을 조금만 더 받는다면, 그녀는 이 위기를 헤쳐 나갈 수 있을 텐데.

² If I *were in your situation, / I **would start** looking for another job.
만약 내가 네 상황에 있다면, 나는 다른 일자리를 찾기 시작할 것이다. *if절의 be동사는 보통 주어의 인칭과 수에 관계없이 were로 씀

³ *If it **were** not for electricity, / there **would be** no modern industry.
만약 전기가 없다면, 현대 산업은 없을 것이다. *if it were not for: ~가 없다면

☑ 미래에 실현 가능성이 희박하거나 불확실한 일을 가정할 때는 if절에 should나 were to를 쓸 수 있다.

> If+S'+should/were to ⓥ ~, + S+would/could/might ⓥ … : 만약 (혹시라도) ~라면, …할 텐데[것이다]

⁴ If you **should encounter** a wild animal, / *keep your distance.
만약 여러분이 야생 동물과 마주친다면, 거리를 유지하십시오. *if절에 should가 쓰일 경우, 주절에는 명령문이나 조동사의 현재형도 올 수 있음

⁵ If I **were to choose** only one word, / it **would be** "courage."
만약 내가 단 하나의 단어를 골라야 한다면, 그것은 '용기'가 될 것이다.

● Answers p.44

(STRUCTURE) 밑줄 친 부분에 유의하여 다음 문장을 해석하시오.

1 If I <u>had</u> a puppy, I <u>would treat</u> him with love and care.

2 If he <u>were</u> more confident, he <u>would be</u> a great speaker.

3 If it <u>should snow</u> in April, it <u>will be</u> quite unusual.

4 There <u>would be</u> no rain if the ocean <u>were to</u> no longer <u>exist</u>.

(GRAMMAR) 다음 문장의 네모 안에서 어법상 알맞은 것을 고르시오.

5 What will / would happen if a comet from outer space hit the moon?

treat (특정한 태도로) 대하다
care 보살핌, 배려
confident 자신감이 있는
speaker 연설가
quite 상당히, 꽤
unusual 이례적인, 드문
ocean 바다, 해양
exist 존재하다
comet 혜성
outer space 외계

☑ 가정법 과거완료는 과거 사실과 반대되거나 과거에 실현 가능성이 거의 없었던 일을 가정할 때 쓴다. if절의 시제가 과거완료이지만, 해석은 '과거'로 한다.

| If+S'+had p.p. ~, | + | S+would/could/might+have p.p. ⋯ | : 만약 ~했더라면, ⋯했을 텐데[것이다]

¹ If he **had offered** them the sour grapes, / they **would have avoided** eating them. 기출

만약 그가 그들에게 신 포도를 주었다면, 그들은 그것들을 먹는 것을 피했을 것이다.

² She **might have been** seriously injured / *if it **had not been** for the helmet.

만약 안전모가 없었더라면, 그녀는 심하게 다쳤을지도 모른다. *if it had not been for: ~가 없었더라면

☑ 혼합가정법은 if절과 주절이 나타내는 때가 서로 다른 경우에 쓴다. 주로 과거 사실을 반대로 가정했을 때 현재에 어떤 일이 일어날지를 가정하기 위해 쓰므로, if절은 '과거'로, 주절은 '현재'로 해석한다.

| If+S'+had p.p. ~, | + | S+would/could/might ⓥ ⋯ | : (과거에) 만약 ~했더라면, (현재에) ⋯할 텐데[것이다]

³ If I **had reserved** a room in advance, / I **would have** no problem now.

만약 내가 미리 방을 예약했더라면, 나는 지금 아무 문제도 없을 텐데.

⁴ If he **had not taken** the job abroad, / he **would be working** here today.

만약 그가 해외에서 그 일을 맡지 않았다면, 그는 오늘날 여기에서 일하고 있을 텐데.

○ Answers p.45

(STRUCTURE) 밑줄 친 부분에 유의하여 다음 문장을 해석하시오.

1 If you <u>had been</u> at the party, you <u>would have enjoyed</u> yourself.

2 She <u>would have gotten</u> the job if she <u>had applied</u> for it.

3 If we <u>had left</u> an hour earlier, we <u>would be</u> at our destination now.

4 If it <u>had not been</u> for his donation, the free clinic <u>wouldn't have opened</u>.

5 If you <u>had visited</u> the dentist regularly, you <u>would not have</u> so many cavities.

enjoy oneself 즐거운 시간을 보내다
apply for ~에 지원하다
destination 목적지
donation 기부
free 무료의
clinic 진료소
dentist 치과 (의사)
regularly 정기적으로
cavity 충치
invest 투자하다
technology 기술
competitive 경쟁력 있는

(GRAMMAR) 다음 문장의 네모 안에서 어법상 알맞은 것을 고르시오.

6 If the company invested / had invested in new technology last year, it would be more competitive now.

☑ if절의 (조)동사가 were, had, should인 경우 if를 생략할 수 있으며, 이때 주어와 (조)동사가 도치된다.

| If | + | S′ | + | were / had / should | ~ → | | Were / Had / Should | + | S′ | ~ |

¹ **Were you** in my position, / what **would** your choices **be**?
= If you were in ~
네가 내 처지에 있다면, 너의 선택은 무엇일까?

² **Were it** not for your little jokes, / I **could not bear** the burdens.
= If it were not for ~
너의 소소한 농담들이 없다면, 나는 그 부담을 감당할 수 없을 거야.

³ **Were the sun to stop** shining, / life on earth **would be** extinct.
= If the sun were to stop ~
태양이 빛나기를 멈춘다면, 지구상의 생명체는 소멸할 것이다.

⁴ **Had she apologized** to me, / I **would have felt** much differently.
= If she had apologized to me
그녀가 내게 사과했다면, 나는 상당히 다르게 느꼈을 것이다.

⁵ Please **contact** us immediately / **should you change** your mind.
= if you should change your mind
당신이 마음이 바뀌시면, 즉시 저희에게 연락해 주십시오.

○ Answers p.45

(STRUCTURE) 다음 문장의 밑줄 친 부분을 해석하시오.

1 Had I learned Spanish, I could have found a job in Spain.

2 Should you need more help, we will always be there for you.

3 Were it not for computers, this job would take months to complete.

4 Should the situation change, I will notify everyone immediately.

5 We would have gotten completely lost had it not been for the map.

Spanish 스페인어
take (시간이) 걸리다
complete 완료하다
situation 상황
notify 알리다
immediately 즉시
get lost 길을 잃다
completely 완전히
map 지도

(GRAMMAR) 다음 문장의 네모 안에서 어법상 알맞은 것을 고르시오.

6 I were / Were I to see him again, I would tell him how I feel.

UNIT 58　S + wish / as if[though] + 가정법

☑ 「S+wish」 뒤에 이어지는 절에 가정법을 사용하여 이루기 힘든 일에 대한 소망이나 과거 일에 대한 아쉬움을 표현한다.

| S+wish | + | S'+(조)동사의 과거형 | : S'가 ~하면 좋을 텐데, S'가 ~하면 좋겠다고 생각하다 |

　　　　　　　　　가정법 과거

| S+wish | + | S'+had p.p. | : S'가 ~했다면 좋을 텐데, S'가 ~했다면 좋겠다고 생각하다 |

　　　　　　　　　가정법 과거완료

　　¹ **I wish I were** a millionaire with a sailing yacht. 내가 항해용 요트를 가진 백만장자라면 좋을 텐데.

　　² **I wish we hadn't eaten** that heavy meal before the hike. 우리가 등산 전에 그렇게 과식하지 않았다면 좋을 텐데.

☑ as if[though]가 이끄는 절에 가정법을 사용하여 현재·과거의 사실과 반대되는 상황을 가정할 수 있다. 가정법 과거는 주절과 같은 시점의 일을, 가정법 과거완료는 주절보다 이전 시점의 일을 나타낸다.

| as if[though] | + | S'+동사의 과거형 | : 마치 ~인 것처럼 |

　　　　　　　　　가정법 과거

| as if[though] | + | S'+had p.p. | : 마치 ~였던 것처럼 |

　　　　　　　　　가정법 과거완료

　　³ Amid applause, / Zoe *felt* **as if** she **were** in heaven. 기출 박수갈채 속에서 Zoe는 마치 자신이 하늘에 있는 것처럼 느꼈다.

　　⁴ The scene *looked* familiar, / **as though** he **had been** there before. 마치 그가 전에 와 본 것처럼, 풍경이 친숙해 보였다.

> Answers p.46

(STRUCTURE) 밑줄 친 부분에 유의하여 다음 문장을 해석하시오.

1 I wish I <u>could invite</u> all my friends in the neighborhood.

2 He spoke <u>as though he were</u> an expert on the topic.

3 Lucy looked at Jacob <u>as if she had never met</u> him before.

4 <u>I wish we had bought</u> the oven when its price dropped last winter.

(GRAMMAR) 다음 문장의 네모 안에서 어법상 알맞은 것을 고르시오.

5 I wish you | reminded / had reminded | me about the meeting yesterday.

neighborhood 이웃, 동네
expert 전문가
topic 주제
price 가격
drop 떨어지다
remind 상기시키다, 일깨우다

A 구조 가정법 표현에 유의하여 다음 문장을 해석하시오.

기출 **1** What would happen if we were able to love all the obstacles in our way?

2 I wish I had taken better care of my health in my twenties.

3 If it had not been for my cat, my life would have been much lonelier.

4 Clara began to scream as though she had seen a ghost.

5 Were humans to disappear, which species would dominate the planet?

기출 **6** Writing would take too long if chemists spelled everything out instead of using symbols.

B 어법 다음 문장의 네모 안에서 어법상 알맞은 것을 고르시오.

1 I wish I am / were one of the attractive characters in the movie.

2 If the store had the item in stock, I could buy / could have bought it.

3 They are marching in lines together as if / even if they were soldiers.

4 If I took / had taken the subway, I would have gotten there in an hour.

5 You were / Were you to travel to space, you would experience zero gravity.

6 If he had bought the rare painting, it would be / have been worth millions dollars today.

Ⓐ obstacle 장애물 take good care of ~을 잘 돌보다 in one's twenties (나이가) 20대에 lonely 외로운 scream 비명을 지르다 ghost 유령 dominate 지배하다 chemist 화학자 spell out ~을 상세히 다 쓰다 symbol 기호, 상징 Ⓑ attractive 매력적인 character 등장인물 in stock 재고의, 비축되어 march 행진하다 zero gravity 무중력 rare 진귀한, 드문 worth ~의 가치가 있는

C 배열 밑줄 친 우리말과 같은 뜻이 되도록 괄호 안의 말을 바르게 배열하시오.

1 만약 내가 등에 날개를 가지고 있다면, 네 곁으로 날아갈 텐데.
(had, I, wings, if)

→ _____ on my back, I would fly to your side.

2 만약 네가 그 행사에 참석했다면, 새로운 고객들을 만날 수 있었을 텐데.
(new clients, met, have, could)

→ If you had been present at the event, you _____.

3 만약 그가 어젯밤에 늦게까지 깨어 있지 않았더라면, 수업에 더 잘 집중할 수 있을 텐데.
(he, stayed up, if, hadn't)

→ _____ late last night, he could focus better in class.

4 당신이 어디선가 제 열쇠를 찾으시면, 부디 제게 알려 주세요.
(find, my keys, should, you)

→ _____ anywhere, please let me know.

5 그 약이 없다면, 일부 환자들은 오늘날 살지 못할 것이다.
(it, the drug, were, not, for)

→ Some patients would not be alive today _____.

6 당신의 전문 지식이 없었더라면, 우리는 그것을 해낼 수 없었을 것입니다.
(been, it, your expertise, not, for, had)

→ We could not have made it _____.

C wing 날개 back (사람의) 등 side (사람·사물과 가까운) 곁, 옆 present 참석한 client 고객 stay up late 늦게까지 깨어 있다 drug 약 alive 살아 있는 expertise 전문 지식 make it (바라던 일을) 해내다, 성공하다

D 독해

[1-2] 다음 글을 읽고, 물음에 답하시오.

The Amazon is the most important rainforest in the world. (1) <u>If the Amazon were to disappear, there would be no climate regulation and stability.</u> One example of a global beneficiary of the Amazon rainforest is the United States. (2) <u>The United States, a major global food producer, would not be able to grow crops</u> were it not for the climate stability provided by the Amazon.

*beneficiary: 수혜국, 수혜자

1 밑줄 친 문장에서 조건절을 찾아 [   ]로 묶으시오.

2 윗글의 내용과 일치하도록 다음 빈칸에 알맞은 말을 쓰시오.

→ 아마존은 세계 기후 _____과(와) 안정성에 중요한 역할을 한다.

[3-4] 다음 글을 읽고, 물음에 답하시오.

In the early 1800s, it would have cost you four hundred times what you are paying now for the same amount of light. At that price, you would think twice before using artificial light to read a book. The dramatic decrease in the price of light lit up the world. Nearly nothing we have today would be possible if the cost of artificial light did not drop / had not dropped to almost nothing. 기출

3 네모 안에서 어법상 알맞은 것을 고르시오.

4 빈칸에 들어갈 알맞은 단어를 윗글에서 찾아 글의 요지를 완성하시오.

→ The significant _____ in the _____ of artificial light has greatly influenced modern life.

D [1-2] rainforest 열대 우림 disappear 사라지다 regulation 조절 stability 안정성 example 사례, 예 major 주요한 producer 생산자 crop 농작물 provide 제공하다 [3-4] cost (~에게 얼마를) 들게 하다 amount (무엇의) 양 think twice 재고하다 artificial 인공의 dramatic 극적인 decrease 인하, 감소 light up ~을 밝히다 nearly 거의

CHAPTER
12
비교구문 / 병렬구조

🔵 비교구문이란?

- 둘, 혹은 셋 이상인 대상의 성질·상태·수량 등을 비교하여 그 차이를 나타내는 구문이다.

- 형용사나 부사의 원급, 비교급, 최상급을 사용하여 표현한다.

  The process is as important as the end result. 〈원급 비교: A는 B만큼 ~하다〉

  과정은 최종 결과만큼이나 중요하다.

  Humans are smarter than every other species. 기출 〈비교급 비교: A는 B보다 더 ~하다〉

  인간은 모든 다른 종보다 더 영리하다.

  Eric arrived the earliest of all the guests at the party. 〈최상급 비교: A는 (…에서) 가장 ~하다〉

  Eric은 파티에 온 모든 손님들 중에 가장 빨리 도착했다.

🔵 병렬구조란?

- 등위접속사는 문법적으로 같은 성격을 가진 단어, 구, 절을 연결하는데, 이러한 구조를 병렬구조라 한다.

  She bought meat and vegetables. 〈단어-단어〉

  그녀는 고기와 채소를 샀다.

  She took them home, and her husband prepared dinner. 〈절-절〉

  그녀는 그것을 집에 가져갔고, 그녀의 남편은 저녁 식사를 준비했다.

- 상관접속사란 등위접속사를 포함한 둘 이상의 어구가 짝을 이루어 하나의 접속사로 쓰이는 것이다. 상관접속사로 연결되는 어구도 병렬구조를 이룬다.

  He made both a fresh salad and a beef stew. 〈구-구〉

  그는 신선한 샐러드와 쇠고기 스튜를 모두 만들었다.

☑ 원급 비교는 A와 B를 비교하여 정도가 비슷하거나 같음을 나타낸다. (A≒B 또는 A=B)

• as+형용사/부사의 원급+as …: …만큼 ~한/하게   • not as[so]+원급+as …: …만큼 ~하지 않은/않게

¹ In many parts of the world, / women's tennis is **as popular as** men's tennis.
세계의 많은 지역에서 여자 테니스는 남자 테니스만큼 인기가 있다.

² This question is **not so difficult as** the previous one.
이 질문은 앞선 질문만큼 어렵지는 않다.

☑ 원급을 이용하는 주요 비교 표현은 다음과 같다.

• as+원급+as possible: 가능한 한 ~한/하게(= as+원급+as+S'+can/could)
• 배수/분수+as+원급+as …: …보다 −배 ~한/하게
  └→ half(절반), twice(2배), three times(3배), two thirds(3분의 2), …

³ Animals often eat **as much as possible** / [when food is available].
동물은 흔히 먹이를 구할 수 있을 때 가능한 한 많이 먹는다.

⁴ The new model is **twice as expensive as** the old one.
새 모델이 옛 모델보다 두 배 비싸다.

어법 비교되는 A와 B는 문법적인 위상이 같아야 한다.

A – B	• to-v – to-v • v-ing – v-ing • her car – mine[my car]
	• the size of the room – that of the kitchen • cities in Japan – those in India

Getting enough sleep is **as important as** *exercising* regularly.
충분한 수면을 취하는 것은 규칙적으로 운동하는 것만큼 중요하다.

◎ Answers p.48

(STRUCTURE) 다음 문장에서 괄호 안의 말이 들어갈 곳을 찾아 ✓ 표시하고, 문장을 해석하시오.

1 To think of the future is necessary as to enjoy the present. (as)

2 Their solution to reducing costs is not as practical as. (ours)

3 Dan received as many votes as his opponent did. (three times)

4 Present your arguments as as you can during the debate. (clearly)

necessary 필요한, 필수적인
reduce 절감하다, 줄이다
practical 실용적인
vote (선거 등에서의) 표
opponent 상대, 적수
present 제시하다
argument 주장
clearly 명확하게
debate 토론
performance 연기, 수행
impressive 인상적인
leading actor 주연 배우

(GRAMMAR) 다음 문장의 네모 안에서 어법상 알맞은 것을 고르시오.

5 Her performance was as impressive as that / those of the leading actor.

UNIT 60 | 비교급 비교

☑ 비교급 비교는 A와 B를 비교하여 정도에 차이가 있음을 나타낸다. (A 〈 B 또는 A 〉 B)

• 형용사/부사의 비교급+than …: …보다 더 ~한/하게

¹ The new software runs **faster than** the previous version.
새 소프트웨어는 이전 버전보다 더 빠르게 실행된다.

² Research suggests / [that women tend to be **more caring than** men]. 기출
연구는 여성이 남성보다 더 자상한 경향이 있다는 것을 보여 준다.

☑ 비교급을 이용하는 주요 비교 표현은 다음과 같다.

• 비교급+and+비교급: 점점 더 ~한/하게
• the+비교급 ~, the+비교급 …: ~하면 할수록 더 …하다   • 배수/분수+비교급+than …: …보다 -배 더 ~한/하게

³ The planet is getting **warmer and warmer** every year.
행성이 해마다 점점 더 따뜻해지고 있다.

⁴ **The scarcer** a commodity is, / **the greater** its value becomes.
　　　　SC₁　　　　　S₁　　V₁　　　SC₂　　　S₂　　V₂
상품이 부족할수록 그것의 가치는 더 커진다.

⁵ We use **twenty-seven times more** resources / **than** we did a century ago. 기출
우리는 1세기 전에 그랬던 것보다 27배 더 많은 자원을 사용한다.

> **MORE** 부사 much, even, far, still, a lot은 '훨씬'이라는 의미로, 비교급을 앞에서 강조한다. 단, 부사 very는 비교급을 강조하지 않는다.
>
> 18-wheelers carry *much* **larger** loads / than pickup trucks. 기출
> 바퀴가 18개인 대형 트럭은 소형 트럭보다 훨씬 더 큰 짐을 나른다.

◐ Answers p.49

(STRUCTURE) 다음 문장에서 괄호 안의 말이 들어갈 곳을 찾아 ✓ 표시하고, 문장을 해석하시오.

1 Mexico's population is four times than Venezuela's. (larger)

2 The company emphasizes moral duties more profits. (than) 기출

3 He became more and more in expressing his opinions. (confident)

4 The more social roles we have, less choice we have. (the) 기출

(GRAMMAR) 다음 문장의 네모 안에서 어법상 알맞은 것을 고르시오.

5 Our method achieved ┃ very / even ┃ better results than the existing ones.

population 인구
emphasize 강조하다
moral 도덕적인
duty 의무
profit 이윤, 이익
express 표현하다
opinion 의견
role 역할
method 방법
achieve (결과를) 거두다, 성취하다
existing 기존의

UNIT 61 최상급 비교

☑ 최상급 비교는 셋 이상을 비교하여 그중 하나의 정도가 가장 높음을 나타낸다.
- the+형용사/부사의 최상급 ~ (in+단수 명사/of+복수 명사): (…에서/…들 중에서) 가장 ~한/하게

¹ The soccer team ranked **the lowest in** the league.
그 축구팀은 리그에서 최하위를 기록했다.

² Indonesia consumed energy **the most efficiently** / **of** the countries in the region.
인도네시아는 이 지역의 국가들 중 가장 효율적으로 에너지를 소비했다.

☑ 최상급을 이용하는 주요 비교 표현은 다음과 같다.
- the+최상급+N(+that)(+S') +have[has] ever p.p.: 지금까지 …한 것 중에 가장 ~한 N
- one of the+최상급+복수 명사: 가장 ~한 … 중 하나 *주어 자리에 오면 단수 취급

³ This is **the most innovative design** [that we have ever seen].
이것은 우리가 지금까지 본 것 중에 가장 혁신적인 디자인이다.

⁴ Venice is **one of the most popular tourist destinations** in Italy.
베네치아는 이탈리아에서 가장 인기 있는 관광지 중 한 곳이다.

○ Answers p.49

(STRUCTURE) 다음 문장에서 괄호 안의 말이 들어갈 곳을 찾아 ✓ 표시하고, 문장을 해석하시오.

1 Jaguars are most dangerous animal to other animals in the jungle. (the)

2 The car racer drove the course the most smoothly all the competitors. (of)

3 Brainstorming is one of the best to stimulate new ideas. (ways) 기출

4 That is the most expensive artwork that has been sold at auction. (ever)

5 This is one of the coldest winters we've ever experienced. (that)

(GRAMMAR) 다음 문장의 네모 안에서 어법상 알맞은 것을 고르시오.

6 One of the most prestigious universities in the world is / are Harvard University.

jaguar 재규어, 아메리카 표범
dangerous 위험한
smoothly 부드럽게
competitor 경쟁자
brainstorming 브레인스토밍
(자유롭게 의견을 주고받는 것)
stimulate 자극하다
artwork 미술품
auction 경매
experience 경험하다
prestigious 유명한, 명성이 있는

 **UNIT 62** **최상급의 의미를 나타내는 원급·비교급 표현**

☑ 원급이나 비교급을 이용하여 최상급의 의미를 나타낼 수 있다.

- 비교급+than any other+단수 명사: 다른 어떤 …보다도 더 ~한/하게
- 비교급+than all the other+복수 명사: 다른 모든 …보다도 더 ~한/하게
- No+명사[Nothing/Nobody]+비교급+than …: 어떤 N도[아무것도/아무도] …보다 더 ~하지 않다
- No+명사[Nothing/Nobody]+as[so]+원급+as …: 어떤 N도[아무것도/아무도] …만큼 ~하지 않다

¹ The U.S. has **the most** immigrants / **of all the countries** in the world.
미국은 세계의 모든 나라 중에서 가장 많은 이민자가 있다.

≒ ² The U.S. has **more** immigrants / **than any other country** in the world.
미국은 세계의 다른 어떤 나라보다도 더 많은 이민자가 있다.

≒ ³ The U.S. has **more** immigrants / **than all the other countries** in the world.
미국은 세계의 다른 모든 나라보다도 더 많은 이민자가 있다.

≒ ⁴ **No other country** in the world / has **more** immigrants **than** the U.S.
세계의 다른 어떤 나라도 미국보다 이민자가 더 많지 않다.

≒ ⁵ **No other country** in the world / has **as many** immigrants **as** the U.S.
세계의 다른 어떤 나라도 미국만큼 이민자가 많지 않다.

Answers p.50

(STRUCTURE) 원급·비교급 표현에 유의하여 다음 문장을 해석하시오.

1 Nothing is as satisfying as deep sleep after a busy day.

2 The film received higher ratings than all the other entries.

3 No other species is so greedy as the human race.

4 Our language program has been more successful than any other program.

5 None of my family can cook better than my grandmother during the holidays.

satisfying 만족스러운
rating 평가, 순위
entry 출품작, 참가작
species (생물의) 종(種)
greedy 탐욕스러운
human race 인류
successful 성공적인
holiday 명절, 공휴일
dessert 디저트, 후식

(GRAMMAR) 다음 문장의 네모 안에서 어법상 알맞은 것을 고르시오.

6 The apple pie is more delicious than any other | dessert / desserts | at the bakery.

☑ 등위접속사는 문법적으로 대등한 단어와 단어, 구와 구, 절과 절을 연결하여 병렬구조를 만든다.

and	그리고, ~와	or	또는, ~이나	but	그러나, ~이지만	so	그래서, ~해서

¹ **France** or **Italy** is probably the most popular destination for art lovers.
   S₁   S₂ V
프랑스나 이탈리아는 아마도 예술 애호가들에게 가장 인기 있는 관광지일 것이다.

² Many people **heard the news** / and **started going to him for help.** 기출
   S   동사구₁   동사구₂
많은 사람들이 그 소식을 듣고 도움을 주려고 그에게 가기 시작했다.

³ **It was very foggy this morning,** // so **the flight had to be canceled.**
   절₁   절₂
오늘 아침에 안개가 매우 짙었고, 그래서 그 항공편은 취소되어야 했다.

☑ 등위접속사 and/or가 명령문과 콤마(,) 뒤에 오는 경우 '그러면/그렇지 않으면'으로 해석한다.
 • **명령문, and+S+V**: ~하라, 그러면 …할 것이다   • **명령문, or+S+V**: ~하라, 그렇지 않으면 …할 것이다

⁴ **Be patient with your progress,** // and you will see results.
인내심을 가지고 진행하라, 그러면 여러분은 결과를 볼 것이다.

⁵ **Plan every detail,** // or you will miss important deadlines.
모든 세부 사항을 계획하라, 그렇지 않으면 여러분은 중요한 마감일을 놓칠 것이다.

어법 등위접속사로 연결된 대상은 반드시 동일한 문법 요소이어야 한다.
   She loves **to read** and *(to) **write** poetry in her free time.
   그녀는 여가 시간에 책을 읽고 시를 쓰는 것을 좋아한다. *두 개의 to부정사(구)가 등위접속사로 연결될 때, 뒤에 오는 to부정사(구)의 to는 생략 가능

○ Answers p.50

STRUCTURE 다음 문장에서 괄호 안의 말이 들어갈 곳을 찾아 ✓ 표시하고, 문장을 해석하시오.

1 Cody burned his hand ignored the pain. (but)

2 Laugh often, you will brighten your mood and others'. (and)

3 God wanted to give a blessing, he decided to create humans. (so) 기출

burn (불에) 데다, 화상을 입다
ignore 무시하다
pain 고통
brighten 밝게 하다
mood 기분
blessing 축복
prohibit 금지하다
record 녹화하다, 녹음하다
performance 공연

GRAMMAR 다음 문장의 네모 안에서 어법상 알맞은 것을 고르시오.

4 Most theaters prohibit taking pictures of actors or | to record / recording | performances.

상관접속사에 의한 병렬구조

☑ 상관접속사 역시 문법적으로 대등한 말을 연결하여 병렬구조를 만든다.

both A and B	A와 B 둘 다	not only A but (also) B	A뿐만 아니라 B도
B as well as A	A뿐만 아니라 B도	either A or B	A 혹은 B, A와 B 둘 중 하나
neither A nor B	A도 B도 아닌	not A but B	A가 아니라 B

¹She was recognized / both in the United States and in Mexico. 기출
　　S　　　V　　　　　　　　　　M₁　　　　　　　　　M₂
그녀는 미국과 멕시코 두 곳에서 모두 인정받았다.

²Not only humans but also animals / engage in play activities. 기출
　　　　　　S₁　　　　　　S₂　　　　V　　　O
= Animals as well as humans / engage in play activities.

인간뿐만 아니라 동물도 놀이 활동에 참여한다.

³From the station, / you can either take a taxi or walk / to the hotel.
　　　　　　　　　S　조동사　　　동사구₁　　　동사구₂
이 정거장에서 당신은 호텔까지 택시를 탈 수도 있고, 혹은 걸어갈 수도 있다.

⁴The school at the time admitted / neither women nor Black people. 기출
　　　　S　　　　　　　V　　　　　　O₁　　　　O₂
그 당시에 그 학교는 여성도 흑인도 입학을 허용하지 않았다.

⁵The goal of the game is / not to win but to enjoy playing.
　　　　S　　　　　V　　　SC₁　　　　SC₂
게임의 목적은 이기는 것이 아니라 플레이를 즐기는 것이다.

어법 상관접속사로 연결된 대상도 반드시 동일한 문법 요소이어야 한다.

Fans either attend the game in person or [*watch / watching] it on TV.
팬들은 경기를 직접 관람하거나 그것을 TV로 시청한다.

◑ Answers p.50

(STRUCTURE) 다음 문장에서 괄호 안의 말이 들어갈 곳을 찾아 ✓ 표시하고, 문장을 해석하시오.

1 You can sign up for classes either online by phone. (or) 기출

2 She acquired a good knowledge of literature language. (as well as) 기출

3 What I want to know is not when he came why he came. (but)

(GRAMMAR) 다음 문장의 네모 안에서 어법상 알맞은 것을 고르시오.

4 Neither being a mother nor be / being a specialist in one area is an easy task.

sign up for ~에 등록하다
acquire 습득하다, 얻다
good 풍부한, 상당한
literature 문학
specialist 전문가

A 구조) 다음 문장에서 괄호 안의 말이 들어갈 곳을 찾아 ✓ 표시하고, 문장을 해석하시오.

1 Collaboration is important as technical knowledge. (as)

기출 **2** The old lady didn't reply, stared coldly at her. (but)

기출 **3** Longer I hold something, the heavier it feels to me. (the)

4 Animals hunt not during the day but also at night. (only)

기출 **5** We make a few changes, the results never seem to come quickly. (but)

6 Save some money each month, you will be prepared for unexpected expenses. (and)

B 어법) 다음 문장의 네모 안에서 어법상 알맞은 것을 고르시오.

1 Neither the coach and / nor the players wanted to lose.

2 Children laugh much / very more frequently than adults do.

3 Nowadays, the pace of life has become fast and fast / faster and faster .

4 One of the most influential leaders in modern history is / are Nelson Mandela.

5 You have to either apply online or visit / visiting the office in person.

6 The film's special effects are as amazing as that / those of top blockbuster movies.

C 배열 밑줄 친 우리말과 같은 뜻이 되도록 괄호 안의 말을 바르게 배열하시오.

기출 **1** 2016년의 에너지 사용량이 1990년<u>보다 세 배 더 높았다</u>.
(than, three times, higher)

→ Energy use in 2016 was _____ in 1990.

2 Grace는 그 결정에 <u>놀랍기도 하고 기쁘기도</u> 했다.
(pleased, and, surprised, both)

→ Grace was _____ at the decision.

3 여러분은 여러분의 생각을 <u>가능한 한 간단하게</u> 전달해야 한다.
(simply, can, as, as, you)

→ You must communicate your ideas _____.

4 모든 연령대에서 <u>다른 어떤 스포츠도</u> 축구<u>만큼</u> 인기가 <u>있지 않다</u>.
(as, popular, other sport, is, no)

→ _____ as soccer among all age groups.

5 레오나르도 다빈치는 <u>예술가였을 뿐만 아니라 발명가이기도</u> 했다.
(an artist, well, as, an inventor, as)

→ Leonardo da Vinci was _____.

6 어린 학생을 지도한 것은 <u>내가 지금까지 겪은 것 중에</u> 가장 보람 있는 경험이었다.
(have, I, had, ever, that)

→ Mentoring a young student was the most rewarding experience _____
_____.

C pleased 기쁜 surprised 놀란 decision 결정 simply 간단하게 communicate 전달하다 age group 연령대 inventor 발명가 mentor (장기간에 걸쳐) 지도하다, 조언하다 rewarding 보람 있는

독해

[1-2] 다음 글을 읽고, 물음에 답하시오.

A study showed that youth are easily fooled by misinformation. This weakness is not found only in young people, however. Another study found that older people shared seven times as much misinformation as / than youth. Governments certainly have a role to play in blocking misinformation, but every individual needs to take responsibility for combating this threat by becoming more information literate. 기출

1 네모 안에서 어법상 알맞은 것을 고르시오.

2 빈칸에 알맞은 단어를 써서 이 글의 요지를 완성하시오. .

→ 잘못된 정보를 막는 책임은 결국 _____에게 있다.

[3-4] 다음 글을 읽고, 물음에 답하시오.

School-based antismoking programs provide lasting effects as well as immediate benefits when they use same-age peer leaders as teachers. This principle was confirmed in an experiment. Children watched a film depicting a positive dental visit by a peer. They experienced a reduction in their own dental anxieties when the child in the film was the same age as them.

3 밑줄 친 문장에서 병렬 구조를 이루는 두 어구를 찾아 동그라미 하시오.

4 윗글의 제목을 다음과 같이 쓸 때, 빈칸에 들어갈 말로 가장 적절한 것은?

Persuasive Power of _____

① Honesty   ② Creativity   ③ Similarity

ⓓ **[1-2]** youth 젊은이들 fool 속이다 misinformation 잘못된 정보 weakness 약점 government 정부 certainly 틀림없이 block 막다, 차단하다 individual 개인 combat 싸우다 threat 위협 literate 소양이 있는, (지식 등을) 다룰 줄 아는 **[3-4]** antismoking 금연 lasting 지속적인 effect 효과, 영향 immediate 즉각적인 benefit 이점 peer 또래 principle 원리 confirm 확인하다 experiment 실험 depict 묘사하다 dental 치과의 reduction 감소 anxiety 불안, 걱정

솔 리 드

SOLID

필수 구문 학습으로 쉬워지는 수능 독해

구문

입문

정답 및 해설

DARAKWON

솔 리 드

Solid 구문

입문

정답 및 해설

 DARAKWON

CHAPTER 01 문장 성분/구와 절

UNIT 01 주어·동사
p.10

1 The Internet provides us with useful information.
<u>S</u> <u>V</u> <u>O</u>
인터넷은 우리에게 유용한 정보를 제공한다.
○ provide A with B: A에게 B를 제공하다

2 To forgive a person takes some courage and strength.
<u>S</u> <u>V</u> <u>O</u>
한 사람을 용서하는 것은 어느 정도의 용기와 힘을 필요로 한다.
○ to부정사구(To forgive a person)가 문장의 주어로 쓰이면 단수 취급하므로 뒤에 단수 동사 takes가 왔다.

3 They do volunteer work / at the local animal shelter.
<u>S</u> <u>V</u> <u>O</u> <u>M</u>
그들은 지역 동물 보호소에서 자원봉사를 한다.

4 Many Nobel Prize winners were the students of
<u>S</u> <u>V</u> <u>SC</u>
previous winners.
많은 노벨상 수상자들이 이전 수상자들의 제자였다.

5 정답 • built

An old man built a temple / in the center of his village.
<u>S</u> <u>V</u> <u>O</u> <u>M</u>
한 노인이 자신의 마을 한가운데에 신전을 지었다.
→ 문장을 구성하는 데 필요한 동사가 없으므로 과거시제의 동사 built가 어법상 알맞다.

UNIT 02 목적어·보어
p.11

1 Art exhibitions are always a source of interest.
<u>S</u> <u>V</u> <u>C</u>
미술 전시회는 항상 관심의 원천이다.

2 The two countries agreed to cooperate with each
<u>S</u> <u>V</u> <u>O</u>
other.
그 두 나라는 서로 협력할 것을 합의했다.
○ to부정사구 to cooperate with each other가 동사 agreed의 목적어 역할을 하고 있다. 동사 agree는 to부정사를 목적어로 취한다.

3 Many businesses send their customers newsletters.
<u>S</u> <u>V</u> <u>O</u> <u>O</u>
많은 회사가 고객들에게 소식지를 보낸다.

○ 이 문장에서 send는 수여동사로 쓰여 간접목적어(their customers)와 직접목적어(newsletters)를 취하고 있다.

4 Make your meetings productive / by preparing in
<u>V</u> <u>O</u> <u>C</u> <u>M</u>
advance.
여러분의 회의를 사전에 준비함으로써 생산적이게 만들어라.
○ 동사 Make의 목적격보어로 형용사 productive가 쓰였다.

5 정답 • ×, sad

The news of my friend's failure / made me sad.
<u>S</u> <u>V</u> <u>O</u> <u>OC</u>
내 친구의 실패 소식은 나를 슬프게 만들었다.
→ 밑줄 친 부분은 목적어인 me를 보충 설명하는 목적격보어이므로 부사 sadly를 형용사 sad로 고쳐 써야 한다.
○ 5형식 문장에서 목적어-목적격보어의 관계는 2형식 문장에서의 주어-주격보어 관계와 같다. 목적격보어의 쓰임이 적절한지 판단하려면 목적어를 주어로, 목적격보어를 주격보어로 삼은 2형식 문장으로 바꿔 보면 된다. I was sadly. (×) → I was sad. (O)

UNIT 03 수식어
p.12

1 The barking dog kept everyone awake / all night.
<u>S</u> <u>V</u> <u>O</u> <u>OC</u> <u>M</u>
짖는 개는 모든 사람들을 밤새도록 깨어 있게 했다.
○ 현재분사 barking이 명사 dog를 앞에서 수식하고 있다.

2 The animals quickly adapted to their new
<u>S</u> <u>M</u> <u>V</u> <u>M</u>
environment.
그 동물들은 그것들의 새로운 환경에 재빨리 적응했다.

3 She became the first woman (to receive the Copley
<u>S</u> <u>V</u> <u>SC</u>
Medal).
그녀는 Copley 메달을 받은 최초의 여성이 되었다.
○ 명사구 the first woman을 to부정사구(to receive the Copley Medal)가 뒤에서 수식하고 있다.

4 He answered the questions / almost perfectly during
<u>S</u> <u>V</u> <u>O</u> <u>M</u> <u>M</u>
the interview.
그는 면접 중에 거의 완벽하게 질문에 답했다.

5 정답 • O

Do you need anything specific / from the grocery
<u>V</u> <u>O</u> <u>M</u>
store?
너는 식료품점에서 특별히 필요한 것이 있니?
→ 부정대명사 anything을 형용사 specific이 뒤에서 수식하고 있으므로 밑줄 친 부분의 어순은 어법상 알맞다.

1 This behavior means / [that animals feel emotions
    S   V   O(명사절)
like humans].

이 행동은 동물이 인간처럼 감정을 느낀다는 것을 의미한다.
▶ 동사 means의 목적어로 접속사 that이 이끄는 명사절이 쓰였다.

2 The warm water floats / on the surface of the cold
       S   V   M(부사구)
water.

따뜻한 물은 차가운 물의 표면 위로 뜬다.
▶ 전치사 on이 이끄는 위치의 부사구가 쓰였다.

3 Exercises **difficult for young kids** / require clear
             형용사구
             S   V   O
demonstrations.

어린아이들에게 어려운 운동은 명확한 시연이 필요하다.
▶ 명사 Exercises를 형용사구 difficult for young kids가 뒤에서 수식하고 있다.

4 Children [who spend time on the street] / may
    S   형용사절   V
develop social problems.
        O

길거리에서 시간을 보내는 아이들은 사회적 문제가 생길 수 있다.
▶ 명사 Children을 관계대명사 who가 이끄는 형용사절 who spend time on the street가 뒤에서 수식하고 있다.
➕ 형용사절은 관계사가 이끌므로 관계절이라도 한다.

5 정답 • While

[While he was in high school], / he edited the school
  ┗ 부사절(시간)   S   V   O
newspaper.

그는 고등학교에 다니는 동안 학교 신문을 편집했다.
→ 콤마(,) 전후로 「주어+동사」를 포함한 절이 왔으므로, 절을 이끌 수 있는 접속사 While이 어법상 알맞다.
➕ 접속사 없이 두 개의 절이 연결될 수는 없음에 유의한다.
➕ during/while과 마찬가지로 전치사 despite(= in spite of), because of는 전치사로서 구를 이끌고, though(= although), because는 접속사로서 절을 이끈다.

CHAPTER TEST   p.14

A

1 New technology **will have** a positive impact / on
    S   V   O   M
production.

신기술은 생산에 긍정적인 영향을 미칠 것이다.

2 Your desire and motivation determine your success.
         S   V   O

여러분의 욕망과 동기가 여러분의 성공을 결정한다.

3 Bolling became **famous** / by winning a music contest.
    S   V   C   M
Bolling은 한 음악 경연 대회에서 우승함으로써 유명해졌다.
▶ by v-ing: ~함으로써

4 Most people consider the number seven **the luckiest**.
    S   V   O   C
대부분의 사람들은 숫자 7을 가장 운이 좋은 수로 여긴다.
▶ 5형식 동사 consider의 목적격보어로 형용사 lucky의 최상급인 the luckiest가 쓰였다.

5 Cave paintings indicate / [that early humans practiced
    S   V   ┗O
rituals].

동굴 벽화는 초기 인류가 의식을 행했다는 것을 나타낸다.
▶ 동사 indicate의 목적어로 접속사 that이 이끄는 명사절이 쓰였다.

6 Mrs. Klein told the class / the good news (about the
    S   V   O   O
school trip).

Klein 선생님은 수학여행에 대한 좋은 소식을 반에 알려 주었다.
▶ 이 문장에서 told는 수여동사로 쓰여 간접목적어(the class)와 직접목적어(the good news about the school trip)를 취하고 있다.
▶ 전치사 about 이하는 앞의 명사구 the good news를 수식하는 형용사구이다.

1 정답 • appeared

Many customers appeared to welcome the price
        S   V   SC
reduction.

많은 고객들이 가격 인하를 환영하는 것처럼 보였다.
→ 문장을 구성하려면 동사가 필요하므로 동사 appeared가 어법상 알맞다.
▶ to부정사구 to welcome the price reduction은 동사 appeared의 주격보어로 쓰였다.

2 정답 • dangerous

The heavy rain made our situation more dangerous.
     S   V   O   OC
폭우는 우리의 상황을 더 위험하게 만들었다.
→ 목적어인 our situation을 보충 설명하는 목적격보어에 해당하므로 형용사 dangerous가 어법상 알맞다. *cf.* Our situation was more dangerous.

3 정답 • although

It was a bit cold / [although the sun was shining].
S V   SC   ┗ 부사절(양보)
햇살이 내리쬐고 있기는 했지만 조금 추웠다.

→ 뒤에 「주어+동사」를 포함한 절이 이어지고 있으므로, 절을 이끌 수 있는 접속사 although가 어법상 알맞다.

4 정답 • Eating

Eating processed food / is one of the causes of
<u>S</u>   <u>V</u>   <u>SC</u>
being overweight.

가공식품을 먹는 것은 과체중의 원인 중 하나이다.

→ is가 문장의 동사이므로, 주어 역할을 하도록 명사 상당 어구인 동명사구를 구성하는 것이 어법상 알맞다.

○ one of the+복수 명사: (복수 명사) 중 하나

5 정답 • taking

He suggested taking a different route to the airport.
<u>S</u> <u>V</u>   <u>O</u>

그는 공항으로 가는 다른 길을 택할 것을 제안했다.

→ 동사 suggested의 목적어 역할을 하도록 명사 상당 어구인 동명사구를 구성하는 것이 어법상 알맞다.

○ 동사 suggest는 동명사를 목적어로 취한다.

6 정답 • something new

[When I travel abroad], / I love to try something new.
└ 부사절(시간)   <u>S</u> <u>V</u>   <u>O</u>

나는 해외여행을 갈 때 새로운 것을 시도하기를 매우 좋아한다.

→ 부정대명사 something을 수식하는 형용사는 뒤에 와야 하므로 something new가 어법상 알맞다.

○ 동사 love는 to부정사와 동명사를 둘 다 목적어로 취할 수 있다.

C

1 The scared child hid behind her mother.
    <u>S</u> <u>V</u> <u>M</u>

그 겁먹은 아이는 어머니 뒤에 숨었다.

2 Mom and Dad bought me a tablet PC / for my
   <u>S</u>   <u>V</u> <u>IO</u> <u>DO</u> <u>M</u>
birthday.

엄마와 아빠는 내게 생일 선물로 태블릿 PC를 사 주셨다.

○ 이 문장에서 bought는 수여동사로 쓰여 간접목적어(me)와 직접목적어(a tablet PC)를 취하고 있다.

3 Her smile is the only thing (to brighten my day).
 <u>S</u> <u>V</u> <u>SC</u>

그녀의 미소는 나의 하루를 밝혀 주는 유일한 것이다.

○ 명사구 the only thing을 to부정사구(to brighten my day)가 뒤에서 수식하고 있다.

4 The atmosphere protects the earth / from harmful
  <u>S</u>   <u>V</u> <u>O</u>   <u>M</u>
UV rays.

대기는 지구를 해로운 자외선으로부터 보호한다.

○ protect A from B: A를 B로부터 보호하다, A가 B하는 것을 막다

5 Technology makes our daily lives easier / in many
  <u>S</u>   <u>V</u>   <u>O</u>   <u>OC</u> <u>M</u>
ways.

기술은 여러 면에서 우리의 일상생활을 더 쉽게 만든다.

○ 동사 makes의 목적격보어로 형용사 easy의 비교급 easier가 쓰였다.

6 You can see very small things / with a microscope.
 <u>S</u> <u>V</u>   <u>O</u>   <u>M</u>

여러분은 현미경을 가지고 매우 작은 것들을 볼 수 있다.

D

[1-2]

❶ For birds, / nests offer protection / from harsh
 <u>M</u>   <u>S</u> <u>V</u> <u>O</u>   <u>M</u>
weather conditions and predators.

❷ Nests on high trees keep the animals safe / from
 <u>S</u>   <u>V</u> <u>O</u> <u>OC</u> <u>M</u>
predators (on the ground), / such as snakes or
             <u>M</u>
foxes.

❸ The height also helps / to shield the nests / from
 <u>S</u>   <u>V</u>   <u>O</u>
flooding during heavy rainfall.

❹ In addition, / the structure of the nest plays an
 <u>M</u>   <u>S</u>   <u>V</u>
important role / in regulating temperature.
 <u>O</u>   <u>M</u>

○ 전치사 in의 목적어로 동명사구(regulating temperature)가 쓰였다.

❶ 새에게, 둥지는 악천후와 포식자로부터의 보호를 제공한다.

❷ 높은 나무 위에 있는 둥지는 그 동물을 뱀이나 여우 같은 땅 위의 포식자로부터 안전하게 유지해 준다.

❸ 그 높이는 또한 폭우 동안 침수로부터 둥지를 보호하는 것을 돕는다.

❹ 게다가, 둥지의 구조는 온도를 조절하는 데 중요한 역할을 한다.

정답 풀이 •

1 정답 ⓐ (목적격)보어 ⓑ 목적어 ⓒ 주어

→ ⓐ 「keep+O(the animals)+OC」의 구조에서 목적격보어에 해당하는 형용사이다.
ⓑ 동사 helps의 목적어로 쓰인 to부정사구이다.
ⓒ 문장의 주어에 해당하는 명사구이다.

2 정답 ③

→ 새의 둥지가 악천후와 포식자로부터 새를 보호하고 온도 조절을 돕는 기능을 한다는 내용의 글이므로, 글의 주제는 '새의 둥지의 기능'이다.
① 유형 ② 재료

[3-4]

❶ Many people <u>make</u> <u>a mistake of staying in their</u>
S   V₁   O₁
safe zones, / |and| <u>miss</u> <u>the opportunity</u> (to
                V₂   O₂
achieve greater things).

- ○ 두 개의 동사구가 등위접속사 and에 의해 병렬로 연결된 구조이다.
- ○ of 뒤의 동명사구 staying in their safe zones는 앞의 명사 a mistake에 관한 구체적인 설명으로서 a mistake와 동격을 이룬다.
- ○ to achieve 이하는 앞의 명사 the opportunity를 수식하는 to부정사구이다.

❷ They <u>do</u> so / because of a fear (of trying the
S V   전   O'
unknown paths of life).

- ○ 전치사 of 이하는 앞의 명사 a fear를 수식하는 형용사구이다.

❸ In contrast, / those [who are brave enough to
    M   S
take the less familiar roads] / are able to get
                           V₁
great returns / |and| get major satisfaction out of
               V₂   O₂   M₂
their courageous moves.

- ○ 두 개의 동사구가 등위접속사 and에 의해 병렬로 연결된 구조이다.
- ○ 문장의 주어 those는 주격 관계대명사 who가 이끄는 절의 수식을 받고 있다. 이때 주어 those와 동사 are의 수 일치에 유의한다.
- ○ 형용사/부사+enough to-v: …할 만큼 충분히 ~한/하게
- ○ be able to는 can과 같이 능력·가능을 나타내는 조동사이다.

❶ 많은 사람들이 안전지대에 머무르는 실수를 범하여 더 훌륭한 것들을 성취할 기회를 놓친다.
❷ 그들은 삶에서의 미지의 경로를 시도하는 것에 대한 두려움으로 인해 그렇게 한다.
❸ 대조적으로, 덜 익숙한 길을 택할 만큼 충분히 용감한 이들은 훌륭한 보상을 얻고 자신들의 용감한 움직임으로부터 큰 만족을 얻을 수 있다.

정답 풀이 •

3 정답 because of
→ 뒤에 이어지는 어구 a fear of trying the unknown paths of life는 주어와 동사가 없는 구에 해당하므로 구 전치사 because of가 어법상 알맞다.

4 정답 avoid
→ 여러분은 안전지대에 머무는 것을 피하고 중요한 성과를 얻기 위해 낯선 길을 탐색해야 한다는 것이 이 글의 요지이다.

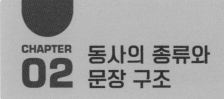

CHAPTER 02 동사의 종류와 문장 구조

▶ **UNIT 05** 1형식 - 주어+동사   p.18

1 Personal taste varies from person to person.
       S   V   M
개인적 취향은 사람마다 서로 다르다.

2 The car accident happened / at 12th Street / around
         S   V   M   M
2 p.m.

그 교통사고는 오후 2시경에 12번가에서 발생했다.

- ○ 장소를 나타내는 부사구와 시간을 나타내는 부사구가 수식어로 쓰였다.

3 Finally, / the last guest arrived at the celebration.
   M   S   V   M
마침내, 마지막 손님이 축하 행사에 도착했다.

4 After months of hard work, / he succeeded in
          M   S   V
launching his new business.
       M
몇 달간의 고된 노력 후에 그는 새로운 사업을 시작하는 데 성공했다.

- ○ 전치사 in의 목적어로 동명사구(launching his new business)가 쓰였다.

5 정답 • refers to

For many people, / "ability" refers to intellectual
       M   S   V 전   O'
competence.

많은 사람들에게 있어 '능력'은 지적인 능력을 가리킨다.

→ refer는 전치사 to를 수반하는 완전자동사이므로 refers to가 어법상 알맞다.

▶ **UNIT 06** 2형식 - 주어+동사+보어   p.19

1 In this region, / many people stay healthy / in old age.
      M   S   V SC   M
이 지역에서는 많은 사람들이 노년에 건강하게 지낸다.

- ○ 2형식 동사 stay 다음에 형용사 healthy가 주격보어로 쓰였다.

2 The pain in my leg grew worse / every second.
       S   V SC   M
내 다리의 통증은 매 순간 더 나빠졌다.

- ○ 2형식 동사 grew 다음에 형용사 worse가 주격보어로 쓰였다.
- ○ 한정사 every 뒤에는 항상 단수 명사가 온다.

3 The soup **got spicy** / [after she added more chili
<u>S</u> <u>V</u> <u>SC</u> └→ 부사절(시간)
peppers].

그녀가 고추를 더 넣자 국물이 매워졌다.

▶ 2형식 동사 got 다음에 형용사 spicy가 주격보어로 쓰였다.

4 Humans **seem unique** / among primates / in
<u>S</u> <u>V</u> <u>SC</u> <u>M</u>
exchanging benefits and favors.
<u>M</u>
인간은 영장류 중에서 이득과 호의를 교환한다는 점에서 특별한 것 같다.

▶ 2형식 동사 seem 다음에 형용사 unique가 주격보어로 쓰였다.

▶ 전치사 in의 목적어로 동명사구(exchanging benefits and favors)가 쓰였다.

5 정답 • awful

The garbage smelled awful / [when I opened the bin].
<u>S</u> <u>V</u> <u>SC</u> └→ 부사절(시간)
내가 쓰레기통을 열었을 때 쓰레기에서 지독한 냄새가 났다.

➡ 감각동사 smelled의 주격보어 자리에 형용사 awful이 오는 것이 어법상 알맞다.

UNIT 07 3형식 - 주어+동사+목적어 p.20

1 In children, / play has important functions / during
<u>M</u> <u>S</u> <u>V</u> <u>O</u> <u>M</u>
development.

아이들에게 있어, 놀이는 성장 과정에서 중요한 기능을 한다.

2 After the meal, / the kids enjoyed eating the delicious
<u>M</u> <u>S</u> <u>V</u> <u>O</u>
cake.

식사 후에, 아이들은 그 맛있는 케이크를 먹는 것을 즐겼다.

▶ 동사 enjoyed의 목적어로 동명사구 eating the delicious cake가 쓰였다. 동사 enjoy는 동명사를 목적어로 취한다.

3 Upon the discovery of gold, / the miners began to dig
<u>M</u> <u>S</u> <u>V</u> <u>O</u>
deeper.

금을 발견하자마자 광부들은 땅을 더 깊이 파기 시작했다.

▶ 동사 began의 목적어로 to부정사구 to dig deeper가 쓰였다. 동사 begin은 목적어로 to부정사와 동명사를 둘 다 취할 수 있다.

◐ upon[on]+명사(구): ～하자마자, ～한 즉시

4 Humans' relationship with dogs / changed the
<u>S</u> <u>V</u>
structure of both species' brains.
<u>O</u>
인간이 개와 맺는 관계는 두 종의 뇌 구조를 변화시켰다.

◑ 한정사 both 뒤에는 항상 복수 명사가 온다.

5 The amount of friction **depends on** the surface
<u>S</u> <u>V</u> <u>O</u>
materials.

마찰의 양은 표면 재료에 따라 다르다.

▶ 구동사 depends on이 하나의 완전타동사로 쓰여 뒤에 목적어 the surface materials를 취하고 있다.

6 정답 • discussed (about 삭제)

The student discussed the issue / with his professor.
<u>S</u> <u>V</u> <u>O</u> <u>M</u>
그 학생은 자신의 교수님과 그 사안을 논의했다.

➡ 동사 discuss는 '(～에 대해) 논의하다'로 해석되어서 뒤에 전치사 about을 동반한다고 착각하기 쉽다. 그러나 discuss는 완전타동사이므로 뒤에 전치사 about 없이 바로 목적어를 취한다.

UNIT 08 4형식 - 주어+동사+간접목적어+
직접목적어 p.21

1 The architect showed **her client** a few different
<u>S</u> <u>V</u> <u>IO</u> <u>DO</u>
designs.

그 건축가는 자신의 고객에게 몇 개의 다른 설계도를 보여 주었다.

2 The librarian found the child **a classic storybook**.
<u>S</u> <u>V</u> <u>IO</u> <u>DO</u>
사서는 그 아이에게 고전 이야기책을 찾아 주었다.

3 Minutes later, / the waitress brought him **a pie and a**
<u>M</u> <u>S</u> <u>V</u> <u>IO</u> <u>DO</u>
drink.

잠시 후 여종업원이 그에게 파이와 음료수를 가져다주었다.

4 The visitor asked **the secretary** / [when her boss
<u>S</u> <u>V</u> <u>IO</u> └→ DO
would return].

방문객은 비서에게 그녀의 상사가 언제 돌아올 것인지를 물었다.

▶ 수여동사 asked의 직접목적어로 의문사 when이 이끄는 절이 쓰였다.

5 정답 • to me

Mr. Johnson introduced to me his wife and daughter.
<u>S</u> <u>V</u> <u>M</u> <u>O</u>
Johnson 씨는 내게 자신의 아내와 딸을 소개해 주었다.

➡ introduce는 의미상 수여동사로 착각하기 쉬우나 사실은 완전타동사이므로 간접목적어를 취하지 않는다. 따라서 '～에게'에 해당하는 말 앞에 전치사 to를 붙여야 한다.

UNIT 09 5형식 - 주어+동사+목적어+보어 p.22

1 The discovery made him **a famous astronomer** in Asia.
S V O OC M
그 발견은 그를 아시아에서 유명한 천문학자로 만들었다.

▶ 동사 made의 목적격보어로 명사구 a famous astronomer가 쓰였다.

2 These hobbies will make **your life** much more enjoyable.
S V O OC
이 취미들은 여러분의 삶을 훨씬 더 즐겁게 만들 것이다.

▶ 동사 make의 목적격보어로 형용사구 much more enjoyable이 쓰였다.

▶ 부사 much는 비교급(more enjoyable) 앞에 쓰여 '훨씬'이라는 의미로 비교급을 강조한다.

3 I consider **the new policy** beneficial for the community.
S V O OC
나는 그 새로운 정책이 지역 사회에 유익하다고 생각한다.

▶ 동사 consider의 목적격보어로 형용사구 beneficial for the community가 쓰였다.

4 The director's peers considered his film **a masterpiece**.
S V O OC
그 감독의 동료들은 그의 영화를 걸작으로 여겼다.

▶ 동사 considered의 목적격보어로 명사 a masterpiece가 쓰였다.

5 Do not keep your tap water **running** / [while brushing your teeth].
V O OC └▶부사절(시간)
이를 닦는 동안 수돗물이 계속 흐르게 놔두지 마시오.

▶ 동사 keep의 목적격보어로 현재분사 running이 쓰였다.

▶ 접속사 while이 이끄는 부사절에서 you are가 생략된 상태이다.

▶ 부사절과 주절의 주어가 같을 때, 부사절의 「주어+be동사」를 생략할 수 있다.

6 They elected **Rachel** spokesperson of the organization.
S V O OC
그들은 Rachel을 조직의 대변인으로 선출했다.

▶ 동사 elected의 목적격보어로 명사구 spokesperson of the organization이 쓰였다.

UNIT 10 완전자동사 vs. 완전타동사 p.23

1 You should not raise your voice / in an argument.
S V O M
여러분은 논쟁에서 목소리를 높여서는 안 된다.

2 The Jacksons waited for the birth of their first child.
S V O
잭슨 부부는 첫 아이의 탄생을 기다렸다.

▶ 사람의 성(姓)에 정관사 the와 복수형 어미 -s를 붙이면 부부 또는 가족을 나타내는 표현이 된다.

3 A sea turtle lays hundreds of eggs / in the sand.
S V O M
바다거북은 모래 속에 수백 개의 알을 낳는다.

4 She sits on the floor / with her child for the game.
S V M M M
그녀는 게임을 하려고 자녀와 함께 바닥에 앉는다.

5 정답 • ✕, fell

Last night, / tiny snowflakes fell from the black sky.
M S V M
어젯밤에 검은 하늘에서 아주 작은 눈송이가 떨어졌다.

➔ 맥락상 눈송이가 '떨어졌다'라는 의미가 되어야 자연스러우므로, 밑줄 친 부분은 완전자동사 fall의 과거형인 fell로 고쳐 써야 한다.

CHAPTER TEST p.24

A

1 정답 • 2형식

Her voice sounded strange / even to her own ears.
S V SC M
그녀의 목소리는 그녀 자신의 귀에조차도 이상하게 들렸다.

➔ 동사 sounded가 형용사 strange를 주격보어로 취하는 2형식 문장이다.

2 정답 • 5형식

Do not leave your dog alone / for more than two hours.
V O OC M
여러분의 개를 두 시간 넘게 혼자 놔두지 마세요.

➔ 동사 leave가 명사구 your dog를 목적어, 형용사 alone을 목적격보어로 취하는 5형식 문장이다.

3 정답 • 1형식

People stood in a long line / in front of the box office.
S V M M
사람들이 매표소 앞에서 길게 줄을 서 있었다.

➔ 주어 People과 완전자동사 stood로 구성된 1형식 문장이다.

4 정답 • 3형식

This travel package includes trips (to Lake Madison).
S V O
이 여행 상품은 Madison 호수에 가는 관광을 포함합니다.

➔ 동사 includes가 명사구 trips to Lake Madison을 목적어로 취하는 3형식 문장이다.

5 정답 • 4형식

Our company offers consumers a wide range of financial services.
S V IO DO
우리 회사는 소비자들에게 다양한 금융 서비스를 제공한다.

→ 동사 offers가 명사 consumers를 간접목적어, 명사구 a wide range of financial services를 직접목적어로 취하는 4형식 문장이다.

6 정답 • 3형식

The old man got a pearl necklace / for his wife on
   S   V   O   M

their anniversary.
     M

그 노인은 그들의 기념일에 자신의 아내에게 줄 진주 목걸이를 샀다.

→ 동사 got이 명사구 a pearl necklace를 목적어로 취하는 3형식 문장이다.

◐ get A for B 형태의 3형식 문장을 get B A 형태의 4형식 문장으로 전환할 수 있다. *cf.* The old man got his wife a pearl necklace on their anniversary.

Ⓑ

1 정답 • lay

Take everything out // and lay it on the floor.
        O₁   V₂ O₂ M₂
    V₁

모든 것을 꺼내 바닥에 놓아라.

→ and 뒤에 이어지는 명령문에서 it이 목적어이므로 '놓다'라는 의미를 나타내는 완전타동사 lay가 어법상 알맞다.

◐ 두 개의 명령문이 등위접속사 and에 의해 병렬로 연결된 구조이다.

2 정답 • his father

He resembles his father a lot / in personality.
 S   V   O   M   M

그는 자신의 아버지와 성격 면에서 매우 닮았다.

→ resemble은 '~와 닮다'라는 의미를 나타내면서 목적어를 바로 취하는 완전타동사이므로 his father가 어법상 알맞다.

3 정답 • to

A man brought a bunch of grapes / to a prince / as a
  S   V   O   M   M

gift.

한 남자가 왕자에게 선물로 한 송이의 포도를 가져다주었다.

→ 수여동사 bring이 쓰인 4형식 문장을 3형식으로 전환할 때는 전치사 to를 간접목적어 앞에 쓰므로 to가 어법상 알맞다.

4 정답 • for the bus

We were waiting for the bus / at the bus stop / near
 S   V   O   M   M

the hospital.

우리는 병원 근처의 버스 정류장에서 버스를 기다리고 있었다.

→ 완전자동사 wait은 목적어를 취하려면 전치사 for가 필요하므로 for the bus가 어법상 알맞다.

5 정답 • to the teacher

The pupil explained to the teacher / the reason for
   S   V   M   O

her absence.

그 학생은 선생님에게 자신의 결석 사유를 설명했다.

→ explain은 의미상 수여동사로 착각하기 쉬우나 사실은 완전타동사이므로 간접목적어를 취하지 않는다. 따라서 '~에게'에 해당하는 말 앞에 전치사 to를 붙인 to the teacher가 어법상 알맞다.

6 정답 • effective

Efficient equipment will make the system more
       S   V   O   OC

effective.

효율적인 장비는 그 시스템을 더 효과적으로 만들 것이다.

→ 5형식 동사 make의 목적격보어 자리이므로 형용사 effective가 어법상 알맞다.

Ⓒ

1 Brian lent his neighbor the lawn mower / for the
  S   V   IO   DO   M

weekend.

Brian은 주말 동안 이웃에게 잔디 깎는 기계를 빌려주었다.

◐ 수여동사 lent가 간접목적어로 his neighbor, 직접목적어로 the lawn mower를 취하는 4형식 문장이다.

2 The company named the product "EcoClean".
     S   V   O   OC

회사는 그 제품의 이름을 'EcoClean'이라고 지었다.

◐ 동사 named가 목적어로 the product, 목적격보어로 명사 "EcoClean"을 취하는 5형식 문장이다.

3 Some species evolve into unique forms / because
     S   V   M   M

of isolation.

어떤 종들은 고립으로 인해 고유한 형태로 진화한다.

◐ 주어 Some species, 완전자동사 evolve, 두 개의 수식어구로 구성된 1형식 문장이다.

4 Colors can appear different / under various lighting
   S   V   SC   M

conditions.

색상은 다양한 조명 조건에서 다르게 보일 수 있다.

◐ 동사 appear가 주격보어로 형용사 different를 취하는 2형식 문장이다.

5 The college students asked countless questions /
       S   V   O

of the chemist.
    M

대학생들은 그 화학자에게 무수한 질문을 했다.

◐ 동사 asked가 목적어로 명사구 countless questions를 취하는 3형식 문장이다.

◐ ask A of B 형태의 3형식 문장을 ask B A 형태의 4형식 문장으로 전환할 수 있다. *cf.* The college students asked the chemist countless questions.

6 Betty bought a book / and found a few pages
   S   V₁   O₁   V₂   O₂
missing / [when she got home].
OC₂   └→ 부사절(시간)
Betty는 책을 한 권 샀는데, 집에 왔을 때 몇 페이지가 없는 것을 발견
했다.

- 두 개의 동사구가 등위접속사 and에 의해 병렬로 연결된 구조이다.
- 첫 번째 절은 동사 bought가 목적어로 명사 a book을 취하는 3형식, 두 번째 절은 동사 found가 목적어로 a few pages, 목적격보어로 형용사 missing을 취하는 5형식이다.

D

[1-2]

❶ [When people think about the development of
   └→ 부사절(시간)
cities], / they often do not consider / vertical
              S   V   O
transportation important.
                     OC

❷ In fact, / each day, / more than 7 billion elevator
     M   M   S
journeys are taken / in tall buildings all over the
         V   M   M
world.

- 한정사 each 뒤에는 항상 단수 명사가 온다.
- 엘리베이터 왕복이 '이루어지는' 것이므로 수동태 are taken이 쓰였다.

❸ Efficient vertical transportation can give us / the
                  S   V   IO
ability (to build taller and taller skyscrapers).
DO
- to 이하는 앞의 명사 the ability를 수식하는 형용사적 용법의 to부정사구이다.

❶ 사람들이 도시의 발전에 관해 생각할 때, 그들은 흔히 수직 운송이 중요하다고 생각하지 않는다.
❷ 사실상, 매일 70억 회가 넘는 엘리베이터 왕복이 전 세계적으로 높은 건물들에서 이루어진다.
❸ 효율적인 수직 운송은 우리에게 점점 더 높은 초고층 빌딩을 짓는 능력을 줄 수 있다.

정답 풀이 •

1 정답 important, us
→ 첫 번째 문장에서 동사 consider의 목적격보어로 형용사 important가 쓰였다. 세 번째 문장에서 수여동사 give의 간접목적어로 us가 쓰였다.

2 정답 vertical transportation
→ 엘리베이터로 건물을 위아래로 오가는 것을 의미하는 수직 운송으로 인해 도시의 높은 건물을 짓는 것이 가능해진다는 내용의 글이므로, 글의 주제는 '고층 건물의 건설에 있어서 <u>수직 운송의 중요성</u>'이다.

[3-4]

❶ There comes a time / [when you should raise
        V   S
prices / for your products or services].

- 부사 There가 문장 맨 앞에 와서 주어 a time과 동사 comes가 도치된 구조이다.
- 주어 a time을 관계부사 when이 이끄는 절이 뒤에서 수식하고 있다.

❷ Inflation is often inevitable.
     S   V   SC

❸ And you want to stay in business.
          S   V   O
- 동사 want의 목적어로 to부정사구 to stay in business가 쓰였다. 동사 want는 to부정사를 목적어로 취한다.

❹ Therefore, / you'll likely need to increase your
     M   S   └─V─┘   O
prices.
- 동사 need의 목적어로 to부정사구 to increase your prices가 쓰였다. 동사 need는 to부정사를 목적어로 취한다.

❺ However, / increasing the prices of your products
     M   S
or services / isn't simple.
                V   SC
- 동명사구(increasing ~ or services)가 문장의 주어로 쓰이면 단수 취급하므로 뒤에 단수 동사 is가 왔다.

❻ You cannot just change the price tag / and call
     S   조동사   Ⓥ₁   Ⓥ₂
it a day.
- change와 call이 등위접속사 and로 병렬 연결되어 둘 다 조동사 cannot에 걸린다.

❶ 여러분이 여러분의 상품이나 서비스의 가격을 올려야 할 때가 온다.
❷ 인플레이션은 종종 피할 수 없다.
❸ 그리고 여러분은 계속 사업하기를 원한다.
❹ 따라서, 여러분은 아마 가격을 인상할 필요가 있을 것이다.
❺ 하지만, 여러분의 상품이나 서비스의 가격을 인상하는 것은 단순하지 않다.
❻ 여러분은 그저 가격표를 바꾸고 일이 마무리된 것으로 칠 수 없다.

정답 풀이 •

3 정답 raise
→ prices for your products or services가 목적어에 해당하므로 '올리다'라는 의미를 나타내는 완전타동사 raise가 어법상 알맞다.

4 정답 가격 인상
→ 인플레이션이 발생할 때 계속 사업하기를 희망한다면 상품이나 서비스의 가격을 올리는 것이 필요하지만, 그것이 그저 가격표를 바꾸는 것처럼 단순한 일은 아니라는 내용이므로, 빈칸에는 '가격 인상'이 들어가는 것이 알맞다.

CHAPTER 03 시제/태

UNIT 11 단순 시제
p.28

1 The new product will arrive / on supermarket shelves / tomorrow.

그 신상품은 내일 슈퍼마켓의 상품 진열대에 도착할 것이다.

○ 미래시제의 동사 will arrive가 미래를 나타내는 부사 tomorrow와 함께 쓰였다.

2 Gravity affects all objects (on Earth) / by pulling them towards the center.
  S   V   O   M

중력은 지구상의 모든 물체를 중심으로 잡아당김으로써 그것들에 영향을 미친다.

○ 중력의 작용은 과학적 사실이므로 현재시제 affects로 쓰였다. 이처럼 불변의 진리나 과학적 사실은 어떤 문맥에서 기술되더라도 항상 현재시제로 쓰는데, 이를 시제 일치의 예외라고 한다.

3 She became the first female flight attendant in the U.S. / in 1930.

그녀는 1930년에 미국에서 최초의 여성 기내 승무원이 되었다.

○ 과거시제의 동사 became이 과거를 나타내는 부사구 in 1930와 함께 쓰였다.

4 I'm going to rent a bike / and ride along the lakeside / at the park.
  S   조동사   V₁   O₁   V₂   M₂
                                    M₂

나는 자전거를 빌려서 공원의 호숫가를 따라 자전거를 탈 것이다.

○ rent와 ride가 등위접속사 and로 병렬 연결되어 둘 다 am going to에 걸린다.

5 He starts his new job / at the software company / on Monday.

그는 월요일에 소프트웨어 회사에서 새로운 일을 시작한다.

○ 가까운 미래에 확정된 일정을 나타내므로 현재시제 starts로 쓰였다.

6 In a study, / researchers asked / pairs of participants to chat in a room.
                    S   V   O
                                         OC

한 연구에서, 연구원들은 짝을 이룬 참가자들에게 방에서 이야기를 나누라고 요청했다.

○ 동사 ask는 목적격보어로 to부정사(to chat)를 취한다.

UNIT 12 진행형
p.29

1 The orchestra is holding a concert / next month.

그 오케스트라는 다음 달에 연주회를 열 예정이다.

○ 현재진행형 is holding이 가까운 미래에 예정된 일을 나타내고 있다.

2 He was drawing on a used napkin / [as he sipped coffee].
  S   V   M   부사절(시간)

그는 커피를 조금씩 마시면서 사용한 냅킨에 그림을 그리고 있었다.

3 "Ladies and gentlemen, / we are approaching Honolulu International Airport."

"신사 숙녀 여러분, 우리는 호놀룰루 국제공항에 접근하고 있습니다."

4 Next year, / we will be undergoing several changes.

내년에 우리는 몇 가지의 변화를 겪고 있을 것이다.

○ 미래진행형의 동사 will be undergoing이 미래를 나타내는 부사구 Next year와 함께 쓰였다.

5 정답 • ✕, resemble

The leaves of that plant resemble an animal's foot.
  S   V   O

저 식물의 잎은 동물의 발을 닮았다.

→ resemble은 지속적인 상태를 나타내는 동사로서 진행형으로 쓸 수 없으므로 단순 현재시제 resemble로 고쳐 써야 한다.

UNIT 13 현재완료
p.30

1 We have seen advances in elevators / over the past 20 years.

우리는 지난 20년에 걸쳐 엘리베이터의 발전을 보아 왔다.

○ have seen은 '계속'을 나타내는 현재완료시제로, 기간을 나타내는 부사구 over the past 20 years와 함께 쓰였다.

2 Paper use in the United States / has nearly doubled recently.
        S   V

미국에서의 종이 사용은 최근에 거의 두 배가 되었다.

○ has doubled는 '완료'를 나타내는 현재완료시제로, 부사 recently와 함께 쓰였다.

3 I've been to this park several times, // but it still looks unfamiliar to me.
  S₁ V₁   S₂
                                                  V₂

나는 이 공원에 여러 번 와 봤지만, 이곳은 여전히 내게 낯설게 보인다.

○ 두 개의 문장이 등위접속사 but에 의해 병렬로 연결된 구조이다.

- ▶ have been은 '경험'을 나타내는 현재완료시제로, 횟수를 나타내는 부사구 several times와 함께 쓰였다.

4 Many cities have experienced epidemics in the past /
  <u>S</u>   <u>V₁</u>   <u>O₁</u>
and have survived.
    <u>V₂</u>

많은 도시들이 과거에 전염병을 경험했고 살아남았다.

- ▶ 두 개의 동사구가 등위접속사 and에 의해 병렬로 연결된 구조이다.
- ▶ have experienced는 '경험'을, have survived는 '결과'를 나타내는 현재완료시제이다.

5 정답 • earned

He earned an A+ in physics / last semester.

그는 지난 학기에 물리학에서 A+를 받았다.

→ 과거 시점을 나타내는 부사구 last semester로 보아 과거시제의 동사 earned가 오는 것이 어법상 알맞다.

UNIT 14 과거완료 p.31

1 He had studied French for years / [before he moved
                                        └ 부사절(시간)
to Paris].

그는 파리로 이사하기 전에 프랑스어를 몇 년 동안 공부했다.

- ▶ had studied는 과거의 기준 시점(moved) 전에 동작이 '계속'된 것을 나타내는 과거완료시제이다.

2 [After the concert had ended], / the fans started to
    └ 부사절(시간)   <u>S</u>   <u>V</u>
leave the venue.
      <u>O</u>

콘서트가 끝난 후, 팬들은 공연장을 떠나기 시작했다.

- ▶ 부사절이 시간상 더 앞서 있으므로 과거완료시제 had ended로 쓰였다.

3 We had visited the museum / [before it closed for
                                └ 부사절(시간)
renovations].

우리는 박물관이 보수를 위해 문을 닫기 전에 그곳을 방문했다.

- ▶ 주절이 시간상 더 앞서 있으므로 과거완료시제 had visited로 쓰였다.

4 By the end of the day, / the lawyer had reviewed all
the documents.

그날까지 변호사는 모든 서류를 검토했다.

- ▶ had reviewed는 과거의 기준 시점(By the end of the day)까지 동작이 '완료'된 것을 나타내는 과거완료시제이다.

5 Jennifer had lost all the data / right before the big
presentation.

Jennifer는 중요한 발표 직전에 모든 자료를 잃어버렸다.

- ▶ had lost는 과거의 기준 시점(right before the big presentation)까지 동작이 '완료'된 것을 나타내는 과거완료시제이다.

6 J.J. Thomson had discovered the electron, // and
        <u>S₁</u>   <u>V₁</u>
this led to advancements in chemistry.
<u>S₂</u> <u>V₂</u>

J.J. Thomson은 전자를 발견했고, 이것이 화학의 발전으로 이어졌다.

- ▶ 두 개의 문장이 등위접속사 and에 의해 병렬로 연결된 구조이다.
- ▶ and 앞의 문장이 시간상 더 앞서 있으므로 과거완료시제 had discovered로 쓰였다.

UNIT 15 시제·조동사와 결합된 수동태 p.32

1 Various substances can be detected by dogs.

다양한 물질이 개에 의해 탐지될 수 있다.

2 Tall Christmas trees were being decorated / in the
hotel lobby.

호텔 로비에 키 큰 크리스마스 트리가 장식되고 있었다.

3 Greenhouse gases are being emitted / into the
atmosphere / at alarming rates.

온실가스가 놀라운 속도로 대기 중에 배출되고 있다.

- ▶ 속도는 놀라운 감정을 일으키는 주체이므로 동사 alarm의 현재분사형 alarming이 쓰였다.
- ▶ 어미가 -mit로 끝나는 모든 동사의 과거분사는 -mitted의 형태이다. 참고로 명사는 -mission의 형태가 된다. *ex.* permit → (p.p.) permitted, (n) permission

4 My scholarly work has been deeply influenced by
Rosalie Fink's.

나의 학문적 연구는 Rosalie Fink의 학문적 연구에 깊이 영향을 받아왔다.

- ▶ 수동태의 완료형이 쓰인 문장에서 부사는 have와 been 사이나 been과 과거분사 사이에 들어갈 수 있다.

5 정답 • had been delivered

My order had been delivered, // but I wasn't home.
  <u>S</u>   <u>V₁</u>   <u>S₂</u> <u>V₂</u>

내가 주문한 물품이 배송되었지만 나는 집에 없었다.

→ 주문품이 '배달된' 것이므로 수동태의 완료형 had been delivered가 어법상 알맞다.

- ▶ 두 개의 문장이 등위접속사 but에 의해 병렬로 연결된 구조이다.

UNIT 16 4형식의 수동태
p.33

1 New homes were found for the animals by the shelter.
  S   V   for+O

보호소에 의해 그 동물들을 위한 새로운 집이 마련되었다.
  ▶ 직접목적어를 주어로 하는 수동태 문장으로, 동사 find가 쓰였으므로 간접목적어 앞에 전치사 for가 왔다.

2 The soccer team was told the game plan by the
  S   V   O
coach.

축구팀은 코치로부터 경기 계획을 들었다.
  ▶ 간접목적어를 주어로 하는 수동태 문장이다.

3 The king was brought the letter (from the general) by
  S   V   O
the messenger.

그 왕은 전령에게서 장군이 보낸 편지를 전달받았다.
  ▶ 간접목적어를 주어로 하는 수동태 문장이다.

4 Tools were lent to the volunteer team by the community
  S   V   to+O
center.

주민센터에 의해 그 자원봉사자 팀에게 도구가 대여되었다.
  ▶ 직접목적어를 주어로 하는 수동태 문장으로, 동사 lend가 쓰였으므로 간접목적어 앞에 전치사 to가 왔다.

5 정답 • ✕, A lot of dog toys were bought for my new
puppies.

A lot of dog toys were bought for my new puppies.
  S   V   for+O
나의 새로운 강아지들을 위해 많은 강아지 장난감이 구입되었다.
  → 수여동사 buy가 사용된 4형식 문장을 수동태로 바꿀 때 직접목적어만 주어로 삼을 수 있다. 따라서 직접목적어 a lot of dog toys를 주어 자리에 쓰고, 간접목적어 my new puppies 앞에는 전치사 for를 쓴 문장으로 고쳐 써야 한다.

UNIT 17 5형식의 수동태
p.34

1 The stamp producer was told to add more glue.
  S   V   C
그 우표 제작자는 더 많은 접착제를 추가하라는 말을 들었다.
  ▶ 「tell+O+OC(to-v구)」의 5형식 문장을 수동태로 바꾼 문장이다.

2 The painting was left drying in the sun by the painter.
  S   V   C
그 그림은 화가에 의해 햇빛에 건조된 채로 방치되었다.
  ▶ 「leave+O+OC(v-ing구)」의 5형식 문장을 수동태로 바꾼 문장이다.

3 The new design is considered worse than the previous
  S   V   C
one.

새로운 디자인은 이전 디자인보다 더 좋지 않은 것으로 여겨진다.
  ▶ 「consider+O+OC(형용사구)」의 5형식 문장을 수동태로 바꾼 문장이다.

4 The bright flowers are called sunflowers / [because
  S   V   C   └→ 부사절(이유)
they face the sun].

그 밝은 꽃들은 태양을 향해 있기 때문에 해바라기라고 불린다.
  ▶ 「call+O+OC(명사)」의 5형식 문장을 수동태로 바꾼 문장이다.

5 The patient was kept monitored closely by the
  S   V   C
medical staff.

그 환자는 의료진에 의해 계속해서 면밀히 관찰되었다.
  ▶ 「keep+O+OC(p.p.구)」의 5형식 문장을 수동태로 바꾼 문장이다.

6 The information has been made available in several
  S   V   C
languages.

그 정보는 몇 개의 언어로 이용 가능하게 되었다.
  ▶ 「make+O+OC(형용사구)」의 5형식 문장을 수동태로 바꾼 문장이다.

7 In every country, / citizens are required by law / to
  S   V
behave in a certain way.
  C
모든 나라에서 시민들은 법에 따라 특정 방식으로 행동할 것을 요구받는다.
  ▶ 「require+O+OC(to-v구)」의 5형식 문장을 수동태로 바꾼 문장이다.

UNIT 18 주의해야 할 수동태
p.35

1 The floor of the gym was covered with rubber mats.

체육관 바닥은 고무 매트로 덮여 있었다.

2 During sleep, / vital tasks are carried out in your brain.

수면 중에 당신의 뇌에서는 매우 중요한 과업이 수행된다.

3 The scientist was well known for his cell research.

그 과학자는 그의 세포 연구로 상당히 유명했다.

4 Basic services (such as education) should be taken
  S   V
care of by the government.

교육과 같은 기본적인 서비스는 정부가 책임져야 한다.

5 정답 • with

She is satisfied with the performance of her new car.

그녀는 자신의 새로운 차의 성능에 만족한다.

→ be satisfied with: ~에 만족하다

 CHAPTER TEST p.36

A

1 The journey of a thousand miles / begins with a single
<u>S</u>　　　　　　　　　　　　<u>V</u>
step.

천 마일의 여정은 한 걸음으로 시작된다.

▶ 속담 또는 일반적인 진리에 해당하는 내용이므로 현재시제 begins로
쓰였다.

2 She is finishing her assignment / before the deadline
tomorrow.

그녀는 내일 마감 시간 전에 과제를 마칠 것이다.

▶ 현재진행형 is finishing이 가까운 미래에 예정된 일을 나타내고
있다.

3 Several days after the incident, / the family sat around
　　　　　　　　　　　　　　　　　<u>S</u>　　　<u>V</u>
the kitchen table.

그 일이 일어나고 며칠 후, 가족들은 부엌 식탁에 둘러앉았다.

▶ 과거시제의 동사 sat이 과거의 동작을 나타내고 있다.

4 November is known as American Diabetes Month /
across the country.

11월은 전국적으로 미국 당뇨병의 달로 알려져 있다.

5 Hydropower dams have been identified / as sources
of greenhouse emissions.

수력 발전 댐은 온실가스 배출의 근원지로 확인되었다.

▶ 댐이 '확인된' 것이므로 수동태 have been identified가 쓰였다.

6 He was scared of tornadoes / [because a tornado
　　　　　　　　　　　　　　　　└ 부사절(이유)
had destroyed his fence before].

그는 토네이도를 두려워했는데, 왜냐하면 이전에 토네이도가 그의 울타
리를 파괴했기 때문이었다.

▶ 부사절이 시간상 더 앞서 있으므로 과거완료시제 had destroyed
로 쓰였다.

B

1 정답 • reflects

The Moon reflects light from the sun.

달은 해의 빛을 반사한다.

→ 과학적 사실에 해당하는 내용이므로 현재시제의 동사 reclects가 어
법상 알맞다.

2 정답 • to

Breakfast is offered to guests / by the hotel every
<u>S</u>　　　<u>V</u>　　<u>to+O</u>
morning.

매일 아침 호텔에서 투숙객에게 조식이 제공된다.

→ 직접목적어를 주어로 하는 수동태 문장으로, 동사 offer가 쓰였으므
로 간접목적어 앞에 올 전치사로 to가 어법상 알맞다.

3 정답 • grew

In 2023, / the world economy grew at a slower pace /
than in 2022.

2023년에 세계 경제는 2022년보다 더 느린 속도로 성장했다.

→ In 2023라는 과거의 특정 시점을 나타내는 부사구가 있으므로 과거
시제의 동사 grew가 어법상 알맞다.

▶ 비교급+than: …보다 더 ~한/하게

▶ 접속사 than 뒤에 it did가 생략되어 있다.

4 정답 • was made

The contract was made official / [after both parties
<u>S</u>　　　<u>V</u>　　<u>C</u>　　　└ 부사절(시간)
signed it].

계약은 양 당사자 모두 서명한 후에 공식화되었다.

→ 계약은 공식화된 대상이므로 수동태 was made가 어법상 알맞다.

▶ 부사절이 시간상 더 앞서 있지만, 시간의 접속사 after를 통해 주절
과 부사절이 나타내는 일의 발생 순서를 분명히 알 수 있으므로 부사
절은 과거완료 대신에 과거시제로 표현되었다.

5 정답 • make

[If you make your bed tomorrow morning], / you will
└ 부사절(조건)　　　　　　　　　　　　　　<u>S</u>　　<u>V</u>
feel a sense of accomplishment.

여러분이 내일 아침에 잠자리를 정돈하면 성취감을 느낄 것이다.

→ If가 이끄는 조건의 부사절이므로, 미래의 일을 현재시제로 나타내야
한다. 따라서 현재시제의 동사 make가 어법상 알맞다.

6 정답 • had departed

[Though we rushed to the station], / the train had
└ 부사절(양보)　　　　　　　　　　　　　<u>S</u>　　<u>V</u>
departed a few minutes earlier.

우리는 역으로 서둘러 갔지만, 기차는 몇 분 일찍 출발한 후였다.

→ 기차가 출발한 것은 우리가 역에 도착한 일보다 더 먼저 일어난 일이
므로 과거완료시제의 동사 had departed가 어법상 알맞다.

C

1 Andrew **was elected president of his class** / last year.

　　　S　　V　　　　　C

Andrew는 작년에 그의 학급의 반장으로 선출되었다.

　○ 「elect+O+OC(명사구)」의 5형식 문장을 수동태로 바꾼 문장이다.

2 Our two million-year history **has been filled with** challenges.

우리의 200만 년의 역사는 도전으로 가득했다.

　○ 수동태 be filled 뒤에 전치사 by 대신 with가 온다는 점, 수동태의 완료형은 「have[has]/had been p.p.」의 형태가 된다는 점에 유의한다.

3 The data from the experiment **is being analyzed** by researchers.

　　　　　　　　S　　　　　　　　V

그 실험의 데이터는 연구자들에 의해 분석되고 있다.

4 She **has been brought up** by her grandparents.

그녀는 그녀의 조부모님에 의해 길러졌다.

5 Repeated ads **are sent to customers** by marketers.

　　S　　　　V　　to+O

반복되는 광고는 마케팅 담당자들에 의해 고객들에게 전송된다.

　○ 직접목적어를 주어로 하는 수동태 문장으로, 동사 send가 쓰였으므로 간접목적어 앞에 전치사 to가 왔다.

6 My mom **had not got me** a phone, // `and` my present

　　S₁　　V₁　　　　　　　　　　S₂
was instead just a little book.

　V₂

우리 엄마는 내게 휴대폰을 사 주지 않았고, 대신에 내 선물은 겨우 작은 책일 뿐이었다.

　○ 두 개의 문장이 등위접속사 and에 의해 병렬로 연결된 구조이다.

　○ and 앞의 문장은 수여동사 get이 쓰인 4형식 문장이다.

D

[1-2]

❶ The Mediterranean is not a single body of water, /

　　S　　　　　V　　　　SC
like one of the Great Lakes.

　○ like는 '~처럼'이라는 뜻의 전치사로 쓰였다.

　○ 이 글은 일반적인 사실에 관한 내용이므로 모든 문장이 현재시제로 쓰였다.

❷ A land bridge extends almost across this great

　　S　　　　V₁
sea / `and` divides it into two parts, / an eastern

　　　　V₂　　O₂(this great sea)
and a western basin.

　○ 두 개의 동사구가 등위접속사 and에 의해 병렬로 연결된 구조이다.

❸ There are no accepted geographical names / (for

　　V₁　　S₁
these two basins), // `but` they may be called the

　　　　　　　　　　　S₂　　　V₂
eastern and the western Mediterranean worlds.

　　　　　　　C₂

　○ 두 개의 문장이 등위접속사 but에 의해 병렬로 연결된 구조이다.

❶ 지중해는 5대호의 하나처럼 단일 수역이 아니다.

❷ 육교가 이 거대한 바다를 거의 가로질러 걸쳐져 있고, 그곳을 두 부분, 즉 동쪽 해역과 서쪽 해역으로 나눈다.

❸ 이 두 해역에 붙여진 일반적으로 인정된 지리적 명칭은 없지만, 그곳들은 동부 지중해 세계와 서부 지중해 세계로 불릴 수 있을 것이다.

정답 풀이 •

1 정답　may be called

　→ 대명사 they는 these two basins를 가리키는데, 그곳들이 동부 지중해 세계와 서부 지중해 세계로 '불리는' 것이므로 조동사 may와 결합된 수동태 may be called의 형태로 써야 한다.

2 정답　육교가 지중해를 거의 가로질러 걸쳐져 있어서 그곳을 두 부분으로 나누므로

　→ A land bridge extends almost across this great sea and divides it into two parts의 내용을 토대로 정답을 구성한다.

[3-4]

❶ A software company had a great way / of

　　S　　　　　　V　　　O
recognizing sales success.

　○ of 이하는 a great way에 관한 구체적인 설명으로서 a great way와 동격을 이룬다.

　○ 전치사 of의 목적어로 동명사구(recognizing sales success)가 쓰였다.

　○ 이 글은 과거의 일에 관한 내용이므로 모든 문장이 과거시제로 쓰였다.

❷ The sales director kept an air horn / `and` would

　　S　　　　V₁　　O₁　　　　　V₂
come out and blow it / [every time a salesperson

　　　　　　　　O₂　└ 부사절(시간)
settled a deal].

　○ 두 개의 동사구가 등위접속사 and에 의해 병렬로 연결된 구조이다.

　○ every time+S'+V': S'가 V'할 때마다

❸ The loud noise forced everyone (in the office) to

　　S　　　　V　　　O
stop their work.

　OC

　○ force+O+to-v: O가 ~할 수밖에 없도록 하다

❹ However, / it had an amazingly positive impact
               S V   O
on everyone.

❺ Sometimes rewarding success can be as easy
                     S   V   SC
as this.

   ▶ rewarding success는 주어로 쓰인 동명사구이다.

   ▶ as+원급+as: …만큼 ~한/하게

❶ 한 소프트웨어 회사는 판매 성공을 인정해 주는 아주 좋은 방법을 갖고 있었다.

❷ 영업부 이사는 에어 혼을 가지고 있었고 판매원이 거래를 성사할 때마다 밖에 나와 그것을 불곤 했다.

❸ 그 커다란 소음은 사무실의 모든 사람이 업무를 중단할 수밖에 없도록 만들었다.

❹ 하지만 그것은 놀랍게도 모두에게 긍정적인 영향을 주었다.

❺ 때때로 성공을 보상하기란 이만큼이나 쉬울 수 있다.

정답 풀이 •

3 정답 Everyone in the office was forced to stop their work
     by the loud noise.

   → 밑줄 친 문장은 「force+O+OC(to-v구)」의 5형식 문장이다. 이를 목적어 everyone in the office를 주어로 하고, 동사를 be p.p. 형태로 바꿔 쓴 수동태 문장으로 전환한다. 이때 원래의 목적격보어인 to부정사구는 동사 뒤에 쓴다. 주어 The loud noise는 전치사 by 뒤에 써서 행위자를 나타내도록 한다.

4 정답 ②

   → 판매원이 거래를 성사하는 업무 성과를 이룰 때마다 영업부 이사가 에어 혼을 불어 그 성과를 인정해 주었다는 내용이므로, 글의 제목은 '단순한 보상의 힘'이다.
     ① 속임수   ③ 몸짓

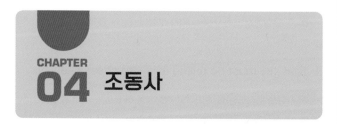

CHAPTER
04 조동사

UNIT **19** can / may   p.40

1 You can bring your dog / to this pet-friendly hotel!

여러분은 이 반려동물 친화적인 호텔에 반려견을 데려올 수 있습니다!

   ▶ 이 문장에서 조동사 can은 허가의 의미로 쓰였다.

2 Your body may not completely absorb the majority
      S   V
of supplements.

여러분의 신체는 대다수의 보충제를 완전히 흡수하지 못할 수도 있다.

   ▶ 이 문장에서 조동사 may는 가능성·추측의 의미로 쓰였다.

3 Once inside, / you may take off your shoes / and
              S 조동사   Ⓥ1   O1
make yourself at home.
 Ⓥ2   O2
일단 안에 들어가시면 신발을 벗고 편하게 계셔도 됩니다.

   ▶ 이 문장에서 조동사 may는 허가의 의미로 쓰였다.

   ▶ take off와 make가 등위접속사 and로 병렬 연결되어 둘 다 조동사 may에 걸린다.

4 Excuse me, // but could you please lower your voice
        V1 O1   S2   V2   O2
a bit?

실례지만 목소리를 조금 낮춰 주시겠어요?

   ▶ 이 문장에서 조동사 could는 요청의 의미로 쓰였다.

5 정답 • would

She thought / [that most of the class would draw
 S   V   O
Thanksgiving tables].

그녀는 학급 대부분이 추수감사절 식탁을 그릴 것이라고 생각했다.

   → 주절의 동사가 과거시제(thought)이므로, 접속사 that이 이끄는 종속절의 조동사로 과거형 would가 오는 것이 어법상 알맞다.

   ▶ 동사 thought의 목적어로 접속사 that이 이끄는 명사절이 쓰였다.

UNIT **20** must / should   p.41

1 "You must be an angel!" cried Amy.

"당신은 천사가 틀림없군요!"라고 Amy가 큰 소리로 말했다.

   ▶ 이 문장에서 조동사 must는 강한 추측의 의미로 쓰였다.

2 Chemists have to write chemical equations / all the
time.

화학자들은 늘 화학 방정식을 써야 한다.

3 Patients must not consume food or drinks / before
their surgery.

환자는 수술 전에 음식이나 음료를 먹어서는 안 된다.

   ▶ 이 문장에서 조동사 must는 부정어 not과 함께 쓰여 강한 금지를 나타낸다.

4 We don't have to wait in line / [because we made
                          → 부사절(이유)
reservations].

우리는 예약을 했기 때문에 줄을 서서 기다릴 필요가 없다.

5 Every parent ought to be a positive role model / for their children.

모든 부모는 자녀를 위한 긍정적인 역할 모델이 되어야 한다.

▶ 이 문장에서 ought to는 의무의 의미로 쓰였다.

UNIT 21 used to / had better   p.42

1 She used to indulge in sweets / after a long day.

그녀는 긴 하루를 보낸 후에 단것을 마음껏 먹곤 했다.

2 You had better slow down / and drive more carefully.
   S   조동사   Ⓥ1   Ⓥ2
당신은 속도를 늦추고 더 조심히 운전하는 게 좋습니다.

▶ slow down과 drive가 등위접속사 and로 병렬 연결되어 둘 다 조동사 had better에 걸린다.

3 The old man would sit / on the roof of his house / every morning.

그 노인은 매일 아침 그의 집 지붕에 앉아 있곤 했다.

4 You had better not share your passwords / with anyone / for security reasons.

여러분은 보안상의 이유로 자신의 비밀번호를 누구와도 공유하지 않는 것이 좋다.

5 정답 • are used

Subtitles are used / (to translate the dialogue for the
     S   V   ↳ 부사적 용법(목적)
viewer).

자막은 시청자를 위해 대화를 번역하는 데 사용된다.

➔ 문맥상 자막의 용도를 기술하는 내용이 되어야 자연스러우므로 '~하는 데 사용되다'라는 의미를 나타내는 「be used to-v」의 형태가 되어야 한다.

UNIT 22 조동사 + have p.p.   p.43

1 Mr. Jones should have saved some money / for retirement.

Jones 씨는 퇴직에 대비해 얼마간의 돈을 모았어야 했다.

2 They might have succeeded / with a little help from the outside.

그들은 외부에서 약간의 도움을 받았다면 성공했을지도 모른다.

3 She cannot have finished reading the entire book / in
    S   V   O
just one hour.

그녀가 단 한 시간 만에 그 책을 전부 다 읽었을 리가 없다.

4 The phone case must have fallen off my lap / and
                   부사구1
onto the floor.
   부사구2

그 휴대폰 케이스는 내 무릎에서 바닥으로 떨어졌음이 틀림없다.

▶ 두 개의 부사구가 등위접속사 and에 의해 병렬로 연결된 구조이다.

5 정답 • have sat

Jack could have sat anywhere else, // but he sat
  S1   V1   S2   V2
next to me.

Jack은 다른 어딘가에 앉을 수도 있었지만 내 옆에 앉았다.

➔ but 앞의 문장은 과거의 일에 대한 추측(~할 수도 있었다)의 의미가 되어야 자연스러우므로 「could have p.p.」의 형태가 되어야 한다.

▶ 두 개의 문장이 등위접속사 but에 의해 병렬로 연결된 구조이다.

CHAPTER TEST   p.44

1 A lack of sleep **may cause** mood problems.
          S   V
수면 부족은 기분 문제를 일으킬 수도 있다.

▶ 이 문장에서 조동사 may는 가능성·추측의 의미로 쓰였다.

2 You **shouldn't touch** a guide dog / without the
    S   V
owner's permission.

여러분은 주인의 허락 없이 안내견을 만져서는 안 됩니다.

▶ 이 문장에서 조동사 should는 부정어 not과 함께 쓰여 금지를 나타낸다.

3 That guy **must be telling** a lie / (to cheat all of us).
      S   V   ↳ 부사적 용법(목적)
저 사람은 우리 모두를 속이려고 거짓말을 하고 있는 것이 틀림없다.

▶ 이 문장에서 조동사 must는 강한 추측의 의미로 쓰였다.

4 **Can** you **go** next door / and **tell** that same story to
  조동사   S   Ⓥ1   Ⓥ2
the man there?

옆집에 가서 그곳에 사는 남자에게 똑같은 이야기를 해 주시겠어요?

▶ 이 문장에서 조동사 Can은 요청의 의미로 쓰였다.

▶ go와 tell이 등위접속사 and로 병렬 연결되어 둘 다 조동사 Can에 걸린다.

5 She **would** always **bring** me a souvenir / from her
    S   V   IO   DO
business trips.

그녀는 항상 출장에서 내게 기념품을 가져다주곤 했다.

▶ 이 문장에서 조동사 would는 과거의 반복된 행동을 나타낸다.

6 The rich man **could have purchased** the mansion /
        S   V
last year.

그 부자는 작년에 대저택을 구매할 수도 있었다.

Ⓑ

1 정답 • may

You may play computer games / [after all your
                                    부사절(시간)
homework is done].

네 모든 숙제가 끝난 후에 너는 컴퓨터 게임을 해도 된다.

➡ 숙제를 마친 후에 할 수 있는 일을 나타내므로 허가를 나타내는 조동
사 may가 오는 것이 문맥상 알맞다.

2 정답 • used

There used to be a big aquarium / in her neighborhood.

그녀의 동네에 커다란 수족관이 있었다.

➡ 지금은 변해버린 과거의 상태를 나타내도록 조동사 used to가 오는
것이 문맥상 알맞다.

▶ 과거의 '상태'를 나타내는 문장이므로 조동사 used to 대신에
would를 쓸 수는 없음에 유의한다.

3 정답 • must not

Children must not play / near the construction site /

for safety reasons.

어린이들은 안전상의 이유로 공사장 근처에서 놀아서는 안 된다.

➡ 안전을 위해 하면 안 되는 일을 나타내므로 금지를 나타내는 조동사
표현 must not이 오는 것이 문맥상 알맞다.

4 정답 • pose

Technological advancements may pose risks / to

everyone / in the future.

기술 발전은 미래에 모든 사람에게 위험을 불러일으킬 수도 있다.

➡ 과거가 아닌 미래의 일을 추측하는 내용이므로 조동사 may 뒤에 동
사원형 pose가 오는 것이 문맥상 알맞다.

5 정답 • could

His mother explained [that he could use the slide /
  S   V   O
instead of a swing].

그의 어머니는 그가 그네 대신에 미끄럼틀을 이용할 수 있다고 설명했다.

➡ 주절의 동사가 과거시제(explained)이므로, 접속사 that이 이끄는
종속절의 조동사가 과거형 could가 오는 것이 어법상 알맞다.

▶ 동사 explained의 목적어로 접속사 that이 이끄는 명사절이 쓰였다.

6 정답 • have taken

We should have taken action / [when the problem
                                     부사절(시간)
first emerged].

우리는 문제가 처음 생겨났을 때 조치를 취했어야 했다.

➡ 과거의 일에 대한 후회·유감을 나타내도록 조동사 should 다음에
have p.p가 오는 것이 문맥상 알맞다.

Ⓒ

1 The hotel **must have stored a record** of my visits.

그 호텔은 나의 방문 기록을 저장했음이 틀림없다.

2 In the future, / AI **may be able to understand** human

emotions.

미래에는 인공지능이 사람의 감정을 이해할 수 있을지도 모른다.

▶ 조동사 may와 can을 연달아 쓸 수 없으므로, can 대신에 be able
to가 사용된 문장이다.

3 You **had better not engage in** gossip (about others).
                             전   O′

여러분은 다른 사람들에 대한 험담에 가담하지 않는 것이 좋다.

4 Applicants **ought not to provide** false information /

on their résumés.

지원자들은 이력서에 허위 정보를 제공해서는 안 된다.

▶ 이 문장에서 ought to는 부정어 not과 함께 쓰여 금지를 나타낸다.

5 They **cannot have arrived at the airport** yet. // Their

flight was delayed.

그들이 벌써 공항에 도착했을 리가 없다. 그들의 항공편은 지연되었다.

6 The researcher **will have to present her findings** / at

the conference.

그 연구원은 학회에서 자신의 연구 결과를 발표해야 할 것이다.

▶ 미래의 의무를 나타낼 때는 will have to로 쓴다. will must로는 쓰
지 않음에 유의한다.

Ⓓ

[1-2]

❶ Once, / a farmer lost his precious watch / [while
                                                   부사절(시간)
working in his barn].

▶ 접속사 while이 이끄는 부사절에서 he was가 생략된 상태이다.

⊕ 부사절과 주절의 주어가 같을 때, 부사절의 「주어+be동사」를 생략할 수 있다.

❷ It might have appeared / to be an ordinary watch /
    S₁   V₁   SC₁

to others in the village, // but it brought a lot of
                          S₂   V₂   O₂

happy childhood memories / to him.

▶ 두 개의 문장이 등위접속사 but에 의해 병렬로 연결된 구조이다.

❸ It was one of the most important things / to him.
  S V   SC

⊕ one of the+최상급+복수 명사: 가장 ~한 (복수 명사) 중 하나

❹ After searching for it for a long time, / the old
                                          S

farmer became exhausted / and gave up all
         V₁   SC₁   V₂   O₂

hope of finding it.

▶ 두 개의 동사구가 등위접속사 and에 의해 병렬로 연결된 구조이다.

▶ and 뒤의 동사구에서 of 이하는 all hope에 관한 구체적인 설명으로서 all hope와 동격을 이룬다.

❶ 어느 날, 한 농부가 헛간에서 일하다가 자신의 귀중한 시계를 잃어버렸다.

❷ 그것은 그 마을의 다른 이들에게는 평범한 시계처럼 보였을지도 모르지만, 그것은 그에게 어린 시절의 많은 행복한 기억을 불러왔다.

❸ 그것은 그에게 가장 중요한 것들 중 하나였다.

❹ 오랜 시간 동안 그것을 찾아 본 뒤에 그 나이 든 농부는 지쳐버렸고, 그것을 찾을 수 있다는 모든 희망을 포기했다.

정답 풀이 •

1 정답 have appeared

→ 과거의 일에 대한 불확실한 추측(~했을지도 모른다)은 「may have p.p.」로 나타낸다.

2 정답 ②

→ 농부는 자신이 귀중히 여기는 시계를 분실하였고, 찾으려고 오랫동안 노력했으나 결국 찾지 못한 채 지쳐버렸으므로, 농부의 심경으로 가장 적절한 것은 ② '침울한'이다.

① 안도하는 ③ 무관심한

[3-4]

❶ The amount of plastic waste in our landfills / has
                                      S   V

collected over time.

▶ 주어의 핵은 단수 명사 amount이므로 이에 동사의 수를 일치시켜 단수 동사 has collected가 왔다.

❷ It makes land space (for waste disposal) very
  S   V   O   OC

limited.

▶ 5형식 동사 makes의 목적격보어로 과거분사 limited가 쓰였다.

❸ Aggressive recycling may be one of the solutions /
                S   V   SC

(for managing our limited resources).

▶ 이 문장에서 조동사 may는 가능성·추측의 의미로 쓰였다.

▶ 전치사 for의 목적어로 동명사구(managing our limited resources)가 쓰였다.

❹ As much as 75% of plastic waste in our landfills /
                                  S

could have and should have been recycled.
   V₁   V₂

⊕ as much as+명사(구): (양·정도 등이) 무려 ~나 되는

❶ 우리의 쓰레기 매립지에 묻힌 플라스틱 쓰레기의 양은 시간이 흐르면서 쌓여 왔다.

❷ 그것은 쓰레기 처리를 위한 토지 공간을 매우 제한적으로 만든다.

❸ 적극적인 재활용이 우리의 제한된 자원을 관리하기 위한 해결책 중 하나일 수 있다.

❹ 우리의 쓰레기 매립지에 묻힌 플라스틱 쓰레기의 무려 75%는 재활용될 수도 있었고, 재활용되었어야 했다.

정답 풀이 •

3 정답 재활용될 수도 있었고, 재활용되었어야 했다

→ been recycled가 could have와 should have 뒤에 공통으로 이어지는 구조로, 각각 '재활용될 수도 있었다', '재활용되었어야 했다'로 해석한다.

4 정답 Recycling

→ 플라스틱 쓰레기가 쓰레기 매립지에 쌓이고 있는데, 적극적인 재활용이 그 문제에 대한 해결책이 될 수 있다는 내용이므로, 글의 제목은 '재활용을 통해 플라스틱 쓰레기를 줄이자'이다.

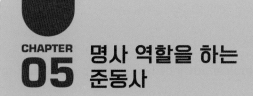

CHAPTER
05
명사 역할을 하는
준동사

UNIT 23 주어로 쓰이는 to부정사와 동명사   p.48

1 To build a bridge requires the labor of many people.
          S   V   O

다리를 짓는 것은 많은 사람들의 노동을 필요로 한다.

▶ to부정사구(To build a bridge)가 문장의 주어로 쓰이면 단수 취급하므로 뒤에 단수 동사 requires가 왔다.

2 <u>Learning new skills</u> <u>opens up</u> <u>various career</u>
　　　S 　　　　 V 　　　　　 O
opportunities.

새로운 기술을 배우는 것은 다양한 직업 기회를 열어 준다.

　⊙ 동명사구(Learning new skills)가 문장의 주어로 쓰이면 단수 취급하므로 뒤에 단수 동사 opens가 왔다.

3 <u>Not to apologize for mistakes</u> / <u>can damage</u>
　　　　　　　　　　S 　　　　　　　 V
<u>relationships.</u>
　　O

잘못에 대해 사과하지 않는 것은 관계를 손상시킬 수 있다.

　⊙ to부정사의 부정형: not[never] to-v

4 <u>Not taking risks</u> <u>is</u> <u>the riskiest approach</u> / in business.
　　　　S 　　　　 V 　　　　　 SC

위험을 감수하지 않는 것이 비즈니스에서 가장 위험한 접근법이다.

　⊙ 동명사의 부정형: not[never] v-ing

5 <u>To establish trust in relationships</u> / <u>involves</u> <u>open</u>
　　　　　　　　　 S 　　　　　　　 V 　　　 O
<u>communication.</u>

관계에서 신뢰를 구축하는 것은 개방적인 커뮤니케이션을 필요로 한다.

6 <u>Overcoming your instinct against uncomfortable</u>
　　　　　　　　　　　 S
<u>things</u> / <u>is</u> <u>essential.</u>
　　V 　　 SC

불편한 것들을 피하려는 여러분의 본능을 극복하는 것이 필수적이다.

7 정답 • promotes

To share ideas freely <u>promotes</u> <u>harmony</u> / on a team.
　　　　　S 　　　　 V 　　　　 O

자유롭게 아이디어를 공유하는 것은 팀에서 화합을 촉진한다.

　→ to부정사구가 문장의 주어이므로 단수 동사 promotes가 어법상 알맞다.

　● 준동사가 문장의 주어일 때 단수 동사를 써야 하는 이유는 준동사가 '~하는 것, ~하기'와 같이 셀 수 없는 개념을 나타내기 때문이다.

 **UNIT 24** 목적어로 쓰이는 to부정사와
동명사 I
　　　　　　　　　　　　　　　 p.49

1 <u>Tourists</u> <u>can enjoy</u> <u>riding horse-drawn carriages.</u>
　　S 　　　 V 　　　　　　 O

관광객들은 말이 끄는 마차를 타는 것을 즐길 수 있다.

　⊙ 동사 enjoy는 동명사(riding)를 목적어로 취한다.

2 <u>The king</u> <u>promised</u> <u>not to control the church's</u>
　　　S 　　　 V 　　　　 O
<u>operations.</u>

왕은 교회의 운영을 통제하지 않기로 약속했다.

　⊙ 동사 promise는 to부정사(to control)를 목적어로 취한다.

3 <u>Good coaches</u> <u>plan</u> <u>to teach those lessons</u>
　　　S 　　　 V 　　　 O
<u>systematically.</u>

훌륭한 코치는 그러한 교훈들을 체계적으로 가르치기로 계획한다.

　⊙ 동사 plan은 to부정사(to teach)를 목적어로 취한다.

4 <u>Being overweight</u> <u>may result</u> <u>from</u> <u>not eating healthy</u>
　　　　S 　　　　 V 　　 전 　　　 O'
<u>food.</u>

과체중은 건강에 좋은 음식을 먹지 않은 것에서 기인할 수 있다.

　⊙ Being overweight는 주어로 쓰인 동명사구이다.

　⊙ 부정어 not를 수반한 동명사구 eating healthy food가 전치사 from의 목적어 역할을 하고 있다.

5 정답 • respecting

As social animals, / <u>we</u> <u>practice</u> <u>respecting each</u>
　　　　　　　　 S 　 V 　　　 O
<u>other's opinions.</u>

사회적 동물로서, 우리는 서로의 의견을 존중하는 것을 연습한다.

　→ 동사 practice는 동명사를 목적어로 취하므로 동명사 respecting이 어법상 알맞다.

 **UNIT 25** 목적어로 쓰이는 to부정사와
동명사 II
　　　　　　　　　　　　　　　 p.50

1 <u>You</u> <u>should not forget</u> <u>to reserve your room</u> / in
　 S 　　　　 V 　　　　　 O
advance.

여러분은 미리 여러분의 객실을 예약할 것을 잊지 말아야 한다.

2 <u>He</u> <u>forgot</u> <u>buying the shirt,</u> // so <u>he</u> <u>bought</u> <u>another</u>
　 S₁ V₁ 　　 O₁ 　　　 S₂ V₂ 　 O₂
of the same shirt.

그는 그 셔츠를 산 것을 잊어버려서 같은 셔츠를 하나 더 샀다.

　⊙ 두 개의 문장이 등위접속사 so에 의해 병렬로 연결된 구조이다.

3 <u>They</u> <u>tried</u> <u>to reach the mountaintop before</u>
　　S 　 V 　　　　 O
<u>nightfall.</u>

그들은 해질녘이 되기 전에 산 정상에 도착하려고 노력했다.

　⊙ reach는 전치사 없이 목적어를 바로 취하는 완전타동사이므로, 동사 reach 뒤에 to와 같은 전치사를 쓰지 않도록 유의한다.

4 The traffic is moving slowly. // <u>I'll try</u> <u>taking a different</u>
　　　　　　　　　　　　　 S 　 V 　　　 O
<u>route.</u>

차량들이 천천히 가고 있어요. 저는 다른 길로 가 볼게요.

5 정답 • to take

I always remember to take my reusable bag / [when I
<u>S</u>　　　　V　　　　　　　O　　　　　　　부사절(시간)↵
go shopping].

나는 쇼핑하러 갈 때 재사용할 수 있는 가방을 가져가는 것을 항상 기억
한다.

→ 맥락상 '~할 것을 기억하다'라는 의미가 되어야 자연스러우므로, 동
사 remember의 목적어로 to부정사인 to take가 오는 것이 어법상
알맞다.

UNIT 26 진주어·진목적어로 쓰이는
to부정사　　　　　　　　　p.51

1 In silence, / it was much easier / to hear the sound.
　　　　　　　S(가주어)　　　　　　　　S'(진주어)
고요 속에서는 그 소리를 듣는 것이 훨씬 더 쉬웠다.

> ▶ In silence, to hear the sound was much easier. 형태의 문장
에서 to부정사구를 문장 뒤로 보내고 주어 자리에 it을 써서 위와 같
은 문장이 되었다.

2 I make it a rule / to walk my dog for an hour every
　　S　V　OC　　　　　　　　O'(진목적어)
day.

나는 매일 한 시간씩 강아지를 산책시키는 것을 규칙으로 삼는다.

> ▶ 원래는 I make to walk my dog for an hour every day a rule.
형태의 문장이었으나, 이 경우 목적어인 to walk my dog for an
hour every day와 목적격보어인 a rule 사이의 경계를 파악하기
어렵다. 문장을 구성하는 의미 단위를 구별하기 쉽도록 to부정사구를
문장 뒤로 보내고 목적어 자리에 it을 써서 위와 같은 문장이 되었다.

3 Do you mind my using your laptop / (to check my
　　　S　　　　　　　　　　O　　　　　부사적 용법(목적)
emails)?

내가 내 이메일 확인을 위해 네 노트북 컴퓨터를 사용해도 될까?

> ▶ 동사 mind의 목적어로 동명사(using)가 사용되었고, 동명사 using
의 의미상 주어로 앞에 소유격 my가 쓰였다.

4 [If you get angry], / it is impossible / for you to win
　　부사절(조건)　　　　S(가주어)　　　의미상 주어　S'(진주어)
the argument.

당신이 화가 나면 논쟁에서 이기는 것은 불가능하다.

> ▶ to부정사구가 진주어로 쓰인 문장으로, to부정사의 의미상 주어를
「for+목적격」의 형태로 나타냈다.

5 정답 • of

It was thoughtful / of her to drop by our place.
S(가주어)　　　　　의미상 주어　　　S'(진주어)
그녀가 우리 집에 들르다니 사려 깊었다.

→ to부정사구가 진주어로 쓰인 문장으로, to부정사구 바로 앞의 her는
to부정사의 의미상 주어에 해당한다. 사람의 성격·태도를 나타내는
형용사 thoughtful 뒤에 왔으므로 의미상 주어는 「of+목적격」의
형태가 되어야 한다.

UNIT 27 보어로 쓰이는 to부정사와 동명사　　p.52

1 The best thing in life is / to travel and explore new
　　<u>S</u>　　　　　V　　　　SC
places.

인생에서 가장 좋은 것은 여행하고 새로운 곳들을 탐험하는 것이다.

2 The first step in starting a business / is researching
　　<u>S</u>　　　　　　　　　　V　　SC
the market.

사업을 시작하는 첫 번째 단계는 시장을 조사하는 것이다.

> ▶ 전치사 in의 목적어로 동명사구(starting a business)가 쓰였다.

3 The company's strategy is / not to invest in high-
　　<u>S</u>　　　　V　　SC
risk projects.

그 회사의 전략은 위험성이 큰 프로젝트에 투자하지 않는 것이다.

4 One of the most rewarding experiences / is being a
　　<u>S</u>　　　　　　　　V　SC
volunteer.

가장 보람 있는 경험 중 하나는 자원봉사자가 되는 것이다.

> ▶ 주어가 「One of the+최상급+복수 명사」일 때 동사의 수는 One
에 일치시키므로 단수 동사 is가 쓰였다.

5 His greatest ambition was / to become a prominent
　　<u>S</u>　　　　V　　SC
surgeon.

그의 가장 큰 야망은 저명한 외과의사가 되는 것이었다.

6 The key to happiness is / maintaining a positive
　　<u>S</u>　　　　V　　SC
attitude.

행복의 비결은 긍정적인 태도를 유지하는 것이다.

7 My biggest regret was / not learning a second
　　<u>S</u>　　　V　　SC
language.

나의 가장 큰 후회는 제2외국어를 배우지 않은 것이었다.

UNIT 28 의문사+to부정사　　　　　p.53

1 She could not determine / when to leave for the
　　S　　　　V　　　　　O
airport.

그녀는 언제 공항으로 출발할지를 결정할 수 없었다.

> ▶ 「when to-v」가 동사 determine의 목적어로 쓰였다.

2 To tourists, / the hardest decision will be / where to
　　　　　　　S　　　　　　V　　C
visit first.

관광객들에게, 가장 어려운 결정은 어디를 먼저 방문해야 할지일 것이다.
- ▶ 「where to-v」가 be동사의 주격보어로 쓰였다.

3 Which career to choose / is often decided by
S   V
chance.

어떤 직업을 선택할지는 흔히 우연히 결정된다.
- ▶ 「which+명사+to-v」가 문장의 주어로 쓰였다. 이 문장에서 which 는 바로 뒤의 명사 career를 수식하는 의문형용사이다.
- ▶ 「의문사+to-v」가 문장의 주어로 쓰이면 단수 취급하므로 뒤에 단 수 동사 is가 왔다.
- ▶ 직업 선택이 '결정되는' 것이므로 수동태 is decided가 쓰였다.

4 They discussed / whom to appoint as the new team
S   V   O
leader.

그들은 누구를 새로운 팀 리더로 정할지에 대해 논의했다.
- ▶ 「whom to-v」가 동사 discussed의 목적어로 쓰였다.

5 What to pack for the trip / depends on the destination
S   V   O
and duration.

여행을 위해 무엇을 챙겨야 할지는 목적지와 기간에 따라 달라진다.
- ▶ 「what to-v」가 문장의 주어로 쓰였다.

6 정답 • ○

We are often given advice on how to do our jobs.
S   V   O   전   O′
우리는 흔히 우리의 일을 어떻게 할지에 관한 조언을 받는다.
- → 「의문사+to부정사」는 전치사의 목적어 역할을 할 수 있으므로, 전 치사 on의 목적어 자리에 온 「how to-v」의 쓰임은 어법상 옳다.
- ▶ 우리가 조언을 '받는' 것이므로 수동태 are given이 쓰였다.

CHAPTER TEST   p.54

Ⓐ

1 The average global temperature continues rising /
S   V   O
each year.

평균 지구 기온이 해마다 계속해서 상승하고 있다.
- ▶ 동사 continues의 목적어로 동명사 rising이 쓰였다. 목적어 자리에 동명사 대신 to부정사(to rise)가 올 수 있으며 이때 의미상 변화는 없다.

2 **Not to listen carefully** may lead to misunderstandings.
S   V
주의 깊게 듣지 않으면 오해로 이어질 수 있다.

3 How do you choose / what to wear every day?
M V S V   O

여러분은 매일 무엇을 입을지를 어떻게 선택하는가?
- ▶ 「what to-v」가 동사 choose의 목적어로 쓰였다.

4 The performer's basic task is / understanding the
S   V   C
meaning of the music.

연주자의 기본적인 일은 그 음악의 의미를 이해하는 것이다.

5 **To wake up to the morning light** / is important.
S   V   C
아침 햇살을 받으며 깨어나는 것은 중요하다.
- ▶ to부정사구(To wake up to the morning light)가 문장의 주어로 쓰이면 단수 취급하므로 뒤에 단수 동사 is가 왔다.

6 The guide suggested / bringing extra clothing / for
S   V   O
unexpected weather.

가이드는 예상치 못한 날씨에 대비해 여분의 옷을 가져올 것을 권했다.
- ▶ 동사 suggest는 동명사(bringing)를 목적어로 취한다.

Ⓑ

1 정답 • to bring

Don't forget to bring your passport with you tomorrow.
V   O
내일 여러분의 여권을 가져와야 하는 것을 잊지 마세요.
- → 맥락상 '(내일) ~할 것을 잊지 마라'라는 의미가 되어야 자연스러우 므로, 동사 forget의 목적어로 to부정사인 to bring이 오는 것이 어 법상 알맞다.

2 정답 • to save

He managed to save his valuables / from the fire.
S   V   O
그는 용케도 자신의 귀중품을 화재로부터 구했다.
- → 동사 manage는 to부정사를 목적어로 취하므로 to save가 어법상 알맞다.

3 정답 • supports

Taking notes during class / supports your learning /
S   V   O
in several ways.

수업 중에 필기하는 것은 여러 가지 방식으로 여러분의 학습을 돕는다.
- → 동명사구 Taking notes during class가 문장의 주어이므로 단수 동사 supports가 어법상 알맞다.

4 정답 • of

It was polite / of the child to apologize / after bumping
S(가주어)   의미상 주어   S′(진주어)
into someone.

어떤 사람과 부딪힌 후에 사과하다니 그 아이는 예의 발랐다.
- → to부정사구가 진주어로 쓰인 문장으로, to부정사구 바로 앞의 the child는 to부정사의 의미상 주어에 해당한다. 사람의 성격·태도를 나타내는 형용사 polite 뒤에 왔으므로 의미상 주어는 「of+목적격」

의 형태가 되어야 한다.

○ 전치사 after의 목적어로 동명사구(bumping into someone)가 쓰였다.

5 정답 • blaming

You should stop blaming others / for your mistakes.
<u>S</u>　<u>V</u>　　　　<u>O</u>

당신은 당신의 잘못에 대해 다른 사람들을 탓하는 것을 멈추어야 한다.

→ 맥락상 '탓하는 것을 멈추다'라는 의미가 되어야 자연스러우므로, 동사 stop의 목적어 자리에 동명사 blaming이 오는 것이 어법상 알맞다.

⊕ blame A for B: B에 대해 A를 탓하다

6 정답 • to get

It is easy / to get lost in a big city / without a GPS
<u>S</u>(가주어)　　<u>　　　</u>S'(진주어)
device.

GPS 장치가 없으면 대도시에서 길을 잃기 쉽다.

→ 문맥상 길을 잃는 것은 쉬운 일이라는 내용이 되어야 하므로, 진주어 역할을 할 수 있는 to get이 어법상 알맞다.

ⓒ

1 Don't <u>put off</u> doing important tasks / until the last
　　　　<u>V</u>　　　<u>O</u>
minute.

중요한 일을 하는 것을 마지막 순간까지 미루지 마라.

○ 동사 put off는 동명사(doing)를 목적어로 취한다.

2 I thank you / for <u>your</u> listening to my concerns.
　　　　　　　전　의미상 주어　　　O'

당신이 제 고민을 들어 주셔서 감사합니다.

○ 전치사 for의 목적어로 동명사구(listening to my concerns)가 쓰였다. 소유격 your는 해당 동명사구의 의미상 주어이다.

3 I <u>regret selling my old guitar</u> // and now I can't find
　<u>S₁</u> <u>V₁</u>　　　　<u>O₁</u>　　　　　　<u>S₂</u> <u>V₂</u>
one like it.
<u>O₂</u>

나는 내 오래된 기타를 판 것을 후회하며, 지금은 그것과 같은 기타를 찾을 수 없다.

○ 두 개의 문장이 등위접속사 and에 의해 병렬로 연결된 구조이다.

○ 과거의 일을 후회한다는 내용이므로 동사 regret의 목적어로 동명사 selling이 왔다.

○ one은 앞에 나온 명사 guitar를 대신해서 쓰인 대명사이다.

○ like: 〈전치사〉 ~와 같은, ~처럼

4 It's smarter and better / for you to be open-minded.
<u>S</u>(가주어)　　　　　　의미상 주어　　<u>S'</u>(진주어)

여러분이 열린 마음이 되는 것이 더 현명하고 더 좋다.

○ 가주어-진주어(to-v구) 구문이 쓰인 문장으로, to부정사구 앞에는 의미상 주어가 왔다.

5 Many businesses find it necessary / to increase
　　<u>S</u>　　　　<u>V</u>　┌O(가목적어)┐　<u>　　　</u>
their prices.　　　　　　　　　　　　O'(진목적어)

많은 기업이 그들의 가격을 올리는 것이 필요하다고 생각한다.

○ 가목적어-진목적어(to-v구) 구문이 쓰인 문장으로, 동사 find의 목적격보어로 형용사 necessary가 쓰였다.

6 [Before the winter comes], / birds generally know
　└→ 부사절(시간)　　　　　　　<u>S</u>　　　<u>V</u>
when to leave / and where to fly.
<u>O₁</u>　　　　　　<u>O₂</u>

겨울이 오기 전에, 새들은 보통 언제 떠나야 할지와 어디로 날아가야 할지를 안다.

○ 동사 know의 목적어 역할을 하는 「when to-v」와 「where to-v」가 등위접속사 and에 의해 병렬로 연결된 구조이다.

ⓓ

[1-2]

❶ In today's world, / it is impossible / to run away
　　　　　　　　　<u>S</u>(가주어)　　　<u>　</u>S'(진주어)
from distractions.

○ 가주어-진주어 구문이 쓰인 문장으로, to부정사구가 문장의 진주어이다.

❷ Distractions are everywhere, // but [if you want
　<u>S₁</u>　　<u>V₁</u>　　　　　　　　　└→ 부사절(조건)
to achieve your goals], / you must learn how to
　　　　　　　　　　　　<u>S₂</u>　<u>V₂</u>　<u>O₂</u>
tackle distractions.

○ 두 개의 문장이 등위접속사 but에 의해 병렬로 연결된 구조이다.

○ 동사 want는 to부정사(to achieve)를 목적어로 취한다.

❸ You cannot eliminate distractions, // but you
　<u>S₁</u>　　<u>V₁</u>　　　<u>O₁</u>　　　　　　<u>S₂</u>
can learn to live with them / without letting them
<u>V₂</u>　　　<u>O₂</u>　　　　　　<u>전</u>　　<u>O'</u>
affect your performance.

○ 두 개의 문장이 등위접속사 but에 의해 병렬로 연결된 구조이다.

○ 동사 learn은 to부정사(to live)를 목적어로 취한다.

○ 전치사 without의 목적어로 동명사구(letting ~ your performance)가 쓰였다.

⊕ let+O+원형부정사(동사원형): O가 ~하게 하다

❶ 요즘 세상에 주의 산만 요소들로부터 도망치는 것은 불가능하다.

❷ 주의 산만 요소들은 어디에나 있지만, 여러분이 목표를 이루고 싶다면 주의 산만 요소들에 대처하는 방법을 배워야 한다.

❸ 여러분은 주의 산만 요소들을 제거할 수는 없지만, 그것들이 여러분의 수행에 영향을 미치지 않게 하면서 그것들과 함께 살아가는 것을 배울 수 있다.

정답 풀이 •

1 정답 여러분은 주의 산만 요소들에 대처하는 방법을 배워야 한다[여러분은 주의 산만 요소들에 어떻게 대처할지를 배워야 한다]

→ 동사 learn의 목적어로 쓰인 「how to-v」를 '~하는 방법', '어떻게 ~할지'로 해석한다.

2 정답 ①

→ 주의 산만 요소들을 피하거나 제거할 수는 없으므로, 목표를 이루려면 그것들에 대처하는 법을 배워야 한다는 내용이다. 따라서 글의 주제는 '목표를 달성하기 위해 주의 산만 요소들을 <u>관리할 필요성</u>'이다.

② 제거할   ③ 찾을

[3-4]

❶ Scientists are trying to develop AI / [which can
<u>S</u> <u>V</u> <u>O</u> 조동사'
set objectives, / plan for them, / and gather the
V'1 V'2 = objectives V'3
knowledge (needed <to realize them>)].

▶ try to-v: ~하려고 노력하다

▶ which 이하는 선행사 AI를 수식하는 주격 관계대명사절이다. 해당 절 내에서 동사원형 set, plan, gather가 등위접속사 and로 병렬 연결되어 셋 다 조동사 can에 걸린다.

▶ needed 이하는 앞의 명사 the knowledge를 수식하는 과거분사구이며, to realize them은 목적을 나타내는 부사적 용법의 to부정사구이다.

❷ It then evaluates the results / and corrects the
S V1 V2
problems.

▶ 두 개의 동사구가 등위접속사 and에 의해 병렬로 연결된 구조이다.

❸ [If we create this kind of AI], / it will make it
부사절(조건) S V
O(가목적어)
possible / for humans and AI to live in harmony.
OC 의미상 주어 O'(진목적어)

❹ They will cooperate with each other / (to create a
부사적 용법(목적)
new future).

❶ 과학자들은 목표를 세우고, 그것을 위해 계획하며, 그것을 실현하는 데 필요한 지식을 모을 수 있는 AI를 개발하려고 노력하고 있다.
❷ 그러면 그것은 그 결과를 평가하고 문제를 바로잡는다.
❸ 우리가 이러한 종류의 AI를 만들어 낸다면, 그것은 인간과 AI가 사이좋게 지내는 것을 가능하게 만들 것이다.
❹ 그들은 새로운 미래를 만들기 위해 서로 협력할 것이다.

정답 풀이 •

3 정답 it

→ 문맥상 '인간과 AI가 사이좋게 지내는 것'이 문장의 진목적어이므로 목적어 자리에는 가목적어 역할을 할 수 있는 it이 와야 어법상 알맞다. 이 문장에서 for humans and AI는 to부정사구의 의미상 주어이다.

4 정답 humans, AI

→ (목표 설정, 계획 수립, 정보 수집, 평가, 수정이 가능한) 고도의 AI를 개발하면 인간과 AI 간의 조화로운 협력이 가능해질 것이라는 내용의 글이므로, 요약문에 들어갈 말로 적절한 것은 humans(인간)와 AI이다.

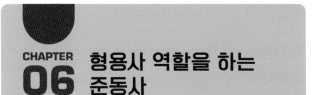

UNIT 29 명사를 수식하는 to부정사   p.58

1 They have a plan (to travel / to Bangkok for business).

그들은 사업차 방콕으로 여행 갈 계획을 갖고 있다.

2 [When you go hiking], / the first thing (to check) / is
부사절(시간) S V
the weather.

여러분이 하이킹하러 갈 때 가장 먼저 확인할 것은 날씨이다.

3 Everyone has their own unique problems (to deal

with).

모든 이가 처리해야 할 자신만의 고유한 문제를 갖고 있다.

▶ 수식을 받는 명사구 their own unique problems는 to부정사구에 쓰인 전치사 with의 목적어이다. (← deal with their own unique problems)

4 A way (to succeed in your field) / is to create a
S V SC
difference.

여러분의 분야에서 성공하는 한 가지 방법은 차이를 만들어 내는 것이다.

▶ to부정사구 to create a difference가 be동사의 주격보어로 쓰였다.

5 There are several issues (to talk about / during the
V S
meeting today).

오늘 회의에서 이야기할 몇 가지 사안이 있다.

▶ 수식을 받는 명사구 several issues는 to부정사구에 쓰인 전치사 about의 목적어이다. (← talk about several issues)

6 정답 • sit on

I'm looking for a comfortable chair (to sit on / for hours).

나는 몇 시간 동안 앉아 있을 편안한 의자를 찾고 있다.

▶ 수식을 받는 명사구 a comfortable chair는 to부정사구에 쓰인 전치사 on의 목적어이므로 sit on이 어법상 알맞다. (← sit on a comfortable chair (O) / sit a comfortable chair (X))

1 (Falling) snowflakes covered the rooftops and streets entirely.

떨어지는 눈송이가 옥상과 거리를 온통 뒤덮었다.

- 현재분사 Falling은 진행의 의미를 나타내며 명사 snowflakes를 수식하고 있다.

2 Making (manufactured) goods / involves several different processes.

제조 제품을 만드는 것은 여러 가지의 다른 과정을 수반한다.

- 과거분사 manufactured는 수동의 의미를 나타내며 명사 goods를 수식하고 있다.

3 A woman (named Rhonda) / attended the University of California at Berkeley.

Rhonda라는 이름의 한 여성은 버클리에 있는 캘리포니아 대학에 다녔다.

- 과거분사구 named Rhonda는 수동의 의미를 나타내며 앞의 명사 A woman을 수식하고 있다.

4 Scientists (studying marine life) / express concern about (increasing) sea temperatures.

해양 생물을 연구하는 과학자들은 증가하는 해수 온도에 대해 우려를 표한다.

- 현재분사구 studying marine life는 능동의 의미를 나타내며 앞의 명사 Scientists를 수식하고 있다.
- 주어(Scientists)와 동사(express) 사이에 수식어구(studying marine life)가 올 경우, 동사의 수는 앞의 주어에 일치시킨다. 수식어구의 일부를 주어로 혼동하지 않도록 유의한다.
- 현재분사 increasing은 진행의 의미를 나타내며 명사구 sea temperatures를 수식하고 있다.

5 She admired the handicrafts (lying on the shelves at the shop).

그녀는 가게 진열대에 놓여 있는 수공예품에 감탄했다.

- 현재분사구 lying ~ at the shop은 능동의 의미를 나타내며 앞의 명사 the handicrafts를 수식하고 있다.

6 정답 • ×, included

The items (included in the records) / were age and gender.

기록에 포함된 항목은 나이와 성별이었다.

→ 항목(The items)은 포함시키는 행위(include)의 대상이므로, 현재분사 including을 수동을 의미하는 과거분사 included로 고쳐 써야 한다.

1 Sometimes, / you will be disappointed / in the process of achieving your goals.

때때로 여러분은 목표를 이루는 과정에서 실망할 것이다.

- 주어 you는 실망한 감정을 느끼는 대상이므로 과거분사 disappointed가 쓰였다.
- 전치사 of의 목적어로 동명사구(achieving your goals)가 쓰였다.

2 The experimenter didn't expect / to get these surprising results.

그 실험자는 이러한 놀라운 결과를 얻으리라고는 예상하지 못했다.

- 동사 expect는 to부정사(to get)를 목적어로 취한다.
- 결과(results)는 놀라운 감정을 일으키는 주체이므로 현재분사 surprising이 쓰였다.

3 The trailer for the upcoming movie / made the online community excited.

곧 개봉할 영화의 예고편은 온라인 커뮤니티를 흥분하게 만들었다.

- 5형식 동사 made의 목적격보어로 과거분사가 쓰인 문장이다.
- 온라인 커뮤니티(the online community)는 흥분한 감정을 느끼는 대상이므로 과거분사 excited가 쓰였다.

4 Satisfied customers can become / unpaid ambassadors (for your business).

만족한 고객들은 여러분의 사업을 위한 무급 대사가 될 수 있다.

- 고객들(customers)은 만족한 감정을 느끼는 대상이므로 과거분사 Satisfied가 쓰였다.

5 정답 • shocking

His confession was shocking / to the entire family.

그의 고백은 온 가족에게 충격적이었다.

→ 고백(confession)은 충격이라는 감정을 일으키는 주체이므로 현재분사 shocking이 어법상 알맞다.

1 These statements appear to be very personal / on the surface.

이 진술은 표면적으로는 매우 개인적인 것으로 보인다.

- 동사 appear의 주격보어로 형용사적 용법의 to부정사구가 쓰였다.

2 The meaning of a poem / often lies hidden / in its metaphors.

시의 의미는 종종 은유 속에 숨겨져 있다.

- ◉ 의미가 '숨겨진' 것이므로 동사 lies의 주격보어로 수동의 의미를 나타내는 과거분사 hidden이 쓰였다.

3 This bird species can stay flying / in the air for hours.
        S   V   SC

이 조류 종은 몇 시간 동안 공중을 날아다닐 수 있다.

- ◉ 새가 '날아다니는' 것이므로 동사 stay의 주격보어로 능동의 의미를 나타내는 현재분사 flying이 쓰였다.

4 The two variables may seem to have some association.
          S   V   SC

그 두 변수는 연관성이 있는 것처럼 보일 수 있다.

- ◉ 동사 seem의 주격보어로 형용사적 용법의 to부정사구가 쓰였다.

5 정답 • ○

His theory turned out to be controversial / among
     S   V   SC
educators.

그의 이론은 교육자들 사이에서 논란이 많은 것으로 드러났다.

→ turn out은 '~인 것으로 드러나다'라는 입증의 뜻을 나타내는 구동사로, to부정사구를 주격보어로 취할 수 있으므로 밑줄 친 부분의 쓰임은 어법상 옳다.

UNIT 33 목적어를 보충 설명하는 부정사   p.62

1 The power failure caused / the refrigerator to stop
         S   V   O   OC
working.

정전은 냉장고가 작동을 멈추게 했다. (→ 정전으로 인해 냉장고가 작동을 멈췄다.)

- ◉ 동사 caused의 목적격보어로 to부정사구가 쓰였다.
- ◉ stop v-ing: ~하는 것을 멈추다

2 People were smiling, // and it made him feel a little
     S₁   V₁   S₂ V₂ O₂   OC₂
better.

사람들은 웃고 있었고 그것이 그를 조금 더 기분 좋게 했다.

- ◉ 두 개의 문장이 등위접속사 and에 의해 병렬로 연결된 구조이다.
- ◉ 사역동사 made의 목적격보어로 원형부정사구가 쓰였다.

3 The old man would watch / people go through the
       S   V   O   OC
temple doors.

그 노인은 사람들이 사원의 문을 통해 들어가는 것을 지켜보곤 했다.

- ◉ 지각동사 watch의 목적격보어로 원형부정사구가 쓰였다.

4 Samuel persuaded / his parents to let him get a
     S   V   O   OC
puppy.
                 V' O'   OC'

Samuel은 강아지를 키우게 허락해 달라고 부모님을 설득했다.

- ◉ 동사 persuaded의 목적격보어로 to부정사구가 쓰였다.
- ◉ to let 이하에서 사역동사 let의 목적격보어로 원형부정사구가 쓰였다.

5 정답 • ○

The new program helps / students develop their full
       S   V   O   OC
potential.

새로운 프로그램은 학생들이 잠재력을 최대한 발현시키도록 도와준다.

→ 동사 help는 목적격보어로 to부정사 또는 원형부정사를 취할 수 있으므로 밑줄 친 부분은 어법상 옳다.

UNIT 34 목적어를 보충 설명하는 분사   p.63

1 Don't keep the engine running / [when it's not
        V   O   OC   └→ 부사절(시간)
necessary].

필요하지 않을 때는 엔진을 계속 가동하지 마십시오.

- ◉ 동사 keep의 목적격보어로 현재분사가 쓰였다.

2 I called my husband, // but I heard his phone ringing
 S₁ V₁   O₁   S₂ V₂   O₂   OC₂
in the room.

나는 남편에게 전화했지만, 그의 휴대폰이 방에서 울리는 소리를 들었다.

- ◉ 두 개의 문장이 등위접속사 but에 의해 병렬로 연결된 구조이다.
- ◉ 지각동사 heard의 목적격보어로 현재분사구가 쓰였다.

3 Manufacturers must make / their products sold at
        S   V   O   OC
the market.

제조사는 자신들의 제품이 시장에서 판매되게 해야 한다.

- ◉ 사역동사 make의 목적격보어로 과거분사구가 쓰였다.

4 The little boy felt / his jacket soaked with rain.
       S   V   O   OC

그 어린 소년은 자신의 재킷이 비에 푹 젖은 것을 느꼈다.

- ◉ 지각동사 felt의 목적격보어로 과거분사구가 쓰였다.

5 Karen left the radio playing loudly / [while she was
    S   V   O   OC   └→ 부사절(시간)
out].

Karen은 외출하는 동안 라디오를 크게 틀어 놓았다.

- ◉ 동사 left의 목적격보어로 현재분사구가 쓰였다.

6 정답 • ×, revised

The research team had / the original plan revised.
         S   V   O   OC

그 연구 팀은 원래 계획을 수정했다.

→ 사역동사 had의 목적어인 the original plan이 '수정되는' 것이므로, 목적격보어 자리에 온 현재분사 revising을 수동의 의미를 나타내는 과거분사 revised로 고쳐 써야 한다.

A

1 ┌ 부사절(시간)
[When we feel **bored**], / we seek solutions to our
   S' V' SC'   S V
boredom.

지루함을 느낄 때, 우리는 지루함에 대한 해결책을 찾는다.
◉ 부사절의 주어 we는 지루한 감정을 느끼는 대상이므로 과거분사
   bored가 쓰였다.

2 They're searching for a roommate (**to live with in**
their apartment).

그들은 자신들의 아파트에서 함께 살 룸메이트를 찾고 있다.
◉ to 이하는 앞의 명사 a roommate를 수식하는 형용사적 용법의 to
   부정사구이다.
◉ 수식을 받는 명사 a roommate는 to부정사구에 쓰인 전치사 with
   의 목적어이다. (← live with a roommate)

3 Please do not bring any food (**containing nuts**) / to
class parties.

학급 파티에는 견과류가 들어 있는 음식을 가지고 오지 말아 주시기 바
랍니다.
◉ 현재분사구 containing nuts는 능동의 의미를 나타내며 앞의 명사
   구 any food를 수식하고 있다.

4 The hunter noticed a huge animal **hiding** / **just out of**
    S   V   O   OC
sight.

사냥꾼은 한 거대한 동물이 보이지 않는 곳에 숨어 있음을 알아차렸다.
◉ 지각동사 noticed의 목적격보어로 현재분사구가 쓰였다.

5 [If we are **to win this game**], / we must play good
   └ 부사절(조건)   S   V
defense.

우리가 이 경기를 이기고자 한다면, 우리는 방어를 잘해야만 한다.
◉ if절에서 are의 주격보어로 쓰인 형용사적 용법의 to부정사구가 의
   도를 나타내고 있다.

6 Customers have a means (**to compare products and**
experiences with others).

고객들은 제품과 경험을 다른 사람들과 비교할 수 있는 수단을 가지고
있다.
◉ to 이하는 앞의 명사 a means를 수식하는 형용사적 용법의 to부정
   사구이다.

B

1 정답 • disappointing

The trip to Cairo was a disappointing experience /
      S   V   SC
for me.

카이로 여행은 내게 실망스러운 경험이었다.
➔ 경험(experience)은 실망스러운 감정을 일으키는 주체이므로 현재
   분사 disappointing이 어법상 알맞다.

2 정답 • to protect

The responsibilities (to protect human rights) / are a
         S   V
nation's primary duty.

인권을 보호하는 책임은 국가의 주요 의무이다.
➔ 문장의 동사는 are이므로, 주어인 The responsibilities를 수식하는
   어구가 되도록 to부정사인 to protect가 오는 것이 어법상 알맞다.

3 정답 • parked

Those vehicles stood parked / here for several days.
     S   V   SC
저 차량들은 여러 날 동안 이곳에 주차되어 있었다.
➔ 차량들이 '주차된' 것이므로 동사 stood의 주격보어로 수동의 의미
   를 나타내는 과거분사 parked가 오는 것이 어법상 알맞다.

4 정답 • found

Labels on food are like the table of contents (found
     S   V   SC
in books).

식품에 붙은 라벨은 책에서 발견되는 목차와도 같다.
➔ the table of contents를 수식하는 분사 자리인데, 목차가 '발견되
   는' 것이므로 수동의 의미를 나타내는 과거분사 found가 오는 것이
   어법상 알맞다.

5 정답 • running

The technician left the machine running / after the
      S   V   O   OC
test.

기술자는 테스트가 끝난 후 기계를 작동 상태로 두었다.
➔ 5형식 동사 left의 목적격보어 자리인데 목적어 the machine과 능
   동 관계이므로 현재분사 running이 오는 것이 어법상 알맞다.

6 정답 • adopt

Henry Ford made / his workers adopt the speed of
     S   V   O   OC
the assembly line.

Henry Ford는 자신의 근로자들이 조립 라인의 속도를 채택하게 했다.
➔ 사역동사 made의 목적격보어 자리인데 목적어 his workers와 능
   동 관계이므로 원형부정사 adopt가 오는 것이 어법상 알맞다.

1 The poems (written in standard English) / were
  S   V
called "majors."

표준 영어로 쓰인 시는 '주류'라고 불렸다.

- ○ 과거분사구 written in standard English는 앞의 명사 The poems를 수식하고 있다.
- ○ 시가 '불리는' 것이므로 수동태 were called가 쓰였다.

2 We had **our homepage redesigned** and **updated**.
  S   V   O   OC₁   OC₂
저희는 홈페이지를 다시 디자인하고 업데이트했습니다.

- ○ 사역동사 had의 목적격보어로 쓰인 두 개의 과거분사 redesigned 와 updated가 등위접속사 and에 의해 병렬로 연결되어 있다.

3 The animal trainer **watched** / the penguins slide into
  S   V   O   OC
the pool.

조련사는 펭귄들이 수영장으로 미끄러져 들어가는 것을 지켜보았다.

- ○ 지각동사 watched의 목적격보어로 원형부정사구가 쓰였다.

4 Our efforts (to develop technologies) / have shown
  S   V
meaningful results.

기술을 개발하려는 우리의 노력이 의미 있는 결과를 보여 왔다.

- ○ to develop technologies는 앞의 명사구 Our efforts를 수식하는 형용사적 용법의 to부정사구이다.

5 The project **turned out to be a waste** of valuable time.
  S   V   SC
그 프로젝트는 귀중한 시간의 낭비라는 것이 드러났다.

- ○ 구동사 turned out의 주격보어로 형용사적 용법의 to부정사구가 쓰였다.

6 Researchers **asked** / undergraduate students to
  S   V   O
journal about their daily activities.
  OC
연구자들은 대학생들에게 그들의 일상적인 활동에 대해 일기를 쓰도록 요청했다.

- ○ 동사 asked의 목적격보어로 to부정사구가 쓰였다.

[1-2]

❶ Bethany **saw everything come together perfectly** /
  S   V   O   OC
[while planning and preparing for the fundraiser].
  └▸ 부사절(시간)

- ○ 지각동사 saw의 목적격보어로 원형부정사구가 쓰였다.
- ○ 접속사 while이 이끄는 부사절에서 she was가 생략된 상태이다.
- ○ 부사절과 주절의 주어가 같을 때, 부사절의 「주어+be동사」를 생략할 수 있다.

❷ People **were generous** / with their donations of
  S   V   SC
auction items, money, and time.

❸ [When it was all over], / there **was** enough money (to
  └▸ 부사절(시간)   V   S
buy the necessary equipment for the school
hockey team).

❹ Gina, Tom, and many other friends / **warmed** her
  S   V
heart with caring support.

❶ Bethany는 모금 행사를 계획하고 준비하는 동안 모든 것이 완벽하게 합쳐지는 것을 보았다.

❷ 사람들은 경매 물품, 돈, 시간의 기부에 관대했다.

❸ 그것이 모두 끝났을 때, 학교 하키 팀에 필요한 장비를 사기에 충분한 돈이 모였다.

❹ Gina, Tom, 그리고 다른 많은 친구들이 배려 깊은 후원으로 그녀의 마음을 따뜻하게 해 주었다.

정답 풀이 •

1 **정답** to buy the necessary equipment for the school hockey team

→ 밑줄 친 문장에서 to 이하는 앞의 명사구 enough money를 수식하는 형용사적 용법의 to부정사구이다.

2 **정답** ①

→ Bethany는 학교 하키 팀의 장비 구입을 위해 계획하고 준비한 모금 행사가 순조롭게 끝나 충분한 돈을 모았고 친구들도 자신을 성심껏 도와주었다고 생각하고 있으므로, Bethany의 심경으로 가장 적절한 것은 ① '기쁜'이다.

② 당황한   ③ 실망한

[3-4]

❶ Curiosity **makes us view** a tough problem / as an
  S   V   O   OC
interesting challenge (to take on).

- ○ 사역동사 makes의 목적격보어로 원형부정사구가 쓰였다.
- ○ view A as B: A를 B로 여기다[보다]
- ○ 수식을 받는 명사구 an interesting challenge는 to부정사구에 쓰인 전치사 on의 목적어이다. (← take on an interesting challenge)

❷ A stressful meeting with our boss / **becomes** an
  S   V
opportunity (to learn).
  SC

- ○ to learn은 앞의 명사 an opportunity를 수식하는 형용사적 용법의 to부정사이다.

❸ A nervous first date becomes / an exciting night
　　　　　　S　　　　　V　　　　　　　　SC
out with a new person.

❹ In general, / curiosity motivates us to view
　　　　　　　　　S　　　　V　　　O　　OC
stressful situations as challenges / rather than
threats.

　　◯ 동사 motivates의 목적격보어로 to부정사구가 쓰였다.

❶ 호기심은 우리가 어려운 문제를 맡아야 할 흥미로운 도전으로 여기게
　한다.
❷ 스트레스를 주는 상사와의 회의는 배울 기회가 된다.
❸ 긴장되는 첫 데이트는 새로운 사람과의 흥미로운 외출의 밤이 된다.
❹ 일반적으로, 호기심은 우리가 스트레스를 주는 상황을 위협보다는 도전
　으로 여기도록 동기를 부여한다.

정답 풀이 •

3 정답 exciting
　→ 밤 외출(night out)은 흥미로운 감정을 일으키는 주체이므로 현재
　　분사 exciting이 어법상 알맞다.

4 정답 Curiosity
　→ 호기심은 우리가 어려운 경험을 가치 있는 도전으로 전환하는 데
　　도움이 된다는 것이 이 글의 요지이다.

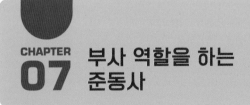

CHAPTER
07 부사 역할을 하는
준동사

UNIT 35 부사 역할을 하는 to부정사 I　　　p.68

　　　　　　　　　　　　　　　부사적 용법(목적) ←┐
1 A spectator several rows in front / stands up (to get
　　　　　　　　　S　　　　　　　　　　　V
a better view).

여러 줄 앞의 한 관중이 더 잘 보기 위해서 (자리에서) 일어난다.

2 She lived (to be 97 years old) / and enjoyed a rich
　　S　　V1　└→ 부사적 용법(결과)　　　　　　V2　　　O2
life.

그녀는 97세까지 살았고 풍요로운 삶을 누렸다.
　　◯ 두 개의 동사구가 등위접속사 and에 의해 병렬로 연결된 구조이다.

　　　　　　┌→ 부사적 용법(목적)　　　　　　　　　　　　V
3 (In order not to disturb my roommate), / I turned the
　　　　　　　　　　　　　　　　　　　　　　S　　V　　O
TV off.

내 룸메이트를 방해하지 않기 위해, 나는 TV를 껐다.

4 All living things need certain essential things / (so as
　　　　　　　　　　　　　　　　　　　부사적 용법(목적) ←┘
to survive).

모든 생물들은 생존하기 위해 특정한 필수적인 것들을 필요로 한다.

5 I asked several times about my refund, / (never to
　　　　　　　　　　　　　　　　　　부사적 용법(결과) ←┘
receive a response).

나는 환불에 대해 여러 번 물었지만 결국 답변을 받지 못했다.

UNIT 36 부사 역할을 하는 to부정사 II　　　p.69

1 The toys are safe (to give to young children).
　　　　　　　　　　└─── 부사적 용법(형용사 수식)
그 장난감들은 어린 아이들에게 주기에 안전하다.

2 Paul is a bit foolish / (to pay that much for a pillow).
　　　　　　　　　　　　└→ 부사적 용법(판단의 근거)
베개 하나에 돈을 그렇게 많이 내다니 Paul은 조금 어리석다.

3 We are happy / (to replace your faulty toaster with a
　　　　　　　　　└→ 부사적 용법(감정의 원인)
new one).

저희는 고객님의 하자가 있는 토스터를 새것으로 교체해드리게 돼서 기
쁩니다.
　　◯ replace A with B: A를 B로 교체하다

4 She must be a skilled leader / (to manage such a
　　　　　　　　　　　　　　　└→ 부사적 용법(판단의 근거)
large team efficiently).

그렇게 큰 팀을 효율적으로 관리하다니 그녀는 숙련된 리더임에 틀림
없다.

5 We are delighted / (to invite you to our annual Fall
　　　　　　　　　　└→ 부사적 용법(감정의 원인)
Dinner).

우리는 우리의 연례행사인 Fall Dinner에 당신을 초대하게 되어서 기쁩
니다.

6 정답 • to avoid

Tiny pieces of plastic are impossible (for sea animals
　　　　　　　　　　　　　　　　　　└── 의미상 주어
to avoid).
부사적 용법(형용사 수식)
아주 작은 플라스틱 조각은 바다 동물이 피하는 것이 불가능하다.

　→ 형용사 impossible을 수식하는 표현으로 to부정사인 to avoid가
　　어법상 알맞다.
　　◯ for sea animals는 to부정사의 의미상 주어이다.

UNIT 37 to부정사가 만드는 주요 구문   p.70

1 (To tell the truth), / I've never paid much attention to

S   V

ballet.

사실대로 말하자면, 나는 발레에 그다지 많은 관심을 가져본 적이 없다.

◐ have paid는 '경험'을 나타내는 현재완료시제이다.

2 You should submit your application / early enough to

meet the deadline.

여러분은 마감일을 맞출 만큼 충분히 일찍 지원서를 제출해야 합니다.

3 The length of the rope is too short / to reach the top

of the tree.

그 밧줄의 길이는 나무의 꼭대기에 닿기에는 너무 짧다.

◐ reach는 전치사 없이 목적어를 바로 취하는 완전타동사이므로, 동사 reach 뒤에 to와 같은 전치사를 쓰지 않도록 유의한다.

4 (Needless to say), / English has become the universal

S   V

language of the world.

말할 필요도 없이, 영어는 세계의 보편적인 언어가 되었다.

◐ has become은 '결과'를 나타내는 현재완료시제이다.

5 정답 • enough money

We successfully raised enough money (to remodel

S   V   O

the library building).

우리는 도서관 건물을 개조할 만큼 충분한 돈을 성공적으로 모았다.

→ 이 문장에서 enough는 명사 money를 수식하는 형용사이므로 「enough+명사」의 어순이 되는 것이 어법상 알맞다. 이와 달리 enough가 형용사나 부사를 수식하는 부사로 쓰일 때는 반드시 「형용사/부사+enough」의 어순을 취해야 함에 유의한다.

UNIT 38 분사구문의 의미   p.71

1 (Arriving at the hotel), / they unpacked their suitcases.

└→ 분사구문(시간)   S   V

호텔에 도착한 후에, 그들은 자신들의 여행 가방을 풀었다.

2 (Having no reason <to wait any longer>), / I decided

└→ 분사구문(이유)   S   V

to open the box.

더 이상은 기다릴 이유가 없어서, 나는 그 상자를 열어보기로 결심했다.

◐ to wait any longer는 앞의 명사 reason을 수식하는 형용사적 용법의 to부정사구이다.

◐ 동사 decide는 to부정사(to open)를 목적어로 취한다.

3 Erda lay on the grass, / (watching sunlight fall

    V'   O'   OC'

└→ 분사구문(동시동작)

through the leaves).

Erda는 햇빛이 나뭇잎 사이로 내리쬐는 것을 보면서 풀밭에 누워 있었다.

◐ 분사구문에서 지각동사 watching의 목적격보어로 원형부정사구가 쓰였다.

4 (Winning the gold medal), / he cried tears of

└→ 분사구문(시간)   S   V

happiness.

금메달을 딴 후에 그는 행복의 눈물을 흘렸다.

5 (Feeling overwhelmed by the work), / she still

└→ 분사구문(양보)   S

completed it on time.

V

비록 일에 압도되는 느낌이 들었지만 그녀는 그럼에도 불구하고 제시간에 그 일을 완료했다.

6 (Following the instructions), / you can install the

└→ 분사구문(조건)   S   V

bathroom towel hooks easily.

설명을 따르면, 여러분은 욕실 수건걸이를 쉽게 설치할 수 있습니다.

UNIT 39 분사구문의 시제/태   p.72

1 (Having discovered the error), / she corrected it

└→ 분사구문(시간)   S   V

immediately.

그녀는 오류를 발견하여 즉시 그것을 바로잡았다.

◐ = After she had discovered the error, ~.

2 (Not having a ladder), / we had to stand on a chair.

└→ 분사구문(이유)   S   V

사다리가 없어서, 우리는 의자 위에 올라서야 했다.

◐ = Because[As/Since] we didn't have a ladder, ~.

3 Fragile items, / (handled carefully), / can be delivered

    S   └→ 분사구문(조건)   V

without issues.

깨지기 쉬운 물건은 조심히 다뤄진다면 문제없이 배송될 수 있다.

◐ = Fragile items, if they are handled carefully, can ~.

◐ 과거분사 handled 앞에 being이 생략되어 있다.

◐ 물건이 '배송되는' 것이므로 수동태 be delivered가 쓰였다.

4 (Never having ridden a bike), / the boy struggled

└→ 분사구문(이유)   S   V

with balance.

그 남자아이는 자전거를 한 번도 타 본 적이 없어서 균형을 잡느라 애썼다.

◐ = Because[As/Since] he had never ridden a bike, ~.

5 (Having grown up in the countryside), / I am used to
└▸ 분사구문(이유)　　　　　　　S　V
a slower pace of life.

나는 시골에서 자라서 느린 삶의 속도에 익숙하다.

　◐ Because[As/Since] I grew up in the countryside, ~.

6 정답 • Updated

(Updated regularly), / the website provides the latest
└▸ 분사구문(동시동작)　　　S　　　V
information to users.

웹사이트는 정기적으로 업데이트되어 사용자들에게 최신 정보를 제공한다.

　➡ (　)는 주절의 주어인 the website를 의미상 주어로 하는 분사구문이고, 웹사이트는 '업데이트되는' 대상이므로 수동의 의미를 지닌 과거분사 Updated가 어법상 알맞다. 과거분사 Updated 앞에 Being은 생략되어 있다.

　◐ = While[As] it is updated regularly, ~.

 UNIT 40 with+O′+분사　　　　　p.73

1 (With the sun setting), / the sky turned a soft purple.
　　　　└─ 능동 관계 ─┘　　S　　V
해가 지면서 하늘은 부드러운 자주색으로 변했다.

2 (With the door locked), / no one could enter the
　　　　└─ 수동 관계 ─┘　　S　　　V
room.

문이 잠겨 있어서 아무도 방에 들어갈 수 없었다.

3 She dozed off on the couch / (with a book resting on
　　　　　　　　　　　　　　　　└─ 능동 관계 ─┘
her lap).

그녀는 책을 무릎 위에 얹은 채 소파에서 깜빡 잠이 들었다.

4 (With the crowd cheering loudly), / the runner
　　　　└─ 능동 관계 ─┘　　　　　S
completed the race.
　　V
사람들이 큰 소리로 응원하는 가운데 그 달리기 선수는 완주했다.

5 (With the guests given menus), / the waiters began
　　　　└─ 수동 관계 ─┘　　　　S　　V
serving drinks.

손님들에게 메뉴가 주어지자 종업원들은 음료를 제공하기 시작했다.
　◐ 동사 began의 목적어로 동명사구 serving drinks가 쓰였다.

6 (With the wind blowing), / the leaves scattered
　　　　└─ 능동 관계 ─┘　　　S　　　V
across the ground.

바람이 불면서 나뭇잎이 땅에 흩어졌다.

7 정답 • raised

(With its head raised up), / a large crocodile was
　　　└─ 수동 관계 ─┘　　　　S　　　V
waiting for prey.

머리를 들어 올린 채, 커다란 악어가 먹이를 기다리고 있었다.

　➡ 동사 raise는 '들어 올리다'라는 뜻이고, its head와 raise는 수동 관계이므로 과거분사 raised가 어법상 알맞다.

CHAPTER TEST　　　　　　　　p.74

Ⓐ

1 (To get things done), / we must focus and stay on
└▸ 부사적 용법(목적)　　S　조동사　Ⓥ1　　Ⓥ2
task.

일을 마무리하기 위해 우리는 집중하고 과업에 머물러야 한다.

　◐ focus와 stay가 등위접속사 and로 병렬 연결되어 둘 다 조동사 must에 걸린다.

2 (Reaching the top of the mountain), / they waited
└▸ 분사구문(시간)　　　　　　　S　　V
for the sunrise.

산 정상에 도착하여, 그들은 일출을 기다렸다.

3 He showed up for a few games this season, / (only to
　　　　　　　　　　　　　　　　　　　부사적 용법(결과) ◂┘
be injured again).

그는 이번 시즌에 몇 경기에 모습을 보였지만, 결국 다시 부상을 입고 말았다.

　◐ to be injured의 의미상 주어는 He이다. 그가 '부상을 입었다'는 수동의 의미를 나타내므로 to부정사의 수동형(to be p.p.)인 to be injured의 형태로 쓰였다.

4 (Having heard about the reward), / the children
└▸ 분사구문(시간)　　　　　　　　　S
began looking for the missing watch.
　V　　O
보상에 대해 듣고 나서, 아이들은 분실된 시계를 찾기 시작했다.

　◐ = After they had heard about the reward, ~.
　◐ 동사 began의 목적어로 동명사구 looking for the missing watch가 쓰였다.

5 The poor man was excited / (to be able to bring a gift
　　　　　　　　　　　　　　└▸ 부사적 용법(감정의 원인)
for the prince).

그 가난한 사람은 왕자를 위해 선물을 가져올 수 있어서 기뻤다.

6 (To be honest with you), / I feel uncomfortable about
　　　　　　　　　　　　　S　V
this situation.

당신에게 솔직히 말씀드리면 저는 이 상황이 불편하게 느껴집니다.

B

1 정답 • Never having

(Never having been there), / he could not find his
└▸ 분사구문(이유)   S   V
way.

한 번도 그곳에 가 본 적이 없어서, 그는 길을 찾을 수 없었다.

→ 「Having p.p. ~」로 시작하는 분사구문의 부정은 having 앞에 부정
어 not[never]을 써서 나타내므로, Never having이 어법상 알맞다.

○ = Because[As/Since] he had never been there, ~.

2 정답 • crossing

The tortoise passed the rabbit, / (crossing the finish
└▸ 분사구문(연속동작)
line first).

거북이가 토끼를 지나쳐 먼저 결승선을 통과했다.

→ 문장의 동사 passed 뒤에 접속사 없이 또 다른 동사 cross가 이어
질 수 없다. 문맥상 주절에서 나타내는 동작 다음에 일어난 동작을
나타내는 분사구문이 되도록 현재분사 crossing이 오는 것이 어법
상 알맞다.

3 정답 • Having written

(Having written many novels), / she was regarded as
└▸ 분사구문(시간)   S   V
a distinguished novelist.

많은 소설을 써 온 그녀는 유명한 소설가로 여겨졌다.

→ 분사구문의 분사 자리인데, 뒤에 목적어 many novels가 왔고 주
절보다 시간상 앞선 일을 나타내고 있으므로 Having p.p. 형태인
Having written이 어법상 알맞다.

○ 주절은 「regard A as B」 구문을 수동태로 전환한 형태이다.

4 정답 • so as not

She wrote down his address / (so as not to forget it).
└▸ 부사적 용법(목적)
그녀는 잊지 않도록 그의 주소를 기록했다.

→ 「so as to-v」의 부정형은 「so as+부정어+to-v」이므로 so as
not이 어법상 알맞다.

5 정답 • seated

A man was walking / (with his daughter seated on
└ 수동 관계 ┘
his shoulders).

한 남자가 딸을 자신의 어깨에 앉힌 채로 걷고 있었다.

→ 동사 seat는 '앉히다'라는 뜻이고, his daughter와 seat는 수동 관
계이므로 과거분사 seated가 어법상 알맞다.

6 정답 • clean enough

The water in the reservoir is clean / enough to
support a variety of wildlife.

저수지의 물은 다양한 야생 동물을 존재하게 할 수 있을 만큼 충분히 깨
끗하다.

→ '~할 만큼 충분히 …한'이라는 의미의 구문은 「형용사+enough
to-v」의 어순이므로 clean enough가 어법상 알맞다.

C

1 (With stars appearing in the night sky), / nocturnal
└ 능동 관계 ┘   S
wildlife begins to wake up.
      V
밤하늘에 별이 나타나면서, 야행성 야생 동물이 깨어나기 시작한다.

○ 동사 begins의 목적어로 to부정사구 to wake up이 쓰였다.

2 Logan was **too tired** / **to continue** working on the
project.

Logan은 너무 피곤해서 프로젝트에 관한 일을 계속할 수 없었다.

○ 동사 continue의 목적어로 동명사구 working on the project가
쓰였다.

3 She **grew up** / (**to become a professor** at a prestigious
└▸ 부사적 용법(결과)
university).

그녀는 자라서 명문 대학의 교수가 되었다.

4 You **are considerate** / (**to offer** your seat to someone
└▸ 부사적 용법(판단의 근거)
in need).

당신의 자리를 필요한 사람에게 양보하다니 당신은 사려 깊군요.

5 My son is **old** / **enough to make** a decision about his
career.

내 아들은 자신의 직업에 관한 결정을 내릴 만큼 충분히 나이가 들었다.

6 (**Not included in the invitation list**), / she was very
└▸ 분사구문(이유)   S   V
disappointed.

초대 명단에 포함되어 있지 않아서, 그녀는 대단히 실망했다.

○ = Because[As/Since] she was not included in the invitation
list, ~.

○ 과거분사 included 앞에 being이 생략되어 있다.

D

[1-2]

 Domestication reduced the sizes of animals'
      S   V   O
brains: / 16 percent for horses, / 34 percent for
pigs, / and 10 to 30 percent for dogs.

❷ Why did this happen?

❸ (Once humans started to take care of them), / they no longer needed various brain functions / (in order to survive in the wild).

❹ As a result, / domesticated animals lost the parts of the brain (related to those capacities).

　○ related 이하는 앞의 명사구 the parts of the brain을 수식하는 과거분사구이다.

❶ 가축화는 동물의 뇌 크기를 줄어들게 했는데, 말은 16%, 돼지는 34%, 그리고 개는 10~30%까지 줄었다.

❷ 왜 이러한 일이 일어났는가?

❸ 일단 인간이 그것들을 돌보기 시작하자, 그것들은 야생에서 생존하기 위한 다양한 뇌 기능을 더는 필요로 하지 않게 되었다.

❹ 그 결과 가축은 그러한 능력과 관련된 뇌 부위를 상실했다.

정답 풀이 •

1 정답 in order to survive in the wild

　➡ '~하기 위해'라는 목적의 의미를 나타내는 「in order to-v」가 쓰였다.

2 정답 ③

　➡ 가축은 인간의 보살핌을 받으면서 야생에서의 생존을 위한 뇌 기능이 더는 필요하지 않게 되었고, 그 결과 일부 뇌 부위를 잃고 뇌의 크기마저 작아졌다는 내용의 글이므로, 글의 요약문은 '인간의 보살핌은 가축의 일부 뇌 기능을 불필요하게 만들었다.'이다.

　① 효율적인　② 복잡한

[3-4]

❶ It is an ongoing quest / to build machines [that truly resemble humans].

　○ 가주어-진주어 구문이 쓰인 문장으로, to부정사구가 문장의 진주어이다.

　○ that 이하는 선행사 machines를 수식하는 주격 관계대명사절이다.

❷ These machines aim / to learn and think like us.

　○ 동사 aim은 to부정사(to learn and think like us)를 목적어로 취한다.

❸ For example, / even (with our eyes covered), / we can still play the guitar effectively.

❹ On the other hand, / an AI system might not perform as well / in the same situation.

❺ However, / recent findings open the possibility / of constructing machines (more similar to humans).

　○ of 이하는 명사 the possibility에 관한 구체적인 설명으로서 the possibility와 동격을 이룬다.

　○ more 이하는 앞의 명사 machines를 수식하는 형용사구이다.

❶ 진정으로 인간을 닮은 기계를 만드는 것은 진행 중인 탐구이다.

❷ 이 기계는 우리처럼 배우고 생각하는 것을 목표로 한다.

❸ 예를 들어, 우리는 눈을 가린 채로도 여전히 기타를 효과적으로 연주할 수 있다.

❹ 반면에, AI 시스템은 같은 상황에서 그만큼 잘 연주할 수는 없을 것이다.

❺ 하지만, 최근의 연구 결과는 인간과 더 비슷한 기계를 만들 수 있다는 가능성을 열어 준다.

정답 풀이 •

3 정답 covered

　➡ 동사 cover는 '가리다'라는 뜻이고, our eyes와 cover는 수동 관계이므로 과거분사 covered가 어법상 알맞다.

4 정답 ①

　➡ 인간을 닮아 인간처럼 배우고 생각하는 기계를 만들려는 탐구를 소개하는 내용이므로, 빈칸에 들어갈 말로 가장 적절한 것은 ① '비슷한'이다.

　② 도움이 되는　③ 매력적인

CHAPTER
08 명사절

UNIT 41 that절 I　　　　　p.78

1 One obstacle is / that such a trip would take years.
한 가지 장애물은 그러한 여행이 몇 년이 걸린다는 것이다.

2 That the event was canceled / disappointed many local residents.

행사가 취소되었다는 것은 많은 지역 주민들을 실망시켰다.

◉ 행사가 '취소된' 것이므로 수동태 was canceled가 쓰였다.

3 In our daily lives, / we can show our children that we
<u>S</u> <u>V</u> <u>O</u> <u>O</u>
respect others.

일상생활에서 우리는 자녀들에게 우리가 다른 이들을 존중한다는 것을
보여 줄 수 있다.
◉ 수여동사 show가 쓰인 4형식 문장에서 접속사 that이 이끄는 명사
절이 직접목적어로 쓰였다.

4 It is impossible / <u>that two people have the same</u>
<u>S(진주어)</u>
fingerprints.

두 사람이 똑같은 지문을 갖는 것은 불가능하다.
◉ 가주어-진주어 구문이 쓰였으며, 접속사 that이 이끄는 명사절이 문
장의 진주어이다.

5 정답 · O

Global warming means / our planet is becoming
<u>S</u> <u>V</u> <u>O</u>
increasingly hotter.

지구 온난화는 우리의 행성이 점점 더 뜨거워지고 있다는 것을 의미한다.
→ 밑줄 친 부분은 동사 means의 목적어 역할을 하는 명사절로, 접속
사 that이 생략된 형태이므로 어법상 옳다.

UNIT 42 that절 II   p.79

1 She thought <u>it</u> obvious / that her father was upset.
<u>S</u> <u>V</u> <u>OC</u>[O(가목적어)] <u>O'(진목적어)</u>
그녀는 아버지가 화가 난 것이 분명하다고 생각했다.

◉ 가목적어-진목적어 구문이 쓰였으며, 접속사 that이 이끄는 명사절
이 문장의 진목적어이다.
◉ think가 5형식 동사로 쓰일 때 목적격보어로 명사나 형용사가 온다.

2 I'm glad (to hear the news / that you won the game).
[부사적 용법(감정의 원인)]
당신이 경기에서 이겼다는 소식을 듣게 되어서 저는 기쁩니다.

◉ 접속사 that이 이끄는 절은 앞의 명사 the news에 대해 보충 설명
을 하며 the news와 동격을 이룬다.

3 The knowledge that you have a choice / makes you
<u>S</u> <u>=</u> <u>V</u> <u>O</u>
more confident.
<u>OC</u>
여러분이 선택권을 가지고 있음을 알고 있는 것이 여러분을 더 자신감
있게 만든다.

◉ 접속사 that이 이끄는 절은 앞의 명사 The knowledge에 대해 보
충 설명을 하며 The knowledge와 동격을 이룬다.
◉ 주어의 핵은 The knowledge이므로 뒤에 단수 동사 makes가 왔다.
◉ 동격절이 포함된 명사구가 문장의 주어일 때, 동사의 수는 동격절 앞
의 명사에 일치시킨다.

---

4 You might take <u>it</u> for granted / <u>that you have access</u>
<u>S</u> <u>V</u>[O(가목적어)] <u>OC</u> <u>O'(진목적어)</u>
to clean water.

여러분은 깨끗한 물을 이용하는 것을 당연하게 여길지도 모른다.
◉ 「take+O+for granted」 구문에서 목적어 자리에 가목적어 it을 쓰
고, 문장의 맨 뒤에 진목적어인 that절을 위치시킨 구조이다.

5 The thought that he could fail the exam / made him
<u>S</u> <u>=</u> <u>V</u> <u>O</u>
anxious.
<u>OC</u>
자신이 시험에 떨어질 수 있다는 생각은 그를 불안하게 했다.
◉ 접속사 that이 이끄는 절은 앞의 명사 The thought에 대해 보충 설
명을 하며 The thought와 동격을 이룬다.

6 The idea that plants communicate / is gaining
<u>S</u> <u>=</u> <u>V</u>
attention among biologists.

식물이 의사소통을 한다는 생각이 생물학자들에게 주목을 받고 있다.
◉ 접속사 that이 이끄는 절은 앞의 명사 The idea에 대해 보충 설명
을 하며 The idea와 동격을 이룬다.
◉ 주어의 핵은 The idea이므로 뒤에 단수 동사 is가 왔다.

7 정답 · it

Keep <u>it</u> in mind / that safety is our top priority.
<u>V</u>[O(가목적어)] <u>O'(진목적어)</u>
안전이 우리의 최우선 사항이라는 것을 명심하세요.
→ 맥락상 that 이하를 진목적어로 보고 '~라는 것을 명심하라'라고 해
석하는 것이 자연스러우므로, 목적어 자리에는 가목적어 역할을 할
수 있는 it이 와야 어법상 알맞다.

UNIT 43 whether절   p.80

1 Whether you can adapt to changes / is a key factor
<u>S</u> <u>V</u>
for success.

여러분이 변화에 적응할 수 있는지가 성공에 중요한 요인이다.
◉ 명사절 주어는 항상 단수 취급하므로, 뒤에 단수 동사 is가 왔다.

2 You can decide for yourself / if you are going to
<u>S</u> <u>V</u> <u>O</u>
participate.

여러분은 참가할지 말지를 스스로 결정할 수 있습니다.

3 It was not known / <u>whether the mansion was sold</u>
<u>S(진주어)</u>
or not.

그 대저택이 팔렸는지 아닌지는 알려지지 않았다.
◉ 가주어-진주어 구문이 쓰였으며, 접속사 whether가 이끄는 명사절
이 문장의 진주어이다.
◉ 대저택이 '팔린' 것이므로 수동태 was sold가 쓰였다.

4 One thing (to consider) is / **whether the data is**
  S ⌐———————————⌐ V   C
reliable.

한 가지 고려할 사항은 그 자료가 믿을 수 있는지이다.

▶ to consider는 앞의 명사구 One thing을 수식하는 형용사적 용법의 to부정사구이다.

5 정답 • whether

You should know the likelihood / of [whether a buyer
  S   V   O
will repurchase your product].

여러분은 구매자가 여러분의 제품을 재구매할 가능성을 알아야 한다.

➡ 전치사 of의 목적어 역할을 하는 명사절은 접속사 whether가 이끌 수 있으며 if는 불가능하다.

▶ of 뒤의 명사절은 앞의 명사 the likelihood에 관한 구체적인 설명으로서 the likelihood와 동격을 이룬다.

UNIT 44 의문사절   p.81

1 How much you sleep / affects your immune system.
    S'   V'   V
       S
여러분이 얼마나 많이 자느냐는 여러분의 면역 체계에 영향을 미친다.

▶ 명사절 주어는 항상 단수 취급하므로, 뒤에 단수 동사 affects가 왔다.

2 My question is / how she managed to do it so
  S   V   S'   V'   O'
secretly.
나의 의문은 그녀가 어떻게 그렇게 은밀하게 그것을 해냈느냐는 것이다.

▶ 동사 manage는 to부정사(to do)를 목적어로 취한다.

3 I'll figure out / how much money we need to raise /
  S   V   S'   V'   O'
by next week.
우리가 다음 주까지 얼마나 많은 돈을 모아야 하는지를 제가 계산해볼게요.

▶ 의문사 how가 이끄는 명사절에서 how much money는 to raise의 목적어 역할을 한다.

4 Can you tell me / what ingredients you need for this
   ⌐V⌐   O'   O'   S'   V'
    S   O
recipe?
이 조리법에 어떤 재료가 필요한지를 제게 알려 주시겠어요?

▶ 수여동사 tell이 쓰인 4형식 문장에서 의문사 what이 이끄는 명사절이 직접목적어로 쓰였다.

5 정답 • they can

Team members must discuss / what they can
    S   V   O'   S'   V'
achieve as a team.
                      O

팀원들은 그들이 한 팀으로서 무엇을 성취할 수 있는지를 논의해야 한다.

➡ 의문사 what이 이끄는 명사절은 what이 절 내에서 목적어 역할을 하는 경우 「what+S'+V」의 어순이 되므로 they can이 어법상 알맞다.

CHAPTER TEST   p.82

A

1 Some people think / they don't need a driver's
    S   V   O
license.
어떤 사람들은 자신들이 운전면허증이 필요 없다고 생각한다.

▶ 동사 think의 목적어로 접속사 that이 이끄는 명사절이 쓰였고, that은 생략되어 있다.

2 It's uncertain / whether the package will arrive by
                          S(진주어)
tomorrow.
택배가 내일까지 도착할지는 불확실하다.

▶ 가주어-진주어 구문이 쓰였으며, 접속사 whether가 이끄는 명사절이 문장의 진주어이다.

3 It is evident / that the suspect did not commit the
                         S(진주어)
crime.
용의자가 범죄를 저지르지 않았다는 것은 분명하다.

▶ 가주어-진주어 구문이 쓰였으며, 접속사 that이 이끄는 명사절이 문장의 진주어이다.

4 The reality is / that most people don't have enough
    S   V   C
education.
현실은 대부분의 사람들이 충분한 교육을 받지 못한다는 것이다.

5 Babies remember, / in a systematic way, / how often
    S   V   M   O
sounds occur.
아기들은 소리가 얼마나 자주 나는지를 체계적인 방식으로 기억한다.

6 We sometimes solve problems / without awareness
    S   V   O
of what we are doing.
 전
우리는 때때로 우리가 무엇을 하고 있는지에 대한 의식 없이 문제를 해결한다.

B

1 정답 • is

That you have many friends / is clearly a great
       S   V

advantage.

여러분에게 친구가 많다는 것은 분명히 큰 장점이다.

→ 명사절이 주어인 경우에는 항상 단수 취급하므로 단수 동사 is가 어법상 알맞다.

2 정답 • you live

No one (but yourself) <u>can choose</u> how <u>you</u> <u>live</u>.
        S   V   O

여러분을 제외한 그 누구도 여러분이 어떻게 사는지를 선택할 수 없다.
(→ 여러분을 제외한 그 누구도 여러분의 삶의 방식을 선택할 수 없다.)

→ 의문사 how가 이끄는 명사절은 「how+S′+V′」의 어순이 되므로 you live가 어법상 알맞다.

3 정답 • that

There <u>is</u> sufficient <u>evidence</u> / that she is guilty.
      V   S

그녀가 유죄라는 충분한 증거가 있다.

→ 뒤에 이어지는 she is guilty는 문장 성분을 모두 갖춘 완전한 절이므로, 접속사 that을 써서 sufficient evidence에 대한 보충 설명을 제공하는 동격절이 되도록 해야 어법상 알맞다.

4 정답 • Whether

Whether or not the car will be ready / depends on
                    S   V
the mechanic.

차가 준비될 것이냐 아니냐는 정비사에게 달려 있다.

→ 주어 역할을 하는 명사절을 이끌면서도 뒤에 or not을 수반할 수 있는 접속사 Whether가 어법상 알맞다.

5 정답 • it

Joe took it for granted / that he would find the
 S   V   OC   O′(진목적어)
perfect job.

Joe는 자신이 완벽한 일자리를 발견하리라는 것을 당연하게 여겼다.

→ 맥락상 that 이하를 진목적어로 보고 '~라는 것을 당연하게 여겼다'라고 해석하는 것이 자연스러우므로, 목적어 자리에는 가목적어 역할을 할 수 있는 it이 와야 어법상 알맞다.

○ 주절의 시제가 과거(took)이므로 종속절인 that절도 과거시제(would find)로 쓰였다.

6 정답 • whether

We have to make fast assumptions / about whether
                                       전   O′
it is safe or not.

우리는 그것이 안전한지 아닌지에 관해 신속하게 추정해야 한다.

→ 전치사의 목적어 역할을 하는 명사절을 이끄는 접속사 whether가 어법상 알맞다. 접속사 if가 이끄는 명사절은 전치사의 목적어로는 쓰일 수 없다.

1 I don't know / what caused the malfunction in the
  S   V   S′   V′   O′
computer.

나는 무엇이 컴퓨터에서 고장을 일으킨 것인지 모르겠다.

○ 의문사 what이 이끄는 명사절은 what이 절 내에서 주어 역할을 하는 경우 「what+V′」의 어순이 된다.

2 The reporter asked the politician / if he supported
     S   V   IO   DO
the project.

기자는 그 정치인에게 그가 그 프로젝트를 지지하는지를 물었다.

○ 수여동사 asked가 쓰인 4형식 문장에서 접속사 if가 이끄는 명사절이 직접목적어로 쓰였다.

3 My grandma makes it a rule / that she walks an
     S   V   OC   O′(진목적어)
hour every day.
                 O(가목적어)

우리 할머니는 매일 한 시간씩 걷는 것을 규칙으로 삼으신다.

○ 가목적어-진목적어 구문이 쓰였으며, 접속사 that이 이끄는 명사절이 문장의 진목적어이다.

4 Please <u>reconsider</u> whether the new trail is necessary.
            V   O

그 새로운 산책로가 필요한지 재고해 주시기 바랍니다.

5 We'll show you / how big our passion for music is.
  S   V   IO   SC′   S′   V′
                               DO

우리는 음악에 대한 우리의 열정이 얼마나 큰지를 여러분에게 보여 줄 것입니다.

○ 수여동사 show가 쓰인 4형식 문장에서 의문사 how가 이끄는 명사절이 직접목적어로 쓰였다.

6 It is important / that we reduce food waste in our
 S(가주어)   S′(진주어)
home.

우리가 가정에서 음식물 쓰레기를 줄이는 것이 중요하다.

○ 가주어-진주어 구문이 쓰였으며, 접속사 that이 이끄는 명사절이 문장의 진주어이다.

D

[1-2]

❶ A new study reveals / [how penguins lost the ability
        S   V   S′   V′   O′
                             O
(to fly)].

○ to fly는 앞의 명사 the ability를 수식하는 형용사적 용법의 to부정사이다.

❷ They evolved from their flying ancestors / into
  S   V
    the swimmers and divers / [we know today].

◐ we know today는 선행사 the swimmers and divers를 수식하는 목적격 관계대명사절이다. 해당 절에서 we 앞에 목적격 관계대명사 which[that]가 생략되어 있다.

❸ The researchers found / [that penguins responded
   ‾S‾   ‾V‾   └○ ‾S'₁‾   ‾V'₁‾
to ancient climate shifts // and as a result, / they
                                              ‾S'₂‾
made their bodies uniquely fit / to the coldest
‾V'₂‾ ‾O'₂‾   ‾OC'₂‾
conditions on Earth].

◐ that 이하는 동사 found의 목적어로 쓰인 명사절이다.

◐ that절 내에서 두 개의 문장이 등위접속사 and에 의해 병렬로 연결되어 있다.

❹ Which genes helped these adaptations / has
   ‾S'‾   ‾V'‾   ‾O'‾
   ‾‾‾‾‾‾‾‾‾S‾‾‾‾‾‾‾‾‾‾‾‾‾‾‾‾‾ ‾V‾
been identified by the study.

◐ 어떤 사실이 '확인된' 것이므로 수동태 has been identified가 쓰였다.

❶ 한 새로운 연구는 펭귄이 어떻게 나는 능력을 잃었는지를 밝힌다.

❷ 그것들은 그것들의 나는 조상으로부터 우리가 오늘날 알고 있는 헤엄치고 잠수하는 동물로 진화했다.

❸ 연구자들은 펭귄이 고대의 기후 변동에 대응했고, 그 결과로 자기 신체를 지구상의 가장 추운 조건에 특별히 적합하도록 만들었다는 것을 발견했다.

❹ 어떤 유전자가 이러한 적응을 도왔는지가 그 연구에 의해 확인되었다.

정답 풀이 ◦

1 정답 (1) how penguins lost the ability to fly
        (2) Which genes helped these adaptations
    → (1) 의문사 how가 이끄는 명사절이 동사 reveals의 목적어 역할을 하고 있다.
       (2) 의문사 Which가 이끄는 명사절이 문장의 주어 역할을 하고 있다. Which는 바로 뒤의 명사 genes를 수식하는 의문형용사로 쓰였다.

2 정답 기후 변동
    → 펭귄은 기후 변동에 대응한 결과 나는 능력을 잃어버리고 헤엄치고 잠수하는 현재의 모습으로 진화하였다는 것이 이 글의 요지이다.

[3-4]

❶ Emoticons are widely used in social media.
   ‾S‾   └‾‾V‾‾┘

◐ 이모티콘이 '사용되는' 것이므로 수동태 are used가 쓰였다.

❷ There is an important question / about [whether
      ‾V‾ ‾‾‾‾‾‾S‾‾‾‾‾‾   전   └○'
they help users to understand emotions].
‾S'‾ ‾V'‾ ‾O'‾   ‾OC'‾
◐ whether절에서 5형식 동사 help의 목적격보어로 to부정사구가 왔다.

❸ Emoticons are much more ambiguous / (relative
   ‾S‾   ‾V‾   ‾SC‾
to face-to-face cues).

◐ 부사 much는 비교급(more ambiguous) 앞에 쓰여 '훨씬'이라는 의미로 비교급을 강조한다.

❹ For this reason, / they may be interpreted / very
differently by different users.

◐ 이모티콘이 '해석되는' 것이므로 수동태 be interpreted가 쓰였다.

❺ Nonetheless, / research indicates / [that they are
                ‾S‾   ‾V‾   └○
useful tools in online communication].

◐ 동사 indicates의 목적어로 접속사 that이 이끄는 명사절이 쓰였다.

❶ 이모티콘은 소셜 미디어에서 널리 사용된다.

❷ 그것이 사용자들이 감정을 이해하도록 돕는가에 관한 한 가지 중요한 질문이 있다.

❸ 이모티콘은 대면 단서에 비해 훨씬 더 모호하다.

❹ 이러한 이유로, 그것은 서로 다른 사용자들에 의해 매우 다르게 해석될 수도 있다.

❺ 그럼에도 불구하고, 연구는 그것이 온라인 의사소통에서 유용한 도구라는 것을 나타낸다.

정답 풀이 ◦

3 정답 whether
    → 전치사 about의 목적어 역할을 하는 명사절을 이끄는 접속사 whether가 어법상 알맞다. 접속사 if가 이끄는 명사절은 전치사의 목적어로는 쓰일 수 없다.

4 정답 useful
    → 이모티콘은 모호함에도 불구하고 온라인으로 감정을 전달하는 데 있어 유용하다는 것이 이 글의 요지이다.

CHAPTER
09 관계절

▶ UNIT 45 주격 관계대명사   p.86

1 He needed someone [who could look after the
                     ‾‾‾‾‾‾‾‾‾‾‾‾‾‾‾‾‾‾
temple].

그는 그 사원을 돌볼 수 있는 사람이 필요했다.

2 Imagine a pendulum [**which swings back and forth**].

앞뒤로 흔들리는 시계추를 상상해 보라.

> ● 선행사가 3인칭 단수(a pendulum)이므로 주격 관계대명사 which 뒤에 단수 동사 swings가 쓰였다.

3 The song [**that played on the radio**] / brought back
　S　　　　　　　　　　　　　　　　　　　V
my old memories.

라디오에서 흘러나온 노래가 나의 옛 추억을 기억나게 했다.

4 The computer is / a powerful device [**which facilitates**
various tasks].

컴퓨터는 다양한 작업을 용이하게 하는 강력한 장치이다.

> ● 선행사가 3인칭 단수(a powerful device)이므로 주격 관계대명사 which 뒤에 단수 동사 facilitates가 쓰였다.

5 정답 • has

A person [**who eats fried foods every day**] / has a
　S　　　　　　　　　　　　　　　　　　　　V
bad diet.

튀긴 음식을 매일 먹는 사람은 나쁜 식습관을 가졌다.

> → 주어 A person은 주격 관계대명사 who가 이끄는 절의 수식을 받고 있다. 주어가 3인칭 단수이므로 단수 동사 has가 어법상 알맞다.

UNIT 46 목적격 관계대명사　　　　p.87

1 The email [**which I received**] / was from my old
　S　　　　　　　　　　　　　V
friend.

내가 받은 이메일은 내 오랜 친구가 보낸 것이다.

> ● 주어 The email은 목적격 관계대명사 which가 이끄는 절의 수식을 받고 있다. 주어가 3인칭 단수이므로 단수 동사 was가 쓰였다.

2 The friends [**who we make at school**] / are not always
　S　　　　　　　　　　　　　　　V
with us in adulthood.

우리가 학교에서 사귀는 친구들이 성인기가 되어서도 우리와 늘 함께 있는 것은 아니다.

> ● 주어 The friends는 목적격 관계대명사 who가 이끄는 절의 수식을 받고 있다. 주어가 3인칭 복수이므로 복수 동사 are가 쓰였다.

3 The man [**we elected as our representative**] / has
　S　　　　　　　　　　　　　　　　　　　V
strong leadership skills.

우리가 대표로 선출한 사람은 강력한 리더십 능력을 가지고 있다.

> ● 주어 The man은 목적격 관계대명사절의 수식을 받고 있으며, 관계대명사 who(m)[that]는 생략되어 있다. 주어가 3인칭 단수이므로 단수 동사 has가 쓰였다.

---

4 A complementary good is / a product [**that we**
consume / **with another product**].

보완재는 우리가 또 다른 제품과 함께 소비하는 제품이다.

5 The song [**he is playing on the guitar**] / is one of my
　S　　　　　　　　　　　　　　　　V
favorites.

그가 기타로 연주하고 있는 노래는 내가 가장 좋아하는 노래 중 하나이다.

> ● 주어 The song은 목적격 관계대명사절의 수식을 받고 있으며, 관계대명사 which[that]는 생략되어 있다. 주어가 3인칭 단수이므로 단수 동사 is가 쓰였다.

6 정답 • whom

Nora greeted the officer [**whom she recognized at**
once].

Nora는 자신이 즉시 알아본 그 장교에게 인사했다.

> → 사람 선행사(the officer)를 수식하는 절을 이끄는 목적격 관계대명사 whom이 어법상 알맞다.

UNIT 47 전치사＋관계대명사 / 소유격
관계대명사　　　　p.88

1 Look at the building [**whose front door is painted**
red].

정문이 빨간색으로 칠해진 건물을 봐.

2 No species can detect / everything in the environment
[**in which it lives**].

어떤 종도 그것이 사는 환경의 모든 것을 탐지할 수는 없다.

3 The artist [**whose work I admire**] / is hosting an
　S　　　　　　　　　　　　　　　　V
exhibition.

내가 높이 평가하는 작품을 그린 화가가 전시회를 열 것이다.

> ● 주어 The artist는 소유격 관계대명사 whose가 이끄는 절의 수식을 받고 있다. 주어가 3인칭 단수이므로 단수 동사 is가 쓰였다.

4 정답 • whom

I trust the few people [**to whom I am very close**].

나는 나와 매우 가까운 몇 사람을 신뢰한다.

> → to 이하는 선행사 the few people을 수식하는 목적격 관계대명사절인데, 전치사(to) 뒤에 who는 올 수 없고 whom을 써야 한다.

UNIT 48 명사절을 이끄는 관계대명사 what p.89

1 [What I enjoy most] is / taking long walks in nature.
　　S　　　　　　　V　　　　　　SC
내가 가장 즐기는 것은 자연 속에서 긴 산책을 하는 것이다.

- 관계대명사 What이 이끄는 명사절이 문장의 주어로 쓰였다. 명사절 주어는 항상 단수 취급하므로, 뒤에 단수 동사 is가 왔다.
- taking 이하는 문장의 주격보어로 쓰인 동명사구이다.

2 I appreciate / [what you did / for me during the
　　S　　V　　　　　　　　O
difficult time].
어려운 시기에 당신이 저를 위해 해 주신 것에 감사드립니다.

3 [What is seen in our dreams] / is usually the reflection
　　S　　　　　　　　　　　　　V
of our daily life.
우리의 꿈에 보이는 것은 보통 우리의 일상생활의 반영물이다.

- 관계대명사 What이 이끄는 명사절이 문장의 주어로 쓰였다. 명사절 주어는 항상 단수 취급하므로, 뒤에 단수 동사 is가 왔다.

4 Life is about doing / [what you are supposed to do].
　　　　　　전　　　　　　　　　　O'
삶은 여러분이 해야 할 것을 하는 것에 관한 것이다.

5 정답 • what

Pesticide is / [what can protect crops / from
　　S　　　V　　　　SC
damaging insects].
살충제는 해로운 곤충으로부터 농작물을 보호할 수 있는 것이다.

→ 앞에 선행사가 없고 뒤에 주어가 빠진 불완전한 절이 이어지므로 선행사를 포함한 관계대명사 what이 어법상 알맞다.

UNIT 49 관계부사 p.90

1 The airline thrived / at a time [when the others were
losing money].
그 항공사는 다른 항공사들이 손실을 보고 있는 시기에 번창했다.

2 The town square is / the place [that community
events are held].
그 도시 광장은 지역 사회의 행사가 열리는 곳이다.

- 선행사가 장소를 나타내는 일반적인 명사인 the place이므로 관계부사 where를 that으로 바꿔 쓴 문장이다.
- 행사가 '열리는' 것이므로 수동태 are held가 쓰였다.

3 A factor of teens' academic success is / [how they
　　　　　　　　S　　　　　　　　　　V　　SC
respond to challenges].
십 대의 학업적 성공의 한 요인은 그들이 난제에 대응하는 방식이다.

- 관계부사 how가 방법을 나타내는 절을 이끌고 있으며, 해당 절은 문장의 주격보어 역할을 하고 있다.

4 Lack of sleep is / one reason [students have trouble
learning].
수면 부족은 학생들이 학습하는 데 어려움을 겪는 한 가지 이유이다.

- students 이하는 선행사 one reason을 수식하는 관계부사절로, 관계부사 why가 생략되어 있다.

5 정답 • where

He smiled / at the row of seats [where finalists had
gathered].
그는 결선 진출자들이 모여 있는 좌석 줄을 향해 미소 지었다.

→ 선행사 the row of seats를 수식하는 절을 이끄는 관계사 자리이다. 뒤에 주어와 완전자동사를 모두 갖춘 완전한 절이 이어지고 있으므로 관계부사 where가 오는 것이 어법상 알맞다.

UNIT 50 보충 설명하는 관계절 p.91

1 Mrs. Brown, / [whom I respect very much], / praised
　　S　　　　　　　　　　　　　　　　　　　　V
my efforts.
Brown 씨는 내가 아주 많이 존경하는 분인데, 그분이 내 노력을 칭찬해 주었다.

2 Becker went to Princeton University, / [where he
majored in economics].
Becker는 프린스턴 대학에 갔고, 그곳에서 그는 경제학을 전공했다.

3 My grandfather was born / in the late 1930s, / [when
World War II began].
우리 할아버지는 1930년대 후반에 태어나셨는데, 그때 제2차 세계 대전이 시작되었다.

4 All science involves uncertainty, / [which is
uncomfortable to the general public].
모든 과학은 불확실성을 수반하는데, 그것은 일반 대중에게 불편하다.

5 정답 • which

New ideas, / [which people used for innovations], /
　　S
were shared between societies.
　　V
새로운 아이디어는 사람들이 혁신을 위해 사용했는데, 그것은 사회 간에 공유되었다.

→ 콤마 사이의 절은 맥락으로 보아 주어 New ideas를 보충 설명하고 있다. 선행사를 보충 설명하는 절을 이끄는 관계대명사로 which를 써야 하고 that은 쓸 수 없다.

○ 주어 뒤에 관계대명사절과 같은 수식어구나 삽입어구가 이어질 때 특히 주어와 동사 간의 수 일치에 유의해야 한다.

○ 아이디어가 '공유된' 것이므로 수동태 were shared가 쓰였다.

CHAPTER TEST p.92

A

1 There's an expert [I would like to interview / for our research].

나는 우리의 연구를 위해 인터뷰하고 싶은 전문가가 있다.

○ 선행사 an expert 뒤에 목적격 관계대명사 who(m)[that]가 생략되어 있다.

2 She was raised by an aunt, / [who showed much affection for her].

그녀는 이모에 의해 길러졌는데, 그분은 그녀에게 많은 애정을 보여 주었다.

3 At the time [we arrived there], / a very thick fog started rolling in.

우리가 그곳에 도착한 시각에, 아주 짙은 안개가 끼기 시작했다.

○ 선행사 the time을 수식하는 관계부사절이 쓰였는데, 해당 절에서 관계부사 when은 생략되어 있다.

4 There are products [for which the law of demand does not apply].

수요의 법칙이 적용되지 않는 상품들이 있다.

5 Bacteria may be the reason [why some people suffer from severe acne].

박테리아는 일부 사람들이 심한 여드름을 앓는 이유일 수 있다.

6 The time [at which we eat] / may be as crucial / as [what we eat].

우리가 먹는 시간대가 우리가 먹는 것만큼이나 매우 중요할 수 있다.

B

1 정답 • learn

Students [who study in a noisy environment] / often learn inefficiently.

소란스러운 환경에서 공부하는 학생들은 흔히 비효율적으로 배운다.

→ 주어 Students는 주격 관계대명사 who가 이끄는 절의 수식을 받고 있다. 주어가 3인칭 복수이므로 복수 동사 learn이 어법상 알맞다.

2 정답 • whose

The castle, / [whose walls are made of stone], / is well preserved.

그 성은, 성벽이 돌로 만들어졌는데, 잘 보존되어 있다.

→ 선행사 The castle을 보충 설명하는 관계절이 '그 성의 벽'이라는 의미가 되어야 자연스러우므로 소유격 관계대명사 whose가 어법상 알맞다.

○ 성벽이 '만들어진' 것이므로 수동태 are made가 쓰였다.

○ 성이 '보존된' 것이므로 수동태 is preserved가 쓰였다.

3 정답 • when

Hibernation occurs / during the winter [when there is little food (to eat)].

동면은 먹을 것이 거의 없는 겨울 동안 일어난다.

→ 선행사 the winter를 수식하는 절을 이끄는 관계사 자리인데, 뒤에 문장 성분을 모두 갖춘 완전한 절이 이어지고 있으므로 관계부사 when이 어법상 알맞다.

○ to eat은 앞의 명사 food를 수식하는 형용사적 용법의 to부정사이다.

4 정답 • what

Biases are likely to make us see [what we want to see].

편견은 우리로 하여금 우리가 보기 원하는 것을 보게 할 가능성이 있다.

→ 앞에 선행사가 없고 뒤에 see의 목적어가 빠진 불완전한 절이 이어지므로 선행사를 포함한 관계대명사 what이 어법상 알맞다.

5 정답 • which

The manager was late for work this morning, / [which is often the case].

부장은 오늘 아침에 직장에 지각했는데, 그것은 흔히 있는 일이다.

→ 콤마 뒤의 절은 맥락으로 보아 앞에 언급된 내용을 선행사로 하여 이에 대해 보충 설명하는 관계절이므로 관계대명사 which가 어법상 알맞다. that은 보충 설명하는 관계절을 이끌 수 없음에 유의한다.

6 정답 • which

Friction works / in the opposite direction [in which the object is moving].

마찰은 물체가 움직이고 있는 반대 방향에서 작용한다.

→ 두 번째로 나온 전치사 in 이하는 선행사 the opposite direction

을 수식하는 목적격 관계대명사절인데, 전치사 뒤에 that은 올 수 없고 which를 써야 한다.

C

1 [What the teacher explained] / was difficult (to understand) at first.
  └→S   V   SC

선생님이 설명하신 것은 처음에는 이해하기 어려웠다.
- 관계대명사 What이 이끄는 명사절이 문장의 주어로 쓰였다. 명사절 주어는 항상 단수 취급하므로, 뒤에 단수 동사 was가 왔다.
- to understand는 앞의 형용사 difficult를 수식하는 부사적 용법의 to부정사이다.

2 We visited **the museum** [filled with ancient artifacts].

우리는 고대 유물들로 가득 찬 박물관을 방문했다.
- filled 앞에는 「주격 관계대명사+be동사」인 which[that] was가 생략되어 있다.

3 Culture affects **the way** [people respond to conflict].

문화는 사람들이 갈등에 대응하는 방식에 영향을 미친다.

4 Accountants are / people [whose professions require special skills].

회계사는 그들의 전문 직업이 특별한 기술을 필요로 하는 사람들이다.

5 Coleman moved to Chicago, / [where she worked at a restaurant].

Coleman은 시카고로 이주했고, 그곳에서 그녀는 식당에서 일했다.

6 Harry was / the one [for whom she was looking[whom she was looking for]].

Harry가 바로 그녀가 찾고 있는 사람이었다.

D

[1-2]

❶ Conditioning is a fundamental way [in which
        S   V   SC
animals learn from their experiences / and adapt
  S'   V'₁   V'₂
their behavior].

- in which가 이끄는 관계대명사절에서 두 개의 동사구가 등위접속사 and에 의해 병렬로 연결되어 있다.

❷ Animals can also learn from each other / through
        S   V
a process (known as social learning).

- known 이하는 앞의 명사 a process를 수식하는 과거분사구이다.

❸ Conditioning involves / the animal making
        S   V   의미상 주어   O
connections between events or stimuli [that occur together in their environment].

- making 이하는 동사 involves의 목적어로 쓰인 동명사구이다. 동명사구 바로 앞에 의미상 주어(the animal)를 밝혀 주었다.

❹ Social learning involves observing and imitating
        S   V   observing and imitating
the behavior of others.   O

- observing 이하는 동사 involves의 목적어로 쓰인 동명사구이다.

❶ 조건화는 동물이 자기 경험으로부터 배우고 행동을 적응시키는 근본적인 방법이다.
❷ 동물은 또한 사회적 학습으로 알려진 과정을 통해 서로에게서 배울 수 있다.
❸ 조건화는 동물이 자기 환경에서 함께 발생하는 사건 또는 자극 사이에 연관성을 만드는 것을 수반한다.
❹ 사회적 학습은 다른 것들의 행동을 관찰하고 모방하는 것을 수반한다.

정답 풀이 •

1 정답 (1) in which animals learn from their experiences and adapt their behavior
  (2) that occur together in their environment
  → (1) 선행사 a fundamental way를 수식하는 관계절을 「전치사+관계대명사」인 in which가 이끌고 있다.
  (2) 선행사 events or stimuli를 수식하는 관계절을 주격 관계대명사 that이 이끌고 있다.

2 정답 관찰, 모방
  → 동물의 사회적 학습은 관찰과 모방을 수반한다고 했으므로, 빈칸에 알맞은 말은 '관찰', '모방'이다.

[3-4]

❶ Renewable sources of energy / have increasingly
        S   V
been encouraged / for environmental reasons.

- have been encouraged는 '계속'을 나타내는 현재완료시제이자 수동태이다.

❷ However, / they come with their own
              S   V
consequences, / [which require consideration].

❸ Hydropower dams, / for example, / have an impact
        S   V₁   O₁
on aquatic ecosystems / and, more recently, /
have been identified / as significant sources of
  V₂
greenhouse gas emissions.

- 두 개의 동사구가 등위접속사 and에 의해 병렬로 연결된 구조이다.
- 수력 발전 댐이 온실가스 배출의 원인으로 '확인된' 것이므로 수동 태 have been identified가 쓰였다.

❶ 재생 가능한 에너지원이 환경적인 이유로 점점 더 장려되어 왔다.
❷ 하지만 그것들은 그것 자체의 결과를 낳게 되는데, 그것을 고려할 필요가 있다.
❸ 예를 들어, 수력 발전 댐은 수생 생태계에 영향을 미치며, 보다 최근에는 온실가스 배출의 커다란 원인으로 확인되었다.

정답 풀이 •

3 **정답** which
→ 선행사 their own consequences를 보충 설명하는 계속적 용법 의 관계절이므로 which가 어법상 알맞다. that은 보충 설명하는 관계절을 이끌 수 없다.

4 **정답** ②
→ 재생 가능한 에너지원도 그 자체로 환경에 좋지 않은 영향을 끼칠 수 있음을 수력 발전 댐을 예로 들어 설명하고 있으므로, 빈칸에 들어갈 말로 가장 적절한 것은 ② '부정적인 측면'이다.
① 무한한 가능성 ③ 기술적 난제

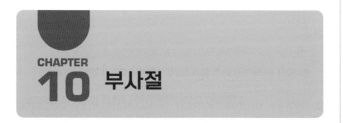

CHAPTER
10 부사절

UNIT **51** 시간의 부사절   p.96

1 Some food travels a long distance / [after it leaves
   S   V   └▸부사절(시간)
the farm].

어떤 식품은 농장을 떠난 후에 장거리를 이동한다.

2 [Since she was hired], / Alice has had no salary
  └▸부사절(시간)   S   V
increase.

고용된 이후로, Alice는 봉급 인상을 받지 못했다.
- 그녀가 '고용된' 것이므로 수동태 was hired가 쓰였다.
- has had는 '계속'을 나타내는 현재완료시제이다.

3 You should check the condition / [before you buy
   S   V   └▸부사절(시간)
used items].

당신은 중고품을 사기 전에 상태를 확인해야 한다.

4 [When there is biodiversity], / the effects of a sudden
   └▸부사절(시간)   S
change are not so dramatic.
       V

생물 다양성이 있을 때 갑작스러운 변화의 영향은 그리 극적이지 않다.

5 **정답** • ○

Since ancient times, / humans have created myths
                           S   V
about the night sky.

고대부터 인간은 밤하늘에 대한 신화를 만들어 왔다.
→ '~한 이후로'라는 의미를 나타내는 접속사 since는 명사(구) 앞에서 전치사로도 사용되므로, 밑줄 친 부분은 어법상 옳다.
- have created는 '계속'을 나타내는 현재완료시제이다.

UNIT **52** 이유·조건의 부사절   p.97

1 His family was relieved / [that his surgery went well].
   S   V   └▸부사절(이유)
그의 가족은 그의 수술이 잘 진행되어 안도했다.

2 The site is gaining popularity / [as it provides useful
   S   V   └▸부사절(이유)
information].

그 사이트는 유용한 정보를 제공하기 때문에 인기를 얻고 있다.

3 A paper is useless / [unless it is understood by its
   S   V   └▸부사절(조건)
intended audience].

논문은 그것의 대상 독자에 의해 이해되지 않으면 쓸모가 없다.
- = A paper is useless if it isn't understood by its intended audience.
- 논문이 '이해되는' 것이므로 수동태 is understood가 쓰였다.

4 [Since she had something (to say)], / she asked
   └▸부사절(이유)   S   V
James to come closer.
   O   OC
그녀는 할 말이 있어서 James에게 더 가까이 와 달라고 요청했다.
- to say는 앞의 부정대명사 something을 수식하는 형용사적 용법 의 to부정사이다.
- 주절의 동사 asked의 목적격보어로 to부정사구(to come closer) 가 쓰였다.

5 **정답** • because

I can't pick just one / [because I love all of your
S   V   └▸부사절(이유)
designs].

저는 당신의 디자인들이 전부 좋아서 하나만 고를 수가 없습니다.
→ 뒤에 주어와 동사를 갖춘 절이 이어지고 있으므로, 절을 이끌 수 있 는 접속사 because가 오는 것이 어법상 알맞다.

UNIT 53 목적·결과의 부사절   p.98

1 <u>Rosie</u> <u>studied</u> very hard, / [so that she was able to
   S   V   └→ 부사절(결과)
win a scholarship].

Rosie는 매우 열심히 공부했고, 그래서 장학금을 탈 수 있었다.

2 <u>Sloths</u> <u>move</u> so slowly / [that they only travel 30
   S   V   └→ 부사절(결과)
meters a day].

나무늘보는 너무 느리게 움직여서 하루에 겨우 30미터만 이동한다.

3 <u>The store</u> often <u>offers</u> discounts / [in order that more
      S   V   └→ 부사절(목적)
customers will visit].

그 상점은 더 많은 손님들이 방문하도록 할인을 자주 제공한다.

▶ = The store often offers discounts so (that) more customers
will visit.

4 <u>The novel</u> <u>has</u> such depth / [that it keeps readers
      S   V   S'   V'   O'
                                └→ 부사절(결과)
thinking for days].
    OC'

그 소설은 매우 깊이가 있어서 독자들이 며칠 동안 계속 생각하게 만든다.

▶ that절 내에서 5형식 동사 keeps의 목적격보어로 현재분사구 (thinking for days)가 쓰였다.

5 정답 • ○

<u>She</u> <u>brought</u> sandwiches / [so we could have a
   S   V   └→ 부사절(목적)
snack on the way].

그녀는 우리가 가는 길에 간식을 먹을 수 있도록 샌드위치를 가져왔다.

➡ '~하도록'이라는 의미를 나타내는 목적의 부사절을 이끄는 접속사 so that에서 that은 흔히 생략되므로 밑줄 친 부분은 어법상 옳다.

UNIT 54 대조·방법의 부사절   p.99

1 <u>We</u> will <u>perform</u> / [even if there is only a small
   S   V   └→ 부사절(양보)
audience].

우리는 설사 관객이 적다고 하더라도 공연할 것이다.

2 <u>The tropics</u> <u>are</u> hot and wet / [whereas deserts are
       S   V   └→ 부사절(대조)
hot but dry].

열대 지방은 뜨겁고 습하고, 반면에 사막은 뜨겁지만 건조하다.

3 <u>The new system</u> <u>is</u> effective, / [as the data shows].
         S   V   └→ 부사절(방법)
그 새로운 시스템은 데이터가 보여 주듯이 효과적이다.

---

4 <u>Mom</u> <u>hasn't bought</u> a dishwasher, / [**though she said**
    S   V   └→ 부사절(양보)
she would].

엄마는 식기세척기를 사겠다고 말씀하셨지만 (아직) 그것을 사지 않으셨다.

▶ 부사절에서 동사 said의 목적어로 접속사 that이 이끄는 명사절이 쓰였고, that은 생략되어 있다.

▶ she would 뒤에는 buy a dishwasher가 생략되어 있다.

5 정답 • ○

[Although broken], / <u>the vase</u> <u>was</u> still valuable to
└→ 부사절(양보)   S   V
her.

비록 깨졌지만 꽃병은 여전히 그녀에게 소중했다.

➡ 「접속사+p.p.」 형태인 것으로 보아, 접속사 Although가 이끄는 절에서 주어와 동사(it was)가 생략되었음을 알 수 있다. 생략된 주어 it은 주절의 주어 the vase와 동일 대상을 가리킨다.

CHAPTER TEST   p.100

A

1 [Since he couldn't draw well], / <u>he</u> <u>decided</u> to hire an
   └→ 부사절(이유)   S   V   O
artist.

그는 잘 그릴 수 없었으므로, 화가를 고용하기로 결정했다.

▶ 동사 decide는 to부정사(to hire)를 목적어로 취한다.

2 [When under threat], / <u>animals</u> <u>may become</u>
   └→ 부사절(시간)   S   V
aggressive.

위협을 받으면 동물은 공격적으로 변할 수 있다.

▶ 접속사 When이 이끄는 부사절에서 「주어+be동사」인 they are가 생략되어 있다.

3 [If you can't pick it up], / <u>we</u> <u>offer</u> a delivery service.
   └→ 부사절(조건)   S   V
당신이 그것을 가져가실 수 없으면 저희는 배달 서비스를 제공합니다.

▶ 「동사+부사」로 이루어진 구동사(pick up)의 목적어가 대명사(it)인 경우, 목적어는 동사와 부사 사이에 온다.

4 <u>The nurse</u> <u>brought</u> a chair / [so that the soldier could
      S   V   └→ 부사절(목적)
sit].

그 간호사는 군인이 앉을 수 있도록 의자를 가져왔다.

5 <u>She</u> <u>felt</u> disappointed / [that her friend couldn't make
   S   V   └→ 부사절(원인)
it / to the party].

그녀는 자신의 친구가 파티에 참석할 수 없어서 실망했다.

○ 그녀는 실망한 감정을 느낀 대상이므로 주격보어 자리에 과거분사 disappointed가 왔다.

6 [**Even though babies have poor eyesight**], / they
     └▸ 부사절(양보)   S
prefer to look at faces.
 V   O

비록 아기들은 시력이 좋지 않지만, 그들은 얼굴을 바라보는 것을 선호한다.

○ 동사 prefer의 목적어로 to부정사구(to look at faces)가 쓰였다.

B

1 정답 • since

There has been a lot of noise / [since the construction
      V   S   └▸ 부사절(시간)
began].

공사가 시작된 이후로 많은 소음이 있었다.

→ 문맥상 '~한 이후로'라는 의미를 나타내는 시간의 접속사 since가 부사절을 이끄는 것이 알맞다.

○ has been은 '계속'을 나타내는 현재완료시제이다.

2 정답 • whereas

Animals breathe in oxygen, / [whereas plants
    S   V   └▸ 부사절(대조)
produce oxygen].

동물은 산소를 들이마시고, 반면에 식물은 산소를 만들어 낸다.

→ 문맥상 주절과 부사절이 상반된 내용을 담고 있으므로 '반면에'라는 의미를 나타내는 대조의 접속사 whereas가 부사절을 이끄는 것이 알맞다.

3 정답 • so that

Fry the onion over low heat / [so that it can be cooked /
 V   └▸ 부사절(목적)
without burning].

양파가 타지 않고 익을 수 있도록 그것을 약한 불에 튀기세요.

→ 문맥상 '~하도록'이라는 의미를 나타내는 목적의 접속사 so that이 부사절을 이끄는 것이 알맞다.

4 정답 • Although

[Although he tried his best], / Jamie didn't get into the
  └▸ 부사절(양보)   S   V
finals.

비록 Jamie는 최선을 다했지만, 결승전에 진출하지 못했다.

→ 뒤에 주어와 동사를 갖춘 절이 이어지고 있으므로, 절을 이끌 수 있는 접속사 Although가 오는 것이 어법상 알맞다.

5 정답 • While

[While I was away from home], / I missed home-
  └▸ 부사절(시간)   S   V
cooked meals.

나는 집을 떠나 있는 동안 집밥을 그리워했다.

→ 뒤에 주어와 동사를 갖춘 절이 이어지고 있으므로, 절을 이끌 수 있는 접속사 While이 오는 것이 어법상 알맞다.

6 정답 • because

The customer got angry / [because the delivery date
      S   V   └▸ 부사절(이유)
was delayed again].

그 고객은 배송 일자가 다시 지연되었기 때문에 화가 났다.

→ 뒤에 주어와 동사를 갖춘 절이 이어지고 있으므로, 절을 이끌 수 있는 접속사 because가 오는 것이 어법상 알맞다.

○ 배송 일자가 '지연된' 것이므로 수동태 was delayed가 쓰였다.

C

1 You should wear sunblock / [even if it's not sunny
  S   V   └▸ 부사절(양보)
outside].

밖에 햇살이 내리쬐지 않더라도 여러분은 자외선 차단제를 발라야 한다.

2 [**As soon as the game started**], / our team scored a
    └▸ 부사절(시간)   S   V
goal.

경기가 시작하자마자, 우리 팀이 득점했다.

3 Companies will retain your personal information /
      S   V
[as long as law permits].
  └▸ 부사절(조건)
법이 허용하는 한, 기업들은 여러분의 개인 정보를 보유할 것이다.

4 The class was so responsive / [that Mrs. Klein had
    S   V   └▸ 부사절(결과)
almost forgotten about Douglas].

학급이 너무 호응을 잘해서 Klein 선생님은 Douglas에 대해 거의 잊고 있었다.

5 She practiced every day, / [so that she could master
  S   V   └▸ 부사절(결과)
the piano piece].

그녀는 매일 연습했고, 그 결과 그 피아노 곡을 완전히 익힐 수 있었다.

6 The firm suffered such a huge loss / [that nothing
    S   V   └▸ 부사절(결과)
could fill it].

그 회사는 너무나 큰 손실을 겪어서 그 무엇도 그것을 채울 수 없었다.

D

[1-2]

❶ This morning / I was lying down on the grass, //
             S₁ V₁
and slowly the sun rose from the east.
           S₂   V₂

○ 두 개의 문장이 등위접속사 and에 의해 병렬로 연결된 구조이다.

❷ [As the sun poured down], / I felt the earth
　　└ 부사절(시간)　　　　　　　S　V　　O
gradually warming up.
　　　　　OC

　○ 지각동사 felt의 목적격보어로 진행의 의미를 강조하는 현재분사 warming이 쓰였다.

❸ Tree leaves were breathing out warm moisture.
　　S　　　　　　V　　　　　　　O

❹ I got up / and went to a nearby pond.
　S　V₁　　　　　V₂

　○ 두 개의 동사구가 등위접속사 and에 의해 병렬로 연결된 구조이다.

❺ I watched the fish (in the pond) swimming
　S　V　　　O　　　　　　　　OC
together / [until they disappeared into the deeper
　　　　　　└ 부사절(시간)
water].

　○ 지각동사 watched의 목적격보어로 진행의 의미를 강조하는 현재분사 swimming이 쓰였다.

❶ 오늘 아침에 나는 풀밭에 누워 있었고, 서서히 해가 동쪽에서 떠올랐다.
❷ 햇빛이 쏟아져 내림에 따라, 나는 대지가 점차 따뜻해지고 있는 것을 느꼈다.
❸ 나뭇잎들은 따뜻한 수분을 내뿜고 있었다.
❹ 나는 일어나 근처에 있는 연못으로 갔다.
❺ 나는 연못의 물고기들이 더 깊은 물속으로 사라질 때까지 함께 헤엄치고 있는 것을 지켜보았다.

정답 풀이 •

1 정답 (1) As the sun poured down
　　　　(2) until they disappeared into the deeper water

　→ (1) 접속사 As가 '~함에 따라'라는 의미를 나타내는 시간의 부사절을 이끌고 있다.
　　 (2) 접속사 until이 '~할 때까지'라는 의미를 나타내는 시간의 부사절을 이끌고 있다.

2 정답 ②

　→ 필자가 풀밭에 누워 해가 떠오르면서 차츰 세상 만물이 따뜻해지는 것을 느끼고, 근처의 연못에서 물고기들이 무리 지어 헤엄치는 것을 지켜보는 장면을 묘사하고 있으므로, 글의 분위기로 가장 적절한 것은 ② '평화로운'이다.
　　 ① 무시무시한　③ 축제 분위기의

[3-4]

❶ Our school choir has been invited / (to compete
　S　　　　　　V　　　　　　　└ 부사적 용법(목적)
in the Young Choir Competition in London).

　○ has been invited는 '완료'를 나타내는 현재완료시제이며, 합창단이 '초대받은' 것이므로 수동태로 쓰였다.

❷ [Though we wish to participate], / we don't have
　　└ 부사절(양보)　　　　　　　　　S　V
the funds (to travel to London).
　O

　○ 동사 wish는 to부정사(to participate)를 목적어로 취한다.
　○ to travel 이하는 앞의 명사 the funds를 수식하는 형용사적 용법의 to부정사구이다.

❸ So we are kindly asking you to support us / by
　S　└─V──┘　O　　OC
coming to our fundraising concert.

　○ 5형식 동사 ask의 목적격보어로 to부정사구(to support ~ concert)가 쓰였다.
　○ by v-ing: ~함으로써

❹ Thank you in advance / for your kind support
　V　O
and help.

❶ 우리 학교 합창단은 런던에서 개최되는 청소년 합창단 대회에서 경연하도록 초대받았습니다.
❷ 우리가 참가하기를 소망함에도 불구하고, 우리는 런던으로 여행 갈 자금이 없습니다.
❸ 그래서 우리는 여러분이 우리의 기금 모금 음악회에 오셔서 우리를 후원해 주시기를 정중하게 요청드립니다.
❹ 여러분의 친절한 후원과 도움에 미리 감사드립니다.

정답 풀이 •

3 정답 Though

　→ 문맥상 부사절과 주절이 '참가하고 싶지만 여행 자금이 없다'라는 의미로 이어져야 자연스러우므로, '~에도 불구하고'라는 양보의 의미를 나타내는 접속사 Though가 오는 것이 알맞다.

4 정답 ③

　→ 대회 참가에 필요한 자금을 마련하기 위해 개최할 음악회에 초대하는 내용의 글이므로, 글의 목적으로 가장 적절한 것은 ③이다.

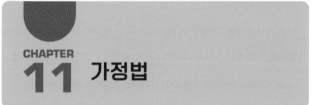

CHAPTER
11 가정법

UNIT 55 가정법 과거　　　　　　　　p.104

1 [If I had a puppy], / I would treat him / with love and
　　　V'　　　　　　　　V
care.

만약 내게 강아지가 한 마리 있으면, 그것을 사랑과 보살핌으로 대할 텐데.

2 [If he <u>were</u> more confident], / he <u>would be</u> a great
　　　V′　　　　　　　　　　　　　V
speaker.

만약 그가 좀 더 자신감이 있으면, 그는 훌륭한 연설가가 될 텐데.

3 [If it <u>should snow</u> in April], / it <u>will be</u> quite unusual.
　　　　V′　　　　　　　　　V

만약 4월에 눈이 온다면, 그것은 상당히 이례적일 것이다.

　● 가정법 과거 문장의 if절에 should가 쓰일 경우, 주절에는 조동사의 현재형(will)도 올 수 있다.

4 There <u>would be</u> no rain / [if the ocean <u>were to</u> no
　　　　V　　　　　　　　　　　　　　　　V′
longer exist].

만약 바다가 더는 존재하지 않는다면, 비도 오지 않을 것이다.

　● 부사구 no longer가 to와 동사원형 exist 사이에 위치해 있다.

5 정답 • would

What <u>would happen</u> / [if a comet from outer space
　　　　V
hit the moon]?
V′

만약 외계에서 온 혜성이 달에 부딪히면 무슨 일이 일어날까?

　→ 혜성이 달에 충돌하는 일은 현재 사실과는 반대되는 일이므로 가정법 과거 문장이 되어야 한다. 따라서 주절의 조동사로 과거시제 would가 어법상 알맞다.

UNIT 56 가정법 과거완료/혼합가정법 p.105

1 [If you <u>had been</u> at the party], / you <u>would have</u>
　　　　V′　　　　　　　　　　　　　V
<u>enjoyed</u> yourself.

만약 네가 파티에 왔다면, 너는 즐거운 시간을 보냈을 텐데.

2 She <u>would have gotten</u> the job / [if she <u>had applied</u>
　　　　V　　　　　　　　　　　　　　V′
for it].

만약 그녀가 그 일자리에 지원했다면, 그녀는 그 일을 얻었을 텐데.

3 [If we <u>had left</u> an hour earlier], / we <u>would be</u> at our
　　　V′　　　　　　　　　　　　　V
destination now.

만약 우리가 한 시간 일찍 출발했다면, 우리는 지금 우리의 목적지에 있을 텐데.

　● 혼합가정법의 주절에는 흔히 now, today 등과 같이 현재 시점을 나타내는 부사(구)가 쓰인다.

4 [If it <u>had not been</u> for his donation], / the free clinic
　　　V′
<u>wouldn't have opened</u>.
　V

만약 그의 기부가 없었더라면, 무료 진료소는 문을 열지 않았을 것이다.

5 [If you <u>had visited</u> the dentist regularly], / you <u>would</u>
　　　　V′　　　　　　　　　　　　　　V
<u>not have</u> so many cavities.

만약 네가 정기적으로 치과를 방문했다면, 충치가 그렇게 많지는 않을 것이다.

6 정답 • had invested

[If the company <u>had invested</u> in new technology last
　　　　　　V′
year], / it <u>would be</u> more competitive now.
　V

만약 그 회사가 작년에 신기술에 투자했다면, 지금은 더 경쟁력이 있을 것이다.

　→ If절의 부사구 last year와 주절의 부사 now로 보아, 과거의 사실을 반대로 가정했을 때 현재에 어떤 일이 일어날지를 가정하는 혼합가정법 문장이 되어야 한다. 따라서 if절의 동사는 had p.p.의 형태인 had invested가 오는 것이 어법상 알맞다.

UNIT 57 if가 생략된 가정법 p.106

1 [Had I learned Spanish], / I <u>could have found</u> a job in
조동사 S′ p.p.　　　　　V
Spain.

내가 스페인어를 배웠다면, 나는 스페인에서 일자리를 찾을 수 있었을 텐데.

　● If I had learned Spanish에서 접속사 If가 생략되고 어순이 도치된 구조이다.

2 [Should you need more help], / we <u>will always be</u>
조동사 S′ Ⓥ　　　　　　　　V
there for you.

당신이 더 많은 도움이 필요하시면, 저희가 언제나 당신을 위해 거기에 있을 것입니다.

　● If you should need more help에서 접속사 If가 생략되고 어순이 도치된 구조이다.

3 [Were it not for computers], / this job <u>would take</u>
V′ S′　　　　　　　　　　　　　V
months to complete.

컴퓨터가 없다면, 이 일은 완료하는 데 여러 달이 걸릴 것이다.

　● If it were not for computers에서 접속사 If가 생략되고 어순이 도치된 구조이다.

4 [Should the situation change], / I <u>will notify</u> everyone
조동사 S′ Ⓥ　　　　　　　V
immediately.

상황이 바뀌면, 저는 즉시 모두에게 알리겠습니다.

　● If the situation should change에서 접속사 If가 생략되고 어순이 도치된 구조이다.

5 We <u>would have gotten</u> completely lost / [had it not
    V   조동사 S'

been for the map].
p.p.
그 지도가 없었다면, 우리는 완전히 길을 잃었을 것이다.

  ❍ if it had not been for the map에서 접속사 if가 생략되고 어순이
    도치된 구조이다.

6 정답 • Were I

[Were I to see him again], / I would tell him how I feel.
  V' S'   S V   IO   DO
내가 그를 다시 만난다면, 나는 그에게 내 감정이 어떤지를 말해 줄 것이다.

  ➡ 두 개의 절이 접속사 없이 이어져 있고, 콤마 뒤의 절에서 동사가
    「would+동사원형」 형태인 것으로 보아 If가 생략된 가정법 문장임
    을 알 수 있다. 이는 콤마 앞의 절에 If를 넣어 가정의 의미로 해석했
    을 때 자연스럽다는 사실로도 확인할 수 있다. 따라서 If가 생략되어
    도치된 어순인 Were I가 어법상 알맞다.

  ❍ 주절에서 의문사 how가 이끄는 명사절이 직접목적어로 쓰였다.

UNIT 58 S+wish / as if[though]+가정법   p.107

1 I <u>wish</u> [I <u>could invite</u> all my friends in the
   V   V'
neighborhood].

내가 이웃에 사는 내 모든 친구들을 초대할 수 있으면 좋을 텐데.

  ❍ 동사 wish는 '소망하다'라는 의미를 나타내므로, 목적어로 쓰인 명
    사절은 필연적으로 현재 이루기 힘든 일(가정법 과거)이나 과거에 이
    루지 못한 일(가정법 과거완료)에 관한 내용이 된다. 이에 따라 동사
    wish의 목적어로 쓰인 명사절은 항상 가정법으로 써야 한다.

2 He <u>spoke</u> [as though he <u>were</u> an expert on the topic].
     V   V'
그는 마치 그 주제에 대해 전문가인 것처럼 말했다.

3 Lucy <u>looked</u> at Jacob / [as if she <u>had never met</u> him
      V   V'
before].

Lucy는 마치 전에 한 번도 만난 적이 없는 것처럼 Jacob을 바라보
았다.

4 I <u>wish</u> [we <u>had bought</u> the oven / {when its price
   V   V'   부사절(시간)
dropped last winter}].

우리가 작년 겨울에 오븐 가격이 떨어졌을 때 그것을 샀다면 좋을 텐데.

5 정답 • had reminded

I <u>wish</u> [you <u>had reminded</u> me about the meeting
   V   V'
yesterday].

당신이 어제 제게 회의에 대해 상기시켜 주셨으면 좋을 텐데요.

  ➡ yesterday라는 과거 시점을 나타내는 부사로 보아, 과거에 일어나
    지 않은 일에 대한 아쉬움을 나타내는 문장이므로 가정법 과거완료
    형태인 had reminded가 와야 어법상 알맞다.

CHAPTER TEST   p.108

A

1 What <u>would happen</u> / [if we <u>were able to love</u> all the
      V   V'
obstacles in our way]?

만약 우리가 우리의 길을 막아선 모든 장애물들을 사랑할 수 있다면, 무
슨 일이 일어날까?

2 I <u>wish</u> [I <u>had taken</u> better care of my health in my
   V   V'
twenties].

내가 20대에 건강을 더 잘 돌봤다면 좋을 텐데.

3 [If it <u>had not been</u> for my cat], / my life <u>would have</u>
       V'   V
been much lonelier.

만약 내 고양이가 없었더라면, 내 삶은 훨씬 더 외로웠을 것이다.

  ❍ 부사 much는 비교급(lonelier) 앞에 쓰여 '훨씬'이라는 의미로 비교
    급을 강조한다.

4 Clara <u>began to scream</u> / [as though she <u>had seen</u> a
      V   O   V'
ghost].

Clara는 마치 자신이 유령을 본 것처럼 비명을 지르기 시작했다.

  ❍ 동사 began의 목적어로 to부정사(to scream)가 쓰였다.

5 [Were humans to disappear], / which species <u>would</u>
             S'   V
        V'
dominate the planet?

인간이 사라진다면, 어떤 종이 행성을 지배할까?

  ❍ If humans were to disappear에서 접속사 If가 생략되고 어순이
    도치된 구조이다.

6 Writing <u>would take</u> too long / [if chemists <u>spelled</u>
         V   V'
everything out / instead of using symbols].

만약 화학자들이 기호를 사용하는 대신 모든 것을 상세히 다 쓴다면, 글
쓰기는 너무 오래 걸릴 것이다.

  ❍ 구 전치사 instead of의 목적어로 동명사구(using symbols)가 쓰
    였다.

B

1 정답 • were

I wish [I <u>were</u> one of the attractive characters in the
    V   V'
movie].

내가 그 영화 속의 매력적인 등장인물들 중 하나라면 좋을 텐데.

→ 현재 이루기 힘든 일에 대한 소망을 나타내는 내용이므로 가정법 과
거 형태인 were가 오는 것이 어법상 알맞다.

○ one of the+복수 명사: (복수 명사) 중 하나

2 정답 • could buy

[If the store <u>had</u> the item in stock], / I <u>could buy</u> it.
            V'   V

만약 매장에 그 물품의 재고가 있다면, 나는 그것을 살 수 있을 텐데.

→ 현재 사실을 반대로 가정했을 때 어떤 일이 일어날지를 가정하는 맥
락이므로 가정법 과거 문장이 되어야 한다. 따라서 주절의 동사는
could buy의 형태가 되는 것이 어법상 알맞다.

3 정답 • as if

They <u>are marching</u> in lines together / [as if they <u>were</u>
       V   V'
soldiers].

그들은 마치 자신들이 군인인 것처럼 함께 줄을 지어 행진하고 있다.

→ 문맥상 '마치 ~인 것처럼'이라는 가정의 뜻을 나타내는 것이 적절하
므로 접속사 as if가 어법상 알맞다.

4 정답 • had taken

[If I <u>had taken</u> the subway], / I <u>would have gotten</u>
        V'   V
there in an hour.

만약 내가 지하철을 탔더라면, 나는 한 시간 내에 그곳에 갔을 텐데.

→ 주절의 동사가 would have p.p. 형태인 것으로 보아 가정법 과거
완료 문장이므로, if절의 동사는 had taken이 되어야 어법상 알맞다.

5 정답 • Were you
               S'

[<u>Were you</u> to travel to space], / you <u>would experience</u>
            V'   V
zero gravity.

만약 당신이 우주로 여행한다면, 당신은 무중력을 경험할 것이다.

→ 두 개의 절이 접속사 없이 이어져 있고, 콤마 뒤의 절에서 동사가
「would+동사원형」 형태인 것으로 보아 If가 생략된 가정법 문장임
을 알 수 있다. 이는 콤마 앞의 절에 If를 넣어 가정의 의미로 해석했
을 때 자연스럽다는 사실로도 확인할 수 있다. 따라서 If가 생략되어
도치된 어순인 Were you가 어법상 알맞다.

6 정답 • be

[If he <u>had bought</u> the rare painting], / it <u>would be</u>
           V'   V
worth millions dollars today.

만약 그가 그 진귀한 그림을 샀다면, 그것은 오늘날 수백만 달러의 가치
가 있을 것이다.

→ If절의 동사 had bought와 주절의 부사 today로 보아, 과거의 사실
을 반대로 가정했을 때 현재에 어떤 일이 일어날지를 가정하는 혼합
가정법 문장이 되어야 한다. 따라서 would 뒤에는 동사원형 be가
오는 것이 어법상 알맞다.

C

1 [If I <u>had wings</u> on my back], / I <u>would fly</u> to your side.
        V'   V

만약 내가 등에 날개를 가지고 있다면, 네 곁으로 날아갈 텐데.

2 [If you <u>had been</u> present at the event], / you <u>could</u>
          V'   V
<u>have met</u> new clients.

만약 네가 그 행사에 참석했다면, 새로운 고객들을 만날 수 있었을 텐데.

3 [If he <u>hadn't stayed</u> up late last night], / he <u>could</u>
          V'   V
<u>focus</u> better in class.

만약 그가 어젯밤에 늦게까지 깨어 있지 않았더라면, 수업에 더 잘 집중
할 수 있을 텐데.

4 [<u>Should you find</u> my keys anywhere], / please <u>let</u> me
     조동사 S'   Ⓥ   V O
<u>know</u>.
  OC
당신이 어디선가 제 열쇠를 찾으시면, 부디 제게 알려 주세요.

○ If you should find my keys anywhere에서 접속사 If가 생략되고
어순이 도치된 구조이다.

5 Some patients <u>would not be</u> alive today / [<u>were it not</u>
                            V   V' S'
for the drug].

그 약이 없다면, 일부 환자들은 오늘날 살지 못할 것이다.

○ if it were not for the drug에서 접속사 if가 생략되고 어순이 도치
된 구조이다.

6 We <u>could not have made</u> it / [<u>had it not been</u> for your
                V   조동사 S'   p.p.
expertise].

당신의 전문 지식이 없었더라면, 우리는 그것을 해낼 수 없었을 것입니다.

○ if it had not been for your expertise에서 접속사 if가 생략되고
어순이 도치된 구조이다.

D

[1-2]

❶ The Amazon <u>is</u> the most important rainforest in
      S   V   SC
the world.

❷ [If the Amazon were to disappear], / there would
      V'   V
be no climate regulation and stability.

❸ One example of a global beneficiary of the
                              S
Amazon rainforest / is the United States.
                    V   SC

❹ The United States, / a major global food producer, /
       S   └────── = ──────┘
would not be able to grow crops / [were it not for
      V   O   V' S'
the climate stability {provided by the Amazon}].
                      └──────────┘

   ▶ 콤마(,) 뒤의 a major global food producer는 The United
     States에 관한 구체적인 설명으로서 The United States와 동격
     을 이룬다.

   ▶ provided 이하는 앞의 명사구 the climate stability를 수식하는
     과거분사구이다.

❶ 아마존은 세계에서 가장 중요한 열대 우림이다.
❷ 만약 아마존이 사라진다면, 기후 조절과 안정성은 없을 것이다.
❸ 아마존 열대 우림의 세계적 수혜국의 한 사례는 미국이다.
❹ 세계 주요 식량 생산국인 미국은 아마존이 제공하는 기후 안정이 없다면
  농작물을 재배할 수 없을 것이다.

정답 풀이 •

1 정답 (1) If the Amazon were to disappear
        (2) were it not for the climate stability provided by
           the Amazon
   → (1) If절에 「were to ♡」가 쓰인 가정법 문장의 조건절이다.
     (2) if it were not for ~에서 접속사 if가 생략되고 어순이 도치된
        조건절이다.

2 정답 조절
   → 아마존이 사라지면 기후 조절과 안정성은 없을 것이라고 했으므로
     빈칸에 들어갈 말로는 '조절'이 알맞다.

[3-4]

❶ In the early 1800s, / it would have cost you / four
                        S   V   IO   DO
hundred times [what you are paying now] / for

the same amount of light.

   ▶ would have p.p.: 〈과거에 대한 추측〉 ~했을 것이다

   ▶ what you are paying now는 관계대명사 what이 이끄는 명사
     절로 문장에서 직접목적어 역할을 하고 있다.

❷ At that price, / you would think twice / before
                  S   V
using artificial light (to read a book).
                         └→ 부사적 용법(목적)

❸ The dramatic decrease in the price of light / lit
                                          S   V
up the world.
   O

❹ Nearly nothing [we have today] would be possible /
       S   ↑   V
[if the cost of artificial light had not dropped to
              S'   V'
almost nothing].

   ▶ we have today는 선행사 Nearly nothing을 수식하는 목적격 관
     계대명사절이며, 관계대명사 that은 생략되어 있다.

❶ 1800년대 초에는 같은 양의 빛을 사용하려면 지금 여러분이 내는 것의
  4백 배의 비용이 들었을 것이다.
❷ 그 가격이라면 여러분은 책을 읽기 위해 인공조명을 사용하기 전에 재고
  할 것이다.
❸ 빛 가격의 극적인 인하가 세상을 밝혔다.
❹ 만약 인공조명 비용이 거의 아무것도 아니게 떨어지지 않았더라면, 오늘
  날 우리가 가진 거의 모든 것이 불가능할 것이다.

정답 풀이 •

3 정답 had not dropped
   → 인공조명 비용이 떨어진 것은 과거의 일이므로 if절에는 가정법 과
     거완료 동사를 써야 한다. 과거에 인공조명 비용이 대폭 떨어져 현
     재 우리가 많은 것을 갖고 있다는 내용의 혼합가정법 문장이 된다.

4 정답 decrease, cost[price]
   → 인공조명 비용의 현저한 감소는 현대 생활에 크게 영향을 미쳤다
     는 것이 이 글의 요지이다.

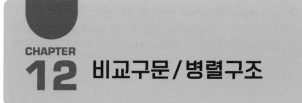

CHAPTER
12 비교구문 / 병렬구조

UNIT 59 원급 비교   p.112

1 To think of the future / is as necessary / as to enjoy
       S   V   SC
the present.

미래에 대해 생각하는 것은 현재를 즐기는 것만큼 필요하다.

   ▶ 이 문장에서 비교되는 A와 B는 to부정사구(To think of the future,
     to enjoy the present)로서 문법적인 위상이 서로 같다.

2 Their solution to reducing costs / is not as practical /
       S   V   SC
as ours.

비용 절감에 대한 그들의 해결책은 우리의 것만큼 실용적이지는 않다.

- ○ 이 문장에서 비교되는 A와 B는 명사(구)(Their solution to reducing costs, ours)로서 문법적인 위상이 서로 같다.
- ○ 전치사 to의 목적어로 동명사구(reducing costs)가 쓰였다.

3 Dan received **three times** as many votes / as his
  <u>S</u> <u>V</u> <u>O</u>
opponent did.

Dan은 자기 상대보다 세 배나 많은 표를 받았다.

- ○ did는 앞에 나온 동사 received를 대신해서 쓰인 대동사이다.

4 Present your arguments as **clearly** / as you can /
  <u>V</u> <u>O</u>
during the debate.

토론 중에 당신의 주장을 가능한 한 명확하게 제시하라.

5 정답 • that

Her performance was as impressive / as that of the
  <u>S</u> <u>V</u> <u>SC</u>
leading actor.

그녀의 연기는 주연 배우의 연기만큼 인상적이었다.

→ 맥락상 비교되는 두 대상은 '그녀의 연기'와 '주연 배우의 연기'이므로 '연기'를 가리키는 단수형 대명사 that이 어법상 알맞다.

UNIT 60 비교급 비교   p.113

1 Mexico's population is four times **larger** / than
  <u>S</u> <u>V</u> <u>SC</u>
Venezuela's.

멕시코의 인구는 베네수엘라의 인구보다 네 배 더 많다.

2 The company emphasizes moral duties / more **than**
  <u>S</u> <u>V</u> <u>O</u>
profits.

그 기업은 이윤보다 도덕적 의무를 더 강조한다.

3 He became more and more **confident** / in expressing
  <u>S</u> <u>V</u> <u>SC</u>
his opinions.

그는 자신의 의견을 표현하는 데 점점 더 자신감을 갖게 되었다.

- ○ 전치사 in의 목적어로 동명사구(expressing his opinions)가 쓰였다.

4 The more social roles we have, / the less choice we
  <u>O₁</u> <u>S₁</u> <u>V₁</u> <u>O₂</u> <u>S₂</u>
have.
  <u>V₂</u>
우리가 더 많은 사회적 역할을 가지면 가질수록, 우리는 더 적은 선택권을 갖는다.

5 정답 • even

Our method achieved even better results / than the
  <u>S</u> <u>V</u> <u>O</u>
existing ones.

우리의 방법은 기존의 방법들보다 훨씬 더 좋은 결과를 거두었다.

→ 비교급을 강조하여 '훨씬'이라는 의미를 추가하는 부사로는 much, far, even, still, a lot 등을 사용할 수 있지만, very는 쓸 수 없다.

- ○ ones는 methods를 대신하여 쓰인 대명사이다.

UNIT 61 최상급 비교   p.114

1 Jaguars are **the** most dangerous animal / to other
  <u>S</u> <u>V</u> <u>SC</u>
animals in the jungle.

재규어는 정글에서 다른 동물들에게 가장 위험한 동물이다.

- ○ 최상급 비교 구문에서 비교의 범위를 나타낼 때, in 뒤에는 단수 명사(the jungle)가 온다.

2 The car racer drove the course the most smoothly /
  <u>S</u> <u>V</u> <u>O</u>
of all the competitors.

그 카레이서는 모든 경쟁자들 중 가장 부드럽게 코스를 주행했다.

- ○ 최상급 비교 구문에서 비교의 범위를 나타낼 때, of 뒤에는 복수 명사(all the competitors)가 온다.

3 Brainstorming is one of the best **ways** (to stimulate
new ideas).

브레인스토밍은 새로운 아이디어를 자극하는 가장 좋은 방법 중 하나이다.

- ○ to 이하는 앞의 명사구 the best ways를 수식하는 형용사적 용법의 to부정사구이다.

4 That is the most expensive artwork / [that has **ever**
been sold at auction].

그것은 지금까지 경매에서 팔린 것 중에 가장 비싼 미술품이다.

- ○ 미술품이 '팔린' 것이므로 주격 관계대명사 that이 이끄는 절의 동사로 수동태 has been sold가 쓰였다.

5 This is one of the coldest winters / [**that** we've ever
experienced].

이번 겨울은 우리가 지금까지 경험한 것 중에 가장 추운 겨울 중 하나이다.

6 정답 • is

One of the most prestigious universities in the world /
  <u>S</u>
is Harvard University.
  <u>V</u> <u>SC</u>
세계에서 가장 유명한 대학 중 하나는 하버드 대학이다.

→ 「one of the+최상급+복수 명사」가 문장의 주어로 쓰이면 단수 취급하므로 단수 동사 is가 어법상 알맞다.

UNIT 62 최상급의 의미를 나타내는 원급·비교급 표현
p.115

1 Nothing is as satisfying / as deep sleep after a busy day.
<small>S / V / SC</small>

어떤 것도 바쁜 하루를 보낸 후의 깊은 잠만큼 만족스럽지 않다.

2 The film received higher ratings / than all the other entries.
<small>S / V / O</small>

그 영화는 다른 모든 출품작보다도 더 높은 평가를 받았다.

3 No other species is so greedy / as the human race.
<small>S / V / SC</small>

다른 어떤 종도 인류만큼 탐욕스럽지 않다.

4 Our language program has been more successful / than any other program.
<small>S / V / SC</small>

우리의 어학 프로그램은 다른 어떤 프로그램보다도 더 성공적이었다.

5 None of my family can cook better / than my grandmother during the holidays.
<small>S / V</small>

우리 가족 중 어떤 사람도 명절에 우리 할머니보다 요리를 더 잘하지 못한다.

6 정답 • dessert

The apple pie is more delicious / than any other dessert at the bakery.
<small>S / V / SC</small>

애플파이는 그 빵집에서 다른 어떤 디저트보다도 더 맛있다.

→ '다른 어떤 …보다도 더 ~한'이라는 최상급의 의미를 나타내는 표현으로 any other 뒤에는 단수 명사가 와야 하므로 dessert가 어법상 알맞다.

UNIT 63 등위접속사에 의한 병렬구조
p.116

1 Cody burned his hand / [but] ignored the pain.
<small>S / V₁ / O₁ / V₂ / O₂</small>
Cody는 손을 데었지만 그 고통을 무시했다.
- 두 개의 동사구가 등위접속사 but에 의해 병렬로 연결된 구조이다.
- 등위접속사로 연결되는 절을 등위절이라고 한다.

2 Laugh often, // [and] you will brighten your mood and
<small>V₁ / S₂ / V₂</small>

others'.

자주 웃어라, 그러면 당신은 자신과 다른 사람들의 기분을 밝게 할 것이다.

3 God wanted to give a blessing, // [so] he decided to create humans.
<small>S₁ / V₁ / O₁ / S₂ / V₂ / O₂</small>

신은 축복을 내리고 싶었고, 그래서 인간을 창조하기로 결정했다.
- 두 개의 문장이 등위접속사 so에 의해 병렬로 연결된 구조이다.
- 동사 want와 decide는 둘 다 to부정사(to give, to create)를 목적어로 취한다.

4 정답 • recording

Most theaters prohibit / taking pictures of actors / [or] recording performances.
<small>S / V / O₁ / O₂</small>

대부분의 극장은 배우들의 사진을 찍거나 공연을 녹화하는 것을 금지한다.

→ 동사 prohibit의 목적어 역할을 하는 두 개의 동명사구를 등위접속사 or가 연결하는 구조이므로, or 뒤에는 동명사 recording이 오는 것이 어법상 알맞다.

UNIT 64 상관접속사에 의한 병렬구조
p.117

1 You can sign up for classes / [either] online [or] by phone.

여러분은 온라인이나 유선 둘 중 하나로 수업에 등록할 수 있습니다.
- 상관접속사 「either A or B」가 두 개의 부사(구)를 연결하는 구조이다.

2 She acquired a good knowledge of literature / [as well as] language.

그녀는 언어뿐만 아니라 문학에 관한 풍부한 지식을 습득했다.
- 상관접속사 「B as well as A」가 전치사 of의 목적어 역할을 하는 두 개의 명사를 연결하는 구조이다.

3 What I want to know is / [not] when he came / [but] why he came.
<small>S / V / SC</small>

내가 알고 싶은 것은 그가 언제 왔느냐가 아니라 그가 왜 왔느냐이다.
- 상관접속사 「not A but B」가 be동사의 주격보어로 쓰인 두 개의 의문사절을 연결하는 구조이다.
- 관계대명사 What이 이끄는 명사절이 문장의 주어로 쓰였다. 명사절 주어는 항상 단수 취급하므로, 뒤에 단수 동사 is가 왔다.

4 정답 • being

[Neither] being a mother / [nor] being a specialist in
<small>S</small>

one area / is an easy task.
<u>V</u> <u>SC</u>

엄마가 되는 것도, 한 분야의 전문가가 되는 것도 쉬운 일이 아니다.

→ 상관접속사 「neither A nor B」가 주어 자리에 쓰여 두 개의 동명사 구를 연결하는 구조이므로, nor 뒤에 동명사 being이 오는 것이 어 법상 알맞다.

CHAPTER TEST p.118

Ⓐ

1 Collaboration is as important / as technical
<u>S</u> <u>V</u> <u>SC</u>
knowledge.

협동은 전문적인 지식만큼 중요하다.

2 The old lady didn't reply, / but stared coldly at her.
<u>S</u> <u>V₁</u> <u>V₂</u>

그 노부인은 대답하지 않고, 그녀를 냉담하게 응시했다.

○ 두 개의 동사구가 등위접속사 but에 의해 병렬로 연결된 구조이다.

3 The longer I hold something, / the heavier it feels to
<u>M₁</u> <u>S₁ V₁</u> <u>O₁</u> <u>SC₂</u> <u>S₂ V₂</u>
me.

내가 무언가를 더 오래 들고 있으면 있을수록, 그것은 내게 더 무겁게 느껴진다.

4 Animals hunt / not only during the day / but also at
night.

동물은 낮뿐만 아니라 밤에도 사냥한다.

○ 상관접속사 「not only A but also B」가 두 개의 부사구를 연결하 는 구조이다.

5 We make a few changes, // but the results never
<u>S₁</u> <u>V₁</u> <u>O₁</u> <u>S₂</u>
seem to come quickly.
<u>V₂</u> <u>SC₂</u>

우리는 몇몇 변화를 만들지만, 그 결과는 결코 금방 나오지 않는 것 같다.

○ 두 개의 문장이 등위접속사 but에 의해 병렬로 연결된 구조이다.

6 Save some money each month, // and you will be
<u>V₁</u> <u>O₁</u> <u>S₂</u> <u>V₂</u>
prepared for unexpected expenses.

매달 약간의 돈을 저축하라, 그러면 당신은 예상치 못한 지출에 대비가 될 것이다.

Ⓑ

1 정답 • nor

Neither the coach nor the players / wanted to lose.
<u>S</u> <u>V</u> <u>O</u>

코치도 선수들도 지고 싶지 않았다.

→ 상관접속사 「neither A nor B」가 주어 역할을 하는 두 명사를 연결 하도록 nor가 와야 어법상 알맞다.

2 정답 • much

Children laugh much more frequently / than adults
<u>S</u> <u>V</u>
do.

아이들은 성인들보다 훨씬 더 자주 웃는다.

→ 비교급 부사 more frequently를 강조하여 '훨씬'이라는 의미를 추 가하는 부사로 much를 써야 한다. 부사 very는 비교급의 강조에 쓰 이지 않음에 유의한다.

○ do는 앞에 나온 동사 laugh를 대신해서 쓰인 대동사이다.

3 정답 • faster and faster

Nowadays, / the pace of life has become faster and
<u>S</u> <u>V</u> <u>SC</u>
faster.

요즘, 삶의 속도가 점점 더 빨라지고 있다.

→ '점점 더 ~한'이라는 의미이므로 「비교급+and+비교급」 형태인 faster and faster가 어법상 알맞다.

4 정답 • is

One of the most influential leaders in modern history /
<u>S</u>
is Nelson Mandela.
<u>V</u>

현대사에서 가장 영향력 있는 지도자 중 한 명은 넬슨 만델라이다.

→ 「one of the+최상급+복수 명사」가 문장의 주어로 쓰이면 단수 취 급하므로 단수 동사 is가 어법상 알맞다.

5 정답 • visit

You have to either apply online / or visit the office
<u>S</u> <u>조동사</u> <u>Ⓥ₁</u> <u>Ⓥ₂</u>
in person.

여러분은 온라인으로 지원하거나 사무실을 직접 방문해야 합니다.

→ 상관접속사 「either A or B」가 두 개의 동사구를 연결하는 구조이 므로, or 뒤에 동사원형 visit이 오는 것이 어법상 알맞다.

6 정답 • those

The film's special effects are as amazing / as those
<u>S</u> <u>V</u> <u>SC</u>
of top blockbuster movies.

그 영화의 특수 효과는 인기 블록버스터 영화들의 특수 효과만큼 놀랍다.

→ 맥락상 비교되는 두 대상은 '그 영화의 특수 효과'와 '인기 블록버스 터 영화들의 특수 효과'이므로 '특수 효과'를 가리키는 복수형 대명 사 those가 어법상 알맞다.

Ⓒ

1 Energy use in 2016 was three times higher / than in
<u>S</u> <u>V</u> <u>SC</u>
1990.

2016년의 에너지 사용량이 1990년보다 세 배 더 높았다.

2 Grace was both surprised and pleased / at the
  S   V   SC₁   SC₂
decision.

Grace는 그 결정에 놀랍기도 하고 기쁘기도 했다.

○ 상관접속사 「both A and B」가 was의 주격보어 역할을 하는 두 개
   의 과거분사를 연결하는 구조이다.

3 You must communicate your ideas / as simply as
  S   V   O
you can.

여러분은 여러분의 생각을 가능한 한 간단하게 전달해야 한다.

4 No other sport is as popular as soccer / among all
     S   V   SC
age groups.

모든 연령대에서 다른 어떤 스포츠도 축구만큼 인기가 있지 않다.

5 Leonardo da Vinci was / an inventor as well as an
        S   V   SC₁
artist.
SC₂

레오나르도 다빈치는 예술가였을 뿐만 아니라 발명가이기도 했다.

○ 상관접속사 「B as well as A」가 was의 주격보어 역할을 하는 두
   개의 명사를 연결하는 구조이다.

6 Mentoring a young student / was the most rewarding
         S   V   SC
experience / [that I have ever had].

어린 학생을 지도한 것은 내가 지금까지 겪은 것 중에 가장 보람 있는
경험이었다.

○ 동명사구(Mentoring a young student)가 문장의 주어로 쓰이면
   단수 취급하므로 뒤에 단수 동사 was가 왔다.

Ⓓ

[1-2]

❶ A study showed / [that youth are easily fooled by
    S   V   O
misinformation].

○ that 이하는 동사 showed의 목적어로 쓰인 명사절이다.

❷ This weakness is not found / only in young
    S   V
people, / however.

○ 약점이 '발견되는' 것이므로 수동태 is found가 쓰였다.

❸ Another study found / [that older people shared
     S   V   O   S'   V'
seven times as much misinformation / as youth].
                   O'

○ that 이하는 동사 found의 목적어로 쓰인 명사절이다.

❹ Governments certainly have a role (to play) in
    S₁   V₁   O₁
blocking misinformation, // but every individual
                                      S₂
needs to take responsibility for combating this
V₂   O₂
threat / by becoming more information literate.

○ 두 개의 문장이 등위접속사 but에 의해 병렬로 연결된 구조이다.

○ to play는 앞의 명사 a role을 수식하는 형용사적 용법의 to부정사
   이다.

○ 동사 need는 to부정사(to take)를 목적어로 취한다.

⊕ by v-ing: ~함으로써

❶ 한 연구는 젊은이들이 잘못된 정보에 의해 쉽게 속는다는 것을 보여 주
   었다.

❷ 하지만 이러한 약점은 젊은이들에게서만 발견되는 것은 아니다.

❸ 또 다른 연구는 더 나이 든 이들이 젊은이들보다 일곱 배 많은 잘못된 정
   보를 공유했다는 것을 발견했다.

❹ 정부는 틀림없이 잘못된 정보를 막는 데 있어 해야 할 역할을 가지고 있
   지만, 모든 개인이 더 많은 정보 소양을 갖춤으로써 이 위협과 싸우는 것
   에 대한 책임을 질 필요가 있다.

정답 풀이 •

1 정답 as

→ 「배수+as+원급+as」의 원급 비교 구문이 되도록 as가 와야 어
   법상 알맞다.

2 정답 개인

→ 연구에 따르면 나이가 젊든 많든 잘못된 정보에 쉽게 속는데, 이러
   한 정보를 막는 책임은 결국 개인에게 있다는 내용의 글이므로, 빈
   칸에 들어갈 말로는 '개인'이 적절하다.

[3-4]

❶ School-based antismoking programs provide /
    S   V
lasting effects as well as immediate benefits /
O₁   O₂
[when they use same-age peer leaders / as
  └ 부사절(시간)
teachers].

❷ This principle was confirmed in an experiment.
    S   V

○ 원리가 '확인된' 것이므로 수동태 was confirmed가 쓰였다.

❸ Children watched a film (depicting a positive
    S   V   O
dental visit by a peer).

○ depicting 이하는 앞의 명사 a film을 수식하는 현재분사구이다.

❹ They experienced a reduction / in their own
    S   V   O

dental anxieties / [when the child in the film was
            └→ 부사절(시간)   S'   V'

the same age / as them].
     SC'

❶ 학교 기반 금연 프로그램은 같은 나이의 또래 리더를 교사로 사용할 때 즉각적인 이점뿐만 아니라 지속적인 효과도 제공한다.

❷ 이 원리는 한 실험에서 확인되었다.

❸ 아이들은 또래의 긍정적인 치과 방문을 묘사하는 영화를 보았다.

❹ 그들은 영화 속의 아이가 자신들과 같은 나이일 때 자신들의 치과 불안이 감소하는 것을 경험했다.

정답 풀이 •

3 정답 lasting effects, immediate benefits

→ 상관접속사 「B as well as A」가 동사 provide의 목적어 역할을 하는 두 명사구를 연결하고 있다.

4 정답 ③

→ 아이들의 교육에 있어 또래가 미치는 설득력에 관한 내용의 글이므로, 빈칸에 들어갈 말로 ③ '유사함'이 가장 적절하다.

① 정직 ② 창의성

솔 리 드
ᔕᴼLᴵᴰ 구문

입문

ᔕᴼLᴵᴰ 구문 시리즈

SOLID 구문 입문
- 고등 기초·핵심 구문
- 고1 기출 문장+지문

SOLID 구문 기본
- 고등 기본·필수 구문
- 고2 기출 문장+지문

SOLID 구문 실력
- 고등 빈출·심화 구문
- 고3 기출 문장+지문

온라인 부가자료 www.darakwon.co.kr
다락원 홈페이지에서 본 교재의 상세 정보와 부가학습 자료를 이용할 수 있습니다.
- 어휘 리스트
- 어휘 테스트
- 본문 해석 연습지
- 본문 영작 연습지

54740

9788927704768

ISBN 978-89-277-0476-8
ISBN 978-89-277-0475-1(set)

가격 **16,000원**

솔 리 드
SOLID 구문

필수 구문 학습으로 쉬워지는 수능 독해

신문섭 · 김효신

실력

- 최신 수능·모평·학평에서 출제된 주요 구문 엄선
- '구문 이해 – 문장 해석 – 지문 독해'의 단계적 구성
- 문장 해석력에서 지문 독해력 상승으로 이어지는 체계적 학습
- 빈출 어법, 내신 대비 주관식·서술형 문제, 수능 유형 문제 수록

DARAKWON

솔 리 드

주니어

구문

신문섭 · 김효신

실력

DARAKWON

저자 소개

신문섭 혜화여자고등학교 교사
서울대학교 사범대학 영어교육과 졸업
EBS 교재 집필 위원

김효신 서울국제고등학교 교사
서울대학교 사범대학 영어교육과 졸업
EBS 교재 집필 위원

지은이 신문섭, 김효신
펴낸이 정규도
펴낸곳 (주)다락원

초판 1쇄 인쇄 2025년 3월 31일
초판 1쇄 발행 2025년 4월 14일

편집 안혜원
디자인 박나래, 포레스트
영문 감수 Ted Gray

다락원 경기도 파주시 문발로 211
내용 문의 (02)736-2031 내선 532
구입 문의 (02)736-2031 내선 250~252
Fax (02)732-2037
출판 등록 1977년 9월 16일 제406-2008-000007호

ISBN 978-89-277-0478-2 54740
     978-89-277-0475-1 54740 (set)

http://www.darakwon.co.kr
다락원 홈페이지를 방문하시면 상세한 출판 정보와 함께 MP3 자료 등의 다양한 어학
정보를 얻으실 수 있습니다.